国家级应用型规划教材

现代文员实务教程

主　编　黄　盛

天津大学出版社
TIANJIN UNIVERSITY PRESS

内 容 简 介

本书充分体现了目前高等职业教育“工学结合”的特点，将理论与实训巧妙融合，内容翔实，案例丰富。详细阐述了现代文员工作导论、现代文员职业素养、办公室事务管理、办公室信息管理、会议组织管理、现代文员与会展管理、公文的撰制与处理、文书立卷与归档管理、网络办公系统、办公室礼仪及沟通技巧等内容，激发学生学习兴趣，是一本理论知识和实训操作紧密联系的应用型教材。

本书以实训操作技能为主线，专业理论知识为辅线，具有创新性、实操性等特点，既可作为高职高专、本科院校高职教育相关专业教材，也可供中等职业学校及其他有关人员阅读使用。

图书在版编目（CIP）数据

现代文员实务教程/黄盛主编. —天津：天津大学出版社，2018.7. (2021.1重印)

国家级应用型规划教材

ISBN　978-7-5618-6198-1

Ⅰ. ①现…　Ⅱ. ①黄…　Ⅲ. ①文书工作—高等学校—教材　Ⅳ. ①C931.46

中国版本图书馆 CIP 数据核字（2018）第 166554 号

出版发行　天津大学出版社
地　　址　天津市卫津路 92 号天津大学内（邮编：300072）
电　　话　发行部：022-27403647
网　　址　publish.tju.edu.cn
印　　刷　廊坊市海涛印刷有限公司
经　　销　全国各地新华书店
开　　本　185mm×260mm
印　　张　15.75
字　　数　399 千
版　　次　2018 年 7 月第 1 版
印　　次　2021 年 1 月第 2 次
定　　价　38.00 元

编委会名单

主　编　黄　盛

参　编　熊文杰　丁萍芳　陈晓燕　杜　坤　耿建钢

主　审　胡天然　龙　伟

前言 FOREWORD

《现代文员实务教程》一书系武汉市市属高等学校教学研究项目（项目编号：2015094）阶段性研究成果。信息时代改变了传统生活模式，人们可以通过互联网使知识、技术、理念和新闻即时传播，网络技术的快速普及把人类无论是在物质上还是在精神上都带入了一个全新的世界，也将管理工作带入了一个全新的发展阶段。网络时代管理工作的数字化、网络化、虚拟化给文职人员带来了前所未有的机遇与挑战。随着新一代信息技术“物联网”通信时代的来临，迫切需要培养和训练一批全新的符合时代发展要求的现代文职人员，为此编写了本书。

本书共分为理论篇和实战篇两部分：理论篇阐述了现代文员实务的一般规律，系统介绍了文员的含义，文员工作的内容、原则、特点、作用、职业素养及思维方式；实战篇围绕文员的三办功能（办文、办会、办事），详细阐述了文员的公文拟制、归档工作、会务会展组织工作、办公室事务管理工作，并结合信息时代的发展，引进了文员工作的现代管理手段及技术，增设文员在线网络办公内容，同时围绕白领职场环境较系统地介绍了办公室礼仪。各章后都有思考练习题和案例分析。实战篇的内容设置了技能实训，是一本理论知识和实训操作紧密联系的应用型教材。本书具有创新性、实操性等特点，既可作为高职高专、本科院校高职教育相关专业教材，也可供中等职业学校及其他有关人员阅读使用。

本书是本着工学结合思路编写的教材，作者都是长期从事行政管理工作的领导及文秘专业教学研究的专家学者，有着丰富的行政管理实践经验及深厚的文秘专业理论知识。这本书是他们多年实践经验的积累和专业理论知识的总结。本教材由胡天然、龙伟主审，黄盛主编，熊文杰、丁萍芳、陈晓燕、杜坤、耿建钢等同志参编。最后由黄盛同志负责全书的修改统稿。

本书是一本普通高职教育的规划教材。本教材在编写过程中得到了天津大学出版社的大力支持，在此表示诚挚的谢意。本教材在编写过程中参阅、借鉴并吸取了许多专家、学者的研究成果，谨向作者表示诚挚的谢意。鉴于我们的研究水平有限，疏漏之处在所难免，恳请各位专家、学者、读者批评指正。

编　者

2018 年 2 月

目 录 CONTENTS

理　论　篇

Chapter 01
第一章

现代文员工作导论

从事文书工作的人员—— 文员，这一职业自古就有，而且在职权管理部门中扮演着重要的角色，是各类社会组织不可缺少的辅助服务人员。随着信息技术、网络技术的快速发展，社会各类管理理念和方式的不断改进和完善，现代文员的工作任务、职责范围、职能和作用都发生了明显的变化，现代文员工作机构设置也面临着更多的新问题和新挑战。随着社会观念的转变、办公模式的改进，现代文员不再是传统的服务型人员，而是具有更强的独立性、智能化的综合辅助型管理人员。本章将对现代文员的含义、工作内容和特征、工作的基本原则和作用及机构设置进行阐述。

第一节 现代文员概述

文书工作源远流长，对从事文书工作的人员，即“文员”的定义也众说不一。本节我们就现代文员的含义和类别作了详细的概述，同时对现代文员职能也作了说明。

一、现代文员的含义

“文”者，指“文书”。“文书”有两层含义：一是指人类在社会生活中，由于处理事务的需要而形成和使用的书面文字材料；二是指从事文书工作的人员，也简称“文员”。“文书”（文员）主要做文书制作、档案管理工作，日常办公事务如接待来访，接打电话，收发信件、传真及会议、会展的辅助工作等，属于比较单纯的技术性、事务性操作人员。

最早承办文书事务工作的人员，是秦代的“史”官。这一职业世代相袭。秦律规定，凡非史之子，凡犯过罪的人不能从事文书工作。在古代，文书工作是一门专业性很强的技艺。统治者在选用“文书”时，既要求文书工作的质量，又要求文书卷面字迹美观。当时，士人中出现了文、笔之分。文即文章诗赋，需有情辞声韵。笔即公文，不需有韵，也不必具有文采，只需直言，着眼于叙事达意，施于实用。凡表、奏、书、檄等公文皆称笔，它有一定的格式，多为四字一句。能写文章诗赋的士人不一定能拟写公文。为此，产生了许多专以拟写章、表、书、奏的著名人才。（曹丕:《典论·论文》）统治者都竞相招纳、礼聘他们担任“文书”，这也是早期的“文员”。

在我国现代，文书学创始于 20 世纪 30 年代前后。文书学以文书与文书工作为研究对象，其基本任务是探求文书与文书工作的发展规律，阐明文书工作的理论、原则与方法，以便充分发挥文书的作用。20 世纪 70 年代以前，在政府机关和军队内，“文书”（文员）也是一种正式职业，是指专门帮助领导处理文书、事务的工作人员。20 世纪 80 年代之后，秘书学产生了，是以秘书与秘书工作为研究对象，揭示秘书活动的基本规律的一门综合性应用学科。这时“秘书”和“文书”（文员）都被统称为“秘书人员”了。

“秘书”一词最早出现在东汉，最初指物，后来发展为既指人、职位，也指机构和职业了。秘书是指除了处理文书、办公事务工作之外，还担任辅助领导管理、参谋决策任务的工作人员。“秘书”和“文书”（文员）是血脉相连、关系密切的，你中有我，我中有你。职业化的秘书人员涵盖了文书人员，秘书工作涵盖了文书工作，“秘书”的地位、级别、待遇，一般也高于“文书”（文员）。二者唯一的区别是：“文书”（文员）都在办公室工作，是以集体为单位、为领导服务的，而“秘书”中有一部分人专门为某个领导、上司服务，所以有“私人秘书”，却没有“私人文员”。

西方国家政府机构中也有类似的情况。

英国政府机构的秘书被分为四个级别：行政级、执行级、文书级、助理文书级。前两级为高级秘书，可担任秘书长、秘书处长等行政长官，后两级为中、初级文秘工作人员，也称为文员，前两级与后两级之间有着明显的学历、资历差异。

美国企业界把打字员、接待员、录音员、复印员、文书制作及管理员等办公室内单纯技术性操作人员统称为“文员”，而把“文书、事务、一般管理”（三合一）的人员才称为“秘书”。

加拿大、澳大利亚、新加坡等地规定：高中毕业生经过一年左右的专业培训，通过打字、速记、办公室事务、人际关系等 4 门基础课程考试，即可担任“文员”，而经过 ICSA（The Institute of Chartered Secretaries and Administrators）等权威机关系统培训，取得 17 门专业课程的及格证书，并有 5 年以上文员工作经历的人员，才能担任正式秘书。

基于以上情况，我们认为大专院校的管理专业、秘书专业的学生学习“现代文员实务”方面的知识是十分科学合理的。进入 21 世纪信息飞速发展的时代，对于“文员”的要求，就不仅仅是写好公文、学好文书学、办好文书事务了。现代文员这个职业不同于传统的文员职业，它最大的特点在于体现了文员职业越来越趋向管理型和现代化，管理职能、智能化办公将贯穿于现代文员工作的始终。

现代文员就是负责处理文档事务、日常办公事务、会议、接待、办公资源管理等工作的综合性、辅助性管理人才。现代文员要适应不同层次的社会需要和不同业务侧重的需要，必须具备良好的素质：一是知识面较宽，不仅要通晓中文、写作、文书，而且还要懂政治、经济、法律、社会学、心理学、行政管理、企业管理、领导科学、公共关系等；二是业务能力较强，除了文书写作能力、事务处理之外，还应具备良好的口头表达能力、熟练运用电脑的能力以及处理人际关系的能力。

二、现代文员的类别

现代文员作为一个最为广泛的社会职业，同其他职业一样在横向上有类别之分。现代文员根据其所服务单位的性质不同、工作岗位不同、承担的职责不同，类别也会有所不同。

行政文员，指的是协助机关或企事业单位行政主管完成行政工作的辅助工作人员。主要职责是按要求完成文稿的草拟制作、行政办公会议记录整理、各类文件的立卷归档等保管工作；接打电话，接收和转发传真、信函；做好日常接待工作；采购及保管日常办公用品工作等。

人事文员，指的是协助公司人事主管完成员工管理工作的辅助工作人员。其主要职责是协助人事部门按招聘流程进行员工招聘；负责人事异动工作、考勤工作；协助人事主管对新进人员进行教育和训练以及试工与考核调查工作；负责公司人员档案的建立与微机管理等。

工程文员，指的是配合工程技术部门完成工程任务的辅助工作人员。主要职责是记录，编写工程资料、文件、合同，绘制图表，编制项目预算；协助工程部对所有图纸、技术资料、图书进行分类、编号、建卡、存档、建账和保管；完成工程部门安排的其他工作任务等。

生产文员，指的是配合生产部门完成生产任务的辅助工作的员工。主要职责是处理来函文件，登记、归档、统计、打印、复印函件资料；管理办公用品及办公资源；协助做好生产部门办公室的日常工作；完成生产部门安排的其他工作任务等。

采购文员，指的是配合采购部门完成采购任务的辅助工作人员。主要职责是请购单、验收单、订购单与合约的登记；交货记录及跟踪；供应商来访的安排与接待；管理采购费用及进出口商品文件和手续的办理；协助做好办公室的日常工作，如保险、公证、档案管理等。

前台文员，指的是负责公司前台接待工作的辅助工作人员，主要负责接待来宾，公司电话接转、收发传真、文档复印等工作；各类办公文档、商务文档、合同协议的录入、排版、打印；日常文书、资料整理及其他一般行政事务等。

司法文员，指的是在法院、律师事务所服务的辅助工作人员，主要负责接待或随同访问当事人；记录、整理当事人口述内容，起草、打印法律文件；安排法律事务处理程序；保管法律文件或证明材料；执行律师交办的其他事务等。

医务文员，指的是医院、私人诊疗所服务的辅助工作人员，主要负责与病人约定诊疗时间、挂号、收费，办理住院手续；打印病史资料和医疗护理记录；帮助配药、送药；负责订购药品、医疗器材和办公用品等。

文员在层次上一般分为普通文员和高级文员。普通文员基本从事一些很简单且烦琐的事务性工作，比较适合那些没有工作经验的毕业生；高级文员不仅协助领导完成日常办文、办会、办事等辅助管理事务，同时也是领导的得力参谋助手，可以对部门内重大决策性的问题提供参考意见。

三、现代文员工作的职能

（一）办公事务处理职能

现代文员的办公事务处理职能主要包括办文、办会、办事等。一是办文工作，包括文书写作（包括撰拟、审核、签发、制作文稿等）、文书运行（包括收文与发文两个程序化过程等）以及文书整理（包括文书收集和档案归档等）。二是办会工作，包括会前充分的准备工作以及会中的服务工作以及会后的收尾工作。三是办事工作，包括：①随机事务，是指难以预测的不经常发生的或职能分工边界难以确定由谁处理的事务；②授权理事，是指领导或部门主管临时交办的其他各项工作。

（二）组织控制参谋职能

现代文员是一个组织者，要为各种会议和活动作计划，并落实安排；要能够把握和控制各种复杂的局面，辅助领导决策。由于文员与领导是上下级关系，是配角服务于主角，因此文员在当参谋、被咨询时，需要格外注意语言艺术，要做到既能进言，又不失身份。文员应多用商量的口气说话，给领导留有余地，用委婉的方式提意见，以便领导接受。文员为领导提供情况与资料，为领导出主意、想办法，应多提几个方案，供领导参考选择。

（三）管理协调沟通职能

从管理学的角度看，协调工作是管理者对其系统内的各种因素不断地进行组合、调节，使之能经常保持秩序化、最优化以及不断地让外界系统保持平衡与和谐的过程。文员所处的位置属于纵横管理网络交集上的特殊地位。文员的工作性质决定了其与其他部门、人员有着广泛的接触，也容易产生矛盾，需要及时协商、沟通、调解，这就决定了文员必须具备管理协调职能。管理协调的内容包括工作计划的协调、公文办理的协调、会议及项目的协调等。

第二节 现代文员工作内容和特征

现代文员辅助单位或部门领导管理活动，为单位或部门提供服务，涉及工作内容十分广泛，而且琐碎、平凡、微不足道。本节介绍现代文员工作的9项主要内容。现代文员是一种社会职业，与其他职业相比，有着它自己的职业特征和工作性质。

一、现代文员工作的职业特征

（一）现代文员工作的内容

现代文员辅助性管理工作有大量的具体业务活动，涉及内容十分广泛。许多实务看起来琐碎、细微，但却直接影响单位的内外关系，影响单位的公关形象，关系着单位工作的成效。在西方的公司，录用新文员之后，人事部门会给文员一份详尽的“职位说明表”，逐一列出文员应做的工作。依据目前文员工作的实际情况，尤其是近二十年来文员工作的发展与国际接轨的现实状况，我们将现代文员实务的主要内容归纳为如下9项。

1. 办公室事务管理

办公室事务管理包括办公室的接待和通信工作（电话事务、邮件办理、收发传真），办公室环境的布置和管理，时间管理和日程安排，值班与印信工作等。

2. 会务管理

会务管理包括会议前的筹备、会议中的服务、会议善后处理以及会议后的反馈等。其中做好会议记录，起草会议纪要、简报，都是文员工作的内容。

3. 信息处理工作

信息处理工作包括对信息的收集、整理、传递、存储、利用和反馈，以及互联网信息搜索和决策信息支持等。

4. 文书管理

文书管理工作包括文书制作和文书流转的过程，具体为文件的登记、保管、转发、立卷、存档等。

5. 档案管理

档案管理工作包括文书归档立卷，档案管理的原则，档案的收集整理、鉴定保管和统计利用等。

6. 现代商务会展的服务工作

会展的服务工作包括会展经济的概念和发展，现代文员会展服务工作的具体内容和基本原则，服务技巧与工作职责等。

7. 在线网络办公管理

OA 网络办公系统是把事务型（具体业务）办公系统和综合信息（数据库）紧密结合的一种一体化的办公信息处理系统，为政府机关或正事业单位优化日常的工作流程，提高办公效率和质量。

8. 现代办公设备及资源管理

现代办公设备及资源管理包括数据处理的设备（如电脑、打印机、传真机、复印机、碎纸机、扫描仪等）的购置与使用管理等。

9. 现代文员的管理

现代文员的管理包括现代文员的职业素质、道德修养、智能水平、心理素质、思维方式和知识结构以及办公礼仪和人际关系的沟通技巧等。

总之，现代文员辅助性管理工作的主要内容可归纳为以下几方面：第一类是日常事务工作，包括处理信件、接听电话、收发传真、接待访客、安排日程；第二类是辅助管理工作，包括办公室管理、操作电脑、在线网络办公、信息处理、办公设备采购与维护等；第三类是文书处理，包括撰写公文、文书立卷、档案管理、会议的文字工作等；第四类是沟通服务工作，包括客户服务、媒体应对、公关策划、会务工作以及主管临时交办的其他事项。

以上 9 项，有些本书将专章介绍，也有些分散在其他章节说明。现代文员工作内容繁多，但并不是说每一位文员都要做满 9 项工作。一般来说，单位层次高、规模大、文员多的，分工自然就细，担任的工作项目自然少些，单项技术要求就高些；而单位层次低、规模小、文员少的，分工自然就模糊些，担任的工作项目自然多些，就要求文员具备全面的知识和技能。

（二）现代文员的职业技能要求

信息网络时代对现代文员的职业技能提出了新的要求，概括如下。

1. 综合才能

现代社会的发展对文员的职业技能要求是全方位的：能处理行政事务，具有一定的语言处理能力、文件信息整理能力、计算机软件及硬件应用技能，同时还须具备特定行业的专业技术知识。

2. 团队协作能力

现代文员工作是辅助性管理工作，是为单位或部门服务的，所以一定要有一种集体意识。在现实社会中，靠个人力量完成任务是不可能的，必须充分发挥团队的整体力量才能提升单位或部门的竞争力。现代文员处于上传下达、左右沟通的重要枢纽地位，因而具备团队协作能力尤为重要。

3. 沟通能力

现代文员需要和主管、同事、客户、媒体、政府相关部门打交道，要协调单位上下、内外各方面的关系，必须具备完美的沟通才能。

4. 学习能力

现代文员要掌握各种学习能力，如阅读、理解、分析、判断能力，要以快捷的速度、最简便的方式、最有效的形式获取准确的知识和信息，要用现代文员的思维方式来整合各种知识和信息，提高自己的知识积累和信息储备。

二、现代文员工作的特征

（一）现代文员工作的性质特征

无论是普通文员，还是高级文员，不同业务的侧重，不同类别的文员，其工作性质特征是大体相同的，具有某些共性。

1. 从属性

从属性是现代文员工作最根本的属性和特点。第一，文员工作不可能独立存在，总是围绕单位或部门工作而开展的，文员工作涉及范围非常广；第二，文员在处理任何问题时，只能根据主管的意图和指示精神办理，不能超越职权范围自作主张、自行其是；第三，文员虽然也常常参与单位某些重要会议，但文员在会上只有发言权，而无表决权。

2. 被动性

文员的辅助地位决定了文员工作的被动性，主要表现为：第一，文员工作始终要受单位或部门活动的制约和支配；第二，需要处理的许多日常事务工作（如处理来往公文、信件，接听电话，接待内、外宾以及处理某些突发事件等），往往预先估计不到，只能随机应变。这一类工作，大都是被动的，却又是非做不可的。

3. 事务性

文员工作绝大多数都是具体的事务工作，如收发文件、起草文件、打印校对、接听电话、迎来送往、布置会场、派车买票、安排食宿，等等，虽然很琐碎、很繁杂，但都需要文员一件一件地去办。

4. 综合性

文员工作具有明显的综合性，具体表现在以下三方面：第一，文员工作的内容纷繁复杂，且涉及本单位的全部工作；第二，文员处于枢纽地位，担负着沟通上下、联系左右之责；第三，文员在办文、办会和向主管反映情况以及处理日常事务性工作时，必须对各方面情况进行综合，才能有效地提供帮助和服务。

（二）现代文员的职业特征

现代文员是一种社会职业，与其他职业相比，有着它自己的特征。

1. 年轻化

文员通常是大专院校毕业生的理想职业，但不是终身职业。他们普遍认为从事文员工作待遇较高，工作环境较好，接触人员较多，能拓展眼界，工作内容复杂，是锻炼和培养工作能力的好职业，同时也是通往管理层的最好阶梯。所以许多年轻人选择从事文员工作。从客观上讲，文员工作十分繁杂，对脑力和体力要求较高，这也是年轻人能胜任的原因，因为年轻人记忆力强，反应迅速、灵敏、准确。从世界范围来看，文员队伍比较年轻，职业年龄比较短，平均年龄为 26 岁左右，一般为 20 岁至 35 岁，文员岗位工作一般在 3～5 年后就会升迁或转换。

2. 知识化

文员主要在办公室工作，以处理文字书面信息为主要工作内容，涉及许多现代办公设备，如打印机、复印机、电话、传真、电脑等。所以文员必须具备广博的文化和专业知识，属于知识分子、“白领”阶层，高级文员还被称为“参谋”“顾问”，属于“智囊型”人物。

3. 专业性

文员作为一个专门的职业，需要接受专门的文员工作理论和技能培训才能胜任工作。按照现代社会的发展状况，一个合格的文员应具备优秀的职业素质，懂得社交礼仪、人际关系与沟通技巧，能整合管理理论和实际经验，在处理各类事务时能保持良好的心态、优雅的风度和冷静的头脑。在信息时代，办公室管理现代化、自动化趋势越来越要求文员的专业化发展。

4. 辅助性

辅助是与主导密切相关的，是和主导相对而言的。从管理系统看，单位或部门的主管处于主导地位，文员处于附属地位，所以文员的工作具有很强的辅助性。文员工作的辅助性，是指为单位或部门提供全面性的辅助，是立足于单位或部门的全局，与主管处于同一层面上，在强烈的战略意识指导下提供全方位、全过程的辅助。

5. 机要性

由于工作需要，文员往往了解单位或部门工作中的重要情况，如各种重要数据、重要会议、重要公文、人事调动、重要业务资料等机密性的事情，而这些都会限制一定的阅读、处理范围，限定其特定的对象。所以，文员都应当严守机密，严格执行国家有关保密制度，对不应公开的情况守口如瓶，对内部研究的问题不得私下散布，对保密文件注意把关，以免漫不经心造成差错。

6. 程序性

文员事务工作的量很大，而且各项工作内容都非常具体，因此在处理事务过程中应讲究程序。收发登记、接听电话、迎来送往、派车买票、安排食宿都得按一定的技术程序去办。公文写作、文书处理、印章管理、值班管理、保密工作都要严格按照法定程序进行。对于临时交办的任务要按领导的具体指示和要求办理，对于突发事件可按工作经验办理。文员只有按程序才能使事务性工作秩序井然，使单位或部门职能得以正常发挥。

第三节　现代文员工作的基本原则及作用

现代文员工作是一项系统工作。为了全面地实现自己的职能，就需要现代文员遵循正确的、科学的工作原则，发挥积极、有效的作用。

一、现代文员工作的基本原则

（一）保密工作原则

保守国家秘密的工作，关系到党和国家的根本利益，是实现安定团结、改革开放和社会主义现代化建设的重要保证，也是全党和全国人民的一项经常性的政治任务和工作任务。办公室是联络上下左右、沟通四面八方的桥梁和枢纽，各级文员经常接触单位或部门领导和一些重要文件，参加一些重要会议，了解一些重要机密，因而即使在基层单位或部门，文员都可能掌握一些机密大事或其他属于不公开的事宜。因此，文员要严格执行保密法规，做好保密工作。保密不仅是文员必须遵守的准则，同时也是现代文员工作的一项基本原则。

保密工作原则的具体要求如下。

1. 文件保密

在工作中采取措施保证文件、资料的安全，如在包装、运转、拆封、知密范围和传达中制定安全措施。

2. 会议保密

对于重要会议，文员必须对会议进程的各个方面及相关步骤进行必要的保密安排，并会同保卫、保密部门共同制定有关的保密措施。

3. 人员保密

现代文员要保证自己知密不泄密，做到守口如瓶、滴水不漏，提高警惕，严守纪律，切忌麻痹大意，掉以轻心，或为了炫耀而“露一手，吹几句”。

4. 计算机保密

随着计算机的广泛使用，计算机泄密事件也时有发生，因此，计算机的信息保密也是非常重要的。计算机的保密防范可从技术、使用、行政和法律方面制定措施。

为了防止泄密、窃密，确保国家秘密的安全，早在1979年，中共中央、国务院就制定了《党和国家工作人员保密守则》，一共有10条，单位或部门的文员可参照执行：

（1）不该说的机密，绝对不说；

（2）不该问的机密，绝对不问；

（3）不该看的机密，绝对不看；

（4）不该记录的机密，绝对不记录；

（5）不在非保密本记录机密；

（6）不在私人通信中涉及机密；

（7）不在公共场所和家属、子女、亲友面前谈论机密；

（8）不在不利于保密的地方存放机密文件和资料；

（9）不在普通电话、明码电报、普通邮局传达机密事项；

（10）不携带机密材料游览、参观、探亲访友和出入公共场所。

（二）准确无误原则

文员无论是办文、办会、办事，都要严格按照操作程序办理，做到项项工作有规范，个个环节有衔接，人人有责任，事事有章法，这样才会不出或少出纰漏。事情虽小，但失误就大了，可能功亏一篑，有时“一字之差”便造成严重后果，正是“差之毫厘，失之千里”。如果差错出在关键之处，影响就更大了，特别是针对重要会议和重大活动的服务工作，要提前介入做好预案，周密安排，狠抓落实，力求达到无失误、无缺陷。文员工作的准确性，相当程度地保证了单位和部门工作的准确性和正常运转。因此，文员工作必须有举轻若重意识，态度认真、缜密细致，确保文员工作质量。

现代文员工作准确无误原则的具体要求如下。

1. 办文要准确，办事要稳妥

办文要准，抄写、打印、登记文件，都应反复校对、核实；办事要稳，情况要实，主意要慎，切忌丢三落四、粗枝大叶、马马虎虎、心中无数。

2. 信息工作的准确性

文员要加强对重要信息的分析、核实，力求信息内容准确，所反映的情况要真实可靠、有根有据；要做到观点准确、事例准确、概念准确、引文准确、时间地点和数字准确；对情况不明或无法确定其准确性的信息不能草率报送。文员的信息工作必须准确细致、实事求是。文员要为领导提供真实可靠的信息。

3. 严格按工作程序办理

制定规范操作程序、作业方法、质量标准。理顺管理环节，强化管理理念，使工作有据可依、有章可循。确保整个工作过程始终处于受控状态，减少和消除漏办、滞办、错办现象。现代文员工作要无误差，质量达到“五个零”：接听电话零延误，接待来访零距离，处理情况零缺陷，热情服务零抱怨，值班工作零投诉。

（三）快捷有效原则

现代文员工作的快捷有效原则是由文员工作的特征决定的。文员处理工作的快慢、效率的高低，往往直接影响单位或部门工作的进展，关系整个工作机器的运转。有时会因为办事不及时丧失良机，贻误大事，甚至造成严重后果。所以，及时、高效地完成各项任务，尽可能缩短办文、办事时限，是现代文员工作应遵循的一项原则。

现代文员工作的快捷有效原则具体要求如下。

1. 责任心强

现代文员必须具有很强的工作责任心，要坚决反对拖拉、懒散的工作作风。特别是文书处理工作方面，更是要提高效率，缩短时限，作风过硬，切忌拖拉疲沓、松散懈怠、拖泥带水。

2. 工作制度合理

要制定合理的工作制度，妥善地安排各项工作，尽量减少环节，简化程序。此外，还要改善工作手段，尽可能使用先进的技术设备，提高工作效率，利用现代化技术处理事务，例如屏幕编辑、电话传真、检索资料等。

3. 信息传递及时

现代文员要及时发现、搜集并传递工作中的新情况、新经验、新问题，快速处理，减少中间环节的阻碍，切忌因工作拖拉而失掉搜集、报送有价值的信息的时机。特别是对那些急事、要事和突发性事件应当迅速报送，必要时还要连续报送。

二、现代文员工作的作用

（一）信息枢纽作用

在现代社会中，文员部门处于各个职能部门之间的中心位置，是领导进行管理的中介环节和中枢机构。办公室管理主要涉及对人、财、物、技术设备、信息五种资源的合理安排与有效使用，其中信息最为重要，它是一种黏合剂，有了它，能使其他几种资源得到合理安排与有效使用。现代文员的工作任务就是收集、处理、传递所有有价值的信息，并以此为行政部门领导人员的计划与决策提供依据。

事实上，现代文员工作是信息枢纽的中心：如借助人的感觉器官把听到、看到的各种情况、材料反映到大脑中，就是在收集信息；再经过大脑的思维，产生观念和思想并逐步形成完整的知识，这就是信息的加工；把这些知识记忆起来，或者用文字记录下来，这便是信息的储存；把这些内容讲给他人听，或写成文稿、传真、报告等给他人看，这就是信息的传递。

（二）辅助服务作用

所谓辅助性，是指根据单位或部门领导的决定、指示、命令来办理事务，决不能超越或代替领导擅自做决定，也就是不能越权行事。现代文员工作的辅助作用主要体现在两个方面：一是辅助单位或部门领导决策，辅助管理日常事务；二是根据单位或部门的领导意图处理临时事务，代理各种日常的具体事务，让领导脱离烦琐的日常事务，给领导决策提供便利条件。

现代文员在辅助领导或部门主管决策和管理时，既要当领导的助手，又要为领导出谋献策，当领导的参谋。办公室的工作是承上启下、综合协调的，具有参与政务、办理事务、搞好服务、管理内务的工作职能。现代文员工作的服务作用具体要搞好三个服务；即服务于领导、服务于部门、服务于基层。因此，现代文员的辅助服务工作体现在与领导层的关系上要做到服从而不盲从、尊重而不奉承、请示而不推诿；与各部门关系要做到以诚相待、和睦相处。

（三）公关形象作用

在单位里，文员要负责各种文件、信息的上传下达，具有“对外联络、对内协调”的作用。因此，现代文员工作理应起着“内求团结、外求发展”的公共关系作用。

现代文员（特别是前台文员）接待访客，接触的是各部门的职工、顾客、社区公众、新闻媒介、政府部门等内外各方面，因而，树立并维护单位的良好形象，力求提高并扩大单位的知名度和美誉度，就是每一位现代文员应自觉遵守的职责。

现代文员时刻要注意在正式场合强调组织而不是个人，完成任务而不张扬个性，所以作为现代文员应随时保持微笑、彬彬有礼、落落大方、谦和低调、彰显出良好的个人形象。良好的风度、端庄的仪表及行为举止不仅体现现代文员的个人形象，更体现了单位或部门的良好形象。尤其是一些不设置独立公关部门、不设置专门公关人员的单位或部门，办公室或各职能部门的文员应自觉发挥公共形象的作用，做好相应的工作。

第四节　现代文员工作机构

现代文员工作机构是行政组织内的综合办事机构，是为单位或部门领导服务的，主要从事收集信息、传达指令、辅助管理、处理文书事务的基层办事机构。本节主要阐述现代文员工作机构设置的要求和形式以及现代文员工作机构的职能和原则。

一、现代文员工作机构设置

（一）现代文员工作机构设置的要求

现代文员工作机构是一种管理组织形式，是为完成一定的任务组织起来的有统属关系和办事程序的机构。作为一种综合管理机构，一定要充分发挥现代文员工作机构辅助服务的作用。

现代文员工作机构是直接为单位或部门服务的机构，工作好坏直接影响单位或部门的领导决策的正确程度与贯彻执行决策的全部过程。这是现代文员工作机构与其他业务职能部门的不同之处。如果文员人数太少、素质不高，而工作任务又繁重，甚至处于超负荷的情况，是不可能真正协助单位或部门领导摆脱事务性工作，抓大事和要事的。因此，建立合理的组织机构，充分调动现代文员工作机构全体人员的积极性，发挥每个成员的聪明才智，才能使各项工作有条不紊地规范进行，使全部工作达到高效率化。

机构设置与工作手段的自动化有很大关系。电子信息技术减轻了文员的工作量，提高了工作效率。所以，设计现代文员工作机构时既要从现状出发，又要考虑到未来，才能不脱离实际而又能适应事业发展的需要。

（二）现代文员工作机构的设置形式

根据现代组织理论，现代文员工作机构的组织形式主要有以下几种。

1. 综理式

综理组织形式是指由一个中心来行使指挥权的组织形式。综理式组织方式并非适用于每一个现代文员工作机构，这要视其具体工作结构而定。一般说来，只要是能把文员集中在一起的工作，都可以实行集权组织形式。具体说来主要有处理往来邮件、接待来访者、复印、打印、文件档案管理、办公用品管理、人员招聘和培训、应急工作等。

2. 线性式

线性组织形式是指按照纵向关系逐级安排责、权的组织方式。其特点是上一层的责、权大于下一层，逐级降低，构成一个金字塔状的责权管理系统。在这样的系统中，每个人只对一个上级负责，责权清楚，相对稳定性较大，易于保持良好的纪律，不易发生责权混乱的现象。

3. 职能式

职能组织形式是指任命一些专家负责现代文员工作机构内部某一部门的工作，从而减轻行政首长负担的组织方式。这种组织方式能够充分利用专家的特长，发挥业务和技术专门人才的作用。

从上面几种组织形式可以看出，任何一种形式都不是十全十美的，单纯采用任何一种形式都可能出现某些失误或偏差。因而，在具体的现代文员工作机构组织中，应针对自身的特点和工作结构，综合考虑各种组织形式的优点，博采众长，寻找一种最佳的组织方式，以避免现代文员工作的失误，提高工作效率。

二、现代文员工作机构的职能和原则

（一）现代文员工作机构的职能

现代文员工作机构的管理过程都包含着相同的环节，都是各环节在较高层次上的重复。各环节在每一次循环中处于不同的地位，担负着不同的职能，这些职能的总和就是现实的管理过程。我们把现代文员工作机构管理的职能归纳为计划、组织、协调和控制四项。

1. 计划职能

计划职能属于决策性职能，居于各项职能的起点和首位，为整个管理过程制定目标并指出达到目标的途径。计划工作就是在我们现在所处的地方和我们想要去的地方之间铺路搭桥。工作计划的制订与执行的好坏，往往可以决定一个工作项目的成功与失败，乃至决定整个单位的兴衰存亡。

计划可以预测将会出现的问题，使工作人员不会在问题突然出现时感到诧异。现代文员工作机构处理办文、办会、办事各项工作，健全有效的计划有助于完成各项任务，从而形成一种责任感，有助于激励基层文员，以提高他们的工作效率。

健全有效的计划，常常是优秀管理机构的特征之一。计划是一种履行其他管理职能的绝对必要的先决条件。

2. 组织职能

组织职能属于执行性职能，是把计划内容付诸实施的环节。现代文员工作机构在处理各种会议和活动事宜时，最能体现组织职能。

一是前期准备工作，要充分听取领导和有关部门的意见，协助领导确定中心议题和主要事项，组织编制日程安排，拟定会议或活动通知，安排撰写和印刷会议或活动的文字资料，落实参与人员的接待工作和食宿安排，进行会场布置或活动宣传工作等。

二是在会议或活动中进行服务工作，要根据会议或活动的进展情况和需要，及时地提供服务和需要的各种文字材料，保证会议或活动的圆满成功。

三是会议或活动结束之后的完善工作，组织人员整理会议纪要、决议、活动简报等，催办、落实会议所确定的重要事项，贯彻好会议精神。

这些工作必须对各个环节进行组织，不能出现纰漏或失误。要充分发挥“总管家”的组织管理职能，才能确保会议或活动达到预期目的。

3. 协调职能

协调职能属于沟通性职能，是协助领导进行管理的基本职能。

在现代文员工作的机构设置中，职责交错、利益相兼的问题，往往是导致部门之间意见分歧和相互矛盾的重要因素。因此，充分发挥机构的协调职能具有重大意义。增强协调职能，要处理好以下三大关系。

一是处理好内外关系。文员工作机构服务的对象很多，有领导和群众，有上级和下级，有内部和外部。在这些关系的协调中，既要保重点，又要兼顾一般，要学会“弹钢琴”。

二是处理好上下关系。对上要在服从中参谋，做到既发挥参谋作用又不越位包办，既坚持真知灼见又坚决执行领导意图。对下要在领导中服务，要按照领导的指示精神加强对下属的领导和服务。

三是处理好重点和一般关系，既要抓住重点，处理好中心工作，又要解决好一般，做好日常工作，二者不可偏颇，要把二者统一起来。

4. 控制职能

控制职能属于保证性职能，其作用在于对现代文员工作机构管理活动的进程和结果进行监督和调节，以防止工作环节偏离计划目标，使管理过程的循环得以顺利进行。

现代文员工作机构的控制职能就是把握和控制各种复杂局面，协助单位或部门领导，把各种复杂的无人解决或解决不力的重大事务，进行掌控、督促、检查，使各项工作计划得以落实和完成。现代文员工作机构的控制职能是贯彻落实单位或部门的工作计划、领导指示和决策的一个后续步骤和保证手段；是及时了解各种计划方案在实践中暴露的缺陷，促进单位或部门工作计划的科学化和合理化的重要手段。

（二）现代文员工作机构设置的基本原则

1. 目标统一原则

一个单位或系统的关键是确定目标。目标的明确性与管理工作的有效性是紧密相连的。它是提高效能的前提条件，也是团结和鼓舞全体人员同心协力地完成预定目标的动力。目标统一原则要求从整个系统来权衡利弊得失，小局服从大局，具有目的性、全面性，整合程度越高，目标成果就越大；反则反之。为此，现代文员工作机构设置要考虑如何有利于实现组织目标。

2. 高效率原则

机构设置的目的在于实现既定目标。要实现目标必须讲究效率，特别是在高科技迅速发展的信息化时代，现代文员工作机构设置时就必须考虑如何有利于提高效率。建立一个健全的信息反馈系统，以保证信息反馈快，办事的线路与过程短，处理公文迅速、准确、保密。要根据任务繁重程度，并要考虑现代科学管理的要求，设置现代文员工作机构，切忌因人设事、人浮于事。

3. 依法设置原则

对于国家各级行政机关来说，机构设置必须依照中华人民共和国中央人民政府组织法规定，并经过正式手续报上级批准。企事业单位的机构设立也应经过正式的程序报上级批准，才能有合法的地位，受法律保护和社会的承认。

4. 层次管理原则

层次管理原则要求根据现代文员工作机构性质、任务、工作量分设若干个部门和层次，做到层层负责、分级管理、上下配合、左右协调。下一层次服从上一层次，受上一层次的直接领导和指挥。单位领导不应越过所属部门负责人直接指令基层文员办事。层次管理原则还要求在分工负责的情况下，强调组织与协调的作用，在上下层次任务有矛盾时，服从上一层次总任务的要求，才能形成一个完整的、有机的系统。

思考题

1. 现代文员的含义是什么？
2. 现代文员的工作内容主要有哪些？
3. 现代文员工作的特征是什么？
4. 现代文员的基本原则有哪些？
5. 现代文员工作的机构设置有哪些类型？

案例分析1

从文员到总经理

文洁长相平平，默默无闻，是一家房地产公司办公室的文员。虽然她工作的地方与老板的办公室之间隔着一块大玻璃，但她很少向那边多看一眼，她总是低头忙于那打不完的材料。她认为，只有埋头苦干才有立足公司的资本。一年后，公司资金有些紧张，员工工资发不出了，人们纷纷跳槽，最后总经理办公室就剩下她一人了。她要打字，接听电话，为老板整理文件等。

一天，文洁向精神不佳的老板问道："您认为您的公司就要垮掉了吗？"老板说："没有，但目前确实很困难。"于是她直截了当地说："既然没有垮，您就不该这样消沉，现在许多公司都面临资金短缺的问题，我们可以想办法走出困境。公司不是有一个公寓的项目吗，我们可以试一试。"于是，她被派去搞那个项目。三个月后，那个位置不算太好的公寓基本都售出，她找回了3800万元的资金。两年后她由部门经理提升为副总经理，又做成了几个大项目，为公司赚了600万元。

几年后，公司改为股份制公司，老板当了董事长，文洁升任为总经理。有人要她对公司的几百名员工讲几句话，她说："我是一个很普通的人，但我为公司做事一心一意，从未打过自己的小算盘，所以有了一点成绩。希望大家珍惜我们的公司，共创光明的未来。"

案例讨论：

1. 文洁为什么能走向成功？
2. 怎样才能做一个称职的文员？

案例分析2

女秘书工作——典型的一日

秘书所负责任愈重，其日常工作愈无定规。她必须策划并组织每一件力所能及之事，否则将无以处理突如其来的紧急事项。

——美国国家秘书协会会长凯勒女士

苏珊小姐为一家饮料公司地区分公司的行政助理，她了解成功并没有绝对的保证，不过继续不断地进修并增进自己的技能与条件，则是绝对必要的。作为一位进修秘书课程的大专夜校生而言，对其行业的进阶应有旺盛的事业心。她接受要求，详述她一天的工作实况，以供有志从事秘书工作的员工对办公室内的各项活动、所遭遇的问题与突发事件，以及秘书必须面临的职责有一个较清晰的观念。她的看法与凯勒女士的前述一席话不约而同。苏珊说："当我担任速记员的工作时，我的日常工作极易描述，现在我所担负的责任较前为重，有许多紧急事件待处理，我发觉我的日常工作几乎无定规定制可言。不过典型的情况是：听写口授、誊清文件、安排访客的会见事宜、接听电话、准备行程表（我的上司经常作业务旅行）、处理邮件以及各项交办事宜。"

苏珊从事秘书工作的背景

对于苏珊的背景作一简单的描述，将有助于读者了解她何以在20来岁的年龄就能担任一个负有重责的职位。苏珊18岁毕业于美国高级中学，然后接受1年的秘书专业课程训练。结业之后，苏珊对她的未来计划一无决定，曾经向一个就业辅导机构登记，其后6个月内，她曾经担任过好些临时性工作，事后她说："这6个月我获得不少宝贵的经验。我学会了如何适应不同的雇主与工作环境。"

苏珊的一位友人有一天告诉她，一家饮料公司有一个速记员的缺额。经过了好几次测验和两度面谈之后，苏珊总算被雇用了。在她进入这家饮料公司工作 6 个月后，她到大专夜间部就读。她所修习的课目有信函写作、高级秘书业务、市场学及市场调查、政治学及国际关系、心理学及人群关系、推销术及广告学。她目前在这家公司服务已 6 年多，并且数次获得晋升。

苏珊在写这篇描述她一天工作的文时，担任该公司营业部经理麦克先生及广告部经理惠特先生两人的执行秘书已有一年半的时间。她已接获通知，将升任麦克经理的行政助理，并且当她训练杜娜小姐担任惠特经理的秘书而能独立作业时，即行生效。

苏珊选择星期四这一天作为示范，说明一位秘书典型的一日。这一天，麦克经理已因公出差，而惠特经理正准备远行。苏珊告诉我们："这是典型的一日，两位经理同时出差是常有的事。时间正好相近，这一天确实相当忙，致使我速记了一些文件，准备过几天再行誊正。"

苏珊的一天工作详记

（办公时间从上午 9 时到下午 5 时，中间有 1 小时午餐时间，两次咖啡小憩各 15 分钟）。

8:30 抵达办公室。整理仪容，检查办公用品与文具。整理惠特经理办公室及检查麦克经理办公室。

8:55 检视手中的工作，开始誊正昨天听写的两封信，尽快送请惠特经理签名。完成信稿放入签名卷夹中，置于惠特经理案头。（信件宜如此慎重处理，以免他人窥视）

9:15 拆阅并处理第一批邮件。留下必须由我直接作答的，惠特经理到达办公室，嘱我到他办公室作大约 5 分钟的口授笔记。迅速整理出即将讨论的事项，因他即将于下午离开，出差两星期。

向惠特经理报到，记录，两度因电话而中断，然后继续做笔记。回到办公桌后，回复一个紧急电话。请杜娜小姐听第二个电话。她正接受训练，一旦我担任麦克经理的行政助理后，她将为惠特经理工作。

惠特经理把他的旅行计划交给我，交代他外出期间要我处理的事情，并电告杜娜小姐，因她能协助我工作表示高兴。惠特经理当面嘱咐如有需要可找他人帮忙，以完成交办事项，因为他知道我还得替麦克经理做不少事。

9:50 回到我的办公桌，检查档案，获取必要的资料，回复在惠特经理办公室所接听的电话。

捡出必须由惠特经理过目的航空信件。无特别紧要待复函件，摘记几项待办事项，待第二次邮件到来再处理。接听几通电话，其中一通为一位盛怒的客户 B 先生打来的，他要与麦克经理直接讲话，他不相信麦克经理已经外出，最后我才婉转问明原委，并应允他立即查明，尽快打电话告诉他。

10:10 决定前往征信所，核对 B 先生的账目，请杜娜小姐照顾我的办公室，并告诉惠特经理我要到征信所去，征信所事忙一时无法查对，答应中午以前电话告诉我。

10:20 回到办公桌，记下征信所午前会来电话，不然，我应打电话去问。咖啡小憩时间，却已无法分身了。告诉杜娜小姐旅行信用证书的用法并叫她到出纳室。稍后告诉她登记月支账的方法。杜娜小姐回来后，将准备交由她接替的工作：复制文件、校对、正式信件的打法、推销员所报费用数字的核实等，一一交代。

杜娜小姐从出纳室带款返回办公室，在我面前点清，当她交钱给惠特经理时也将当面点清，这一点很重要。一旦点清无误，以后再有差错就无须负责了。

10:40 开始誊清惠特经理口授信件。文书中心来电话说，他们为惠特经理打印推销业务会议议程表，因为事忙，无法如期在今天完成。我决定无论如何明天一定要做完（我通常皆较实际需要时间提前几天，以防临时赶不及，但我并没有明白告诉他们）。

11:10 打好数封信函送请惠特经理签名，并影印其中部分信函。我在他办公室时，惠特经理接听一通私人电话，决定提早于 3 点钟，而不是原定的 5 点钟动身，因此，我至少必须在 2 点半左右为他准备好应带的公事包。

11:15 回到办公桌，打三通电话分别通知同人，将原定 4 点钟召开的会议提前到 2 点钟。惠特经理应带的文件几乎皆已备齐，为了慎重起见再检查一遍，并通知杜娜小姐来实地见习。

征信所来电话，告知客户 B 先生的账目详情，既得完整资料，自可回复 B 先生电话。一面打电话，一面教杜娜小姐留心为惠特经理所准备应带的文件。

与 B 先生通电话，他似乎很满意，将经过记下准备告知麦克经理，并将这种作业程序示知杜娜小姐，在我的上司远行期间，我皆将所有重要电话及访客谈话摘要记录，函件也做札记。惠特经理的公文包已准备妥当，只等最后一份资料。

11:45 整理档案并与同人会议后开始处理麦克经理的信件，他希望当天能知道来信大致内容。惠特经理提早离开办公室去进午餐，当他经过我的办公室时，交给我一份简短的备忘录，说是回到办公室时再由他签名，我的案头始终准备好一本笔记簿。翻开空白的一页，以备不时之需。将备忘录立即誊正并置于惠特经理办公室的签字卷夹内。第二批邮件到达，很快地过目一遍，其中有一件需要惠特经理立即注意，从档案中找出有关资料附于来信之后，一并置于惠特经理办公桌上的“速件”卷夹内。

12:15 正准备在办公桌进食三明治时，接待员通知一位客户要见麦克经理，假如麦克经理此时还在办公室，照例会留访客进午餐，乃决定请客人到我们的餐厅用膳，巧遇市场调查部门的高先生，乃一并邀他同桌进食，请来客在访客名簿上签名。杜娜小姐通常都在 1 点整吃午餐，征求她是否能改变计划，暂且照顾一下我的办公桌，留一便条与惠特经理，告知他我去何处。

1:15 重回办公桌，高先生仍陪着客户并将代为送客。将进餐时与客户谈话要点记下，供麦克经理参考，并将来客姓名记入访客名单中。杜娜小姐将她接听的电话告诉我，即去进餐，并说在半小时内回办公室。

1:30 惠特经理嘱我听写午餐时留在他桌上的紧急来信的回函，他要我替他的太太办一些私人事情，问他假如我请杜娜小姐替我走一趟，他是否介意，他表示同意。

1:40 将紧急信件誊正，请惠特经理签名，并以副本一份纳入其公文包中。检查是否有致麦克经理紧迫邮件，其中有一封须于晨间转寄资料时一并转致，在惠特经理离开后应立刻准备，杜娜小姐餐毕返回办公室。嘱她备妥惠特经理的最后资料。

2:00 惠特经理的三位同事到达办公室，他嘱我作笔录，杜娜小姐则招呼所有的电话，使我们不致受到干扰。

2:20 三位同事离去，惠特经理希望尽快将会谈记录誊正，讨论一些其他事项。

2:30 重回办公桌，请杜娜小姐誊正我在会议中所作的笔录，告诉她如果有少数的字看不清不必担心，不妨从头至尾快读一遍，将有疑问的字句圈记出来，一并来问我。将惠特经理的公文包准备妥帖。

2:45 答复杜娜小姐所提出的会议笔录上的几个疑点，她正开始誊正。继续处理第二批来信，并备妥寄给麦克经理的资料。

3:00 惠特经理离开办公室，他能准时而且诸事齐备地动身，总算松了一口气，继续整理信件。

接到麦克经理的长途电话，他将延后两天回来，并嘱转告办公室有关同人，他已发电报给原先约定会面的某些客户，麦克经理希望立即寄给他某些已打字完成的资料，决定于今晚投邮，我按序检查一遍。

3:15 查看杜娜小姐誊正我的笔录的进度，已接近完成。告诉她完成后尽可以休息了。

打电话给文书中心，问是否可派人协助我打字，答案是无人可派；与营业部两位领班（麦克经理也是他们的上司）联系，问是否可派来两位打字员，一位说很难帮忙，另一位说 3 点半之后可能派出两位打字小姐。一切准备妥当，在向她们有所指示之前，首先向两位打字小姐说明所有的资料必须在今晚付邮。如果她们中任何一位必须 5 点离开，现在就告诉我，以便我找人替手。两人都说可以留下。

杜娜小姐也完成了初稿，并且协助下一步工作，她愿意不管多晚，一直陪我工作下去，感谢她的这番好意。

3:45 交代完毕，两位打字员与杜娜小姐以全速进行工作，我把杜娜小姐的初稿复核一遍并作少数更动之后，也参与工作。

4:00 工作在忙碌中顺利进行。第三批邮件到，其中有两封限时信是给惠特经理的，一封今晚即行转寄，另一封我自己可以处理。

4:15 接获通知说明两位客人来拜访麦克经理，尽管心里不欢迎这种打扰，但是必须去见他们。正准备去招呼他们时，两位借调来的打字员中有一位告诉我，她不习惯在这种紧迫情形下赶工，要求免除这项工作。我设法安慰她，告诉她尽可能地做，而不要一心想着它是一件紧迫的工作。我要她坐在我的写字台旁边，一方面以电话告诉接待员说，我稍迟几分钟便来，并请她打电话给营业部门的一位领班暂时招呼一下来访的客人。

重新安慰打字员，告诉她我了解她的感受，并请她尽可安心工作，不要在心理上受到干扰。假如在她必须离开的时刻没能做完，我并不责怪她，于是这位打字员重新去打字。

我则前往接待室，那位领班正在与一位访客交谈，而我则打招呼并将他们的来意记录下来，以便转告麦克经理。

4:40 电话铃响，原来是惠特经理从机场打来的，他忘了一件必须携带的重要包裹，

（我不觉自言自语地说：“哦，真糟糕!”）所幸离他起飞时间还早，我希望能赶得及送给他。立即打电话到西联信差服务处，告诉他们时间急迫，他们答应在5点钟之前派人来办公室，我将包裹交与接待员，并且告诉她西联公司即将派人来取。

4:45 一位打字员已完成她的紧急任务，我们一块儿校对后，我问她能否接替杜娜小姐未完的工作。而由杜娜小姐将2点的会议记录用复写纸打字誊清，因为这是密件不能假手于打字员。

打电话告诉母亲我会晚一些吃晚饭，7点钟左右才能到家，也关照杜娜小姐及两位打字员打电话回家。

5:00 接待员来电话，告诉我西联公司的信差已取走了包裹，总算又松了一口气。

两位打字员都已打好了字，我们一起检查一遍，他们在5点25分钟离开办公室。对于她们的全力帮忙面致谢意，并记下来明天早晨第一件事是向她们的主管致谢。

5:30 办公室只剩下我与杜娜小姐两人，杜娜小姐继续整理会议记录的誊清稿。当她完成后，告诉她处理邮件的程序，并且解释我整天保存麦克经理的封袋的原因。会议笔录原稿将送给惠特经理。

当杜娜小姐清理她的写字台，并在她的日历上记下明天待办事项之际，我急速赶办麦克经理交代之事，将其纳入一牛皮纸信封，称过重量之后，贴上足够的邮票，即将投邮。

6:15 接惠特经理电话，说信差已将包裹送到。杜娜小姐问我还需要帮忙的事，我告诉她通常我喜欢每天做好归档工作，看样子今天只好破例了。我从不让该做的事积压到第二天，因而我把它记在行事历上作为明天紧急待办事项。嘱杜娜小姐共同再检查一遍。尽管时间已晚，我仍然把许多“应办事项”记在行事历上，以便打电话给文书中心，告知有关惠特经理交办之事。

苏珊为我们述说这个典型的星期四活动日程时，同时说：“不要以为我每天都加班工作，我并不是每天如此。只是在绝对必要时才这样做，我认为我必须时时有所准备，以迎接这种情况的发生。”

我们问她：“苏珊，你能不能举出两项使你得以从容不迫地忙过这个‘典型’的一天的秘诀？”

她略一沉思，接着回答说：“我想首先是我能专心致志，心无旁骛，其次便是自动自发的精神，不管我的雇主是不是催促我，我总是按部就班地做好我该做的工作。”

案例讨论：

读了《女秘书工作——典型的一日》，你对秘书工作有哪些感性认识？

（资料来源：http://www.jznu.com.cn/wf/ReadNews.asp）

案例分析3

我和微软的成功因为有露宝

微软的总裁比尔·盖茨曾说过：“我和微软的成功因为有露宝。”露宝正是他的秘书。创业时微软都是年轻人，做软件，搞开发都是能手，但内务却一团糟。微软的第一任秘书是个年轻漂亮的女大学生，除了自己分内的事，对任何事情都是一副不闻不问的冷漠劲儿。没有过多久，比尔·盖茨就要求总经理伍德给他换一个秘书。

一天，伍德一连交上几个年轻女性的应聘资料，盖茨看后就连连摇头："难道就没有比她们更合适的人选？"盖茨理想中的女秘书应该干练、稳重、能干，而不是花瓶式的摆设。伍德犹犹豫豫地拿出一份资料递到盖茨面前，"这位女士做过文秘、档案管理和会计员等不少后勤工作，只是她年纪太大，又有家庭拖累，恐怕……"盖茨一目十行地看完了这份应聘资料，表示："只要她能胜任公司的各种杂务而不厌其烦就行。"

这样，42 岁的露宝就上任了。事实证明比尔·盖茨的选择是正确的。她进入公司后，像母亲一样关怀各位软件高手的衣食起居，使他们减少了远离家庭而带来的种种不适。露宝把微软公司看成一个大家庭，里里外外打理得妥妥帖帖。她一直自觉以一个成熟女性特有的缜密与周到，考虑着自己应该在"娃娃公司"负起的责任与义务。她真心关爱每一位员工，对工作也有一份很深的感情，很自然，她成了微软的后勤总管，负责发放工资、记账、接订单、采购、打印文件，等等，远远超出了一位总裁秘书的职责。盖茨和其他员工对露宝都有很强的依赖心理。

当微软决定迁往西雅图，露宝因为自己的丈夫在亚帕克基有自己的事业不能走时，盖茨对她依依不舍，留恋不已。盖茨和公司高层联名写了一封推荐信，信中对露宝的工作能力给予很高的评价，临别时盖茨仍握住露宝的手动情地说："微软留着空位子，随时欢迎你。你快点过来吧！"

三年后，1980 年冬季的一个寒夜，在比尔·盖茨西雅图的办公室，一个熟悉的声音响起："嗨，我回来了！"——正是露宝！她先是一个人从亚帕克基来到西雅图，后又说服丈夫举家迁来。

案例讨论：

秘书、文员是不是只有年轻人才能担任？为什么？

案例分析4

她为什么如此受欢迎

有这么一位秘书。据说台北的老板们都乐意聘用她，都想方设法地争着开高价把她吸引到自己的公司。据圈里人说，哪个老板要是能聘用到她，必然会财运亨通，诸事顺达。

那她到底是怎样的一位秘书呢？从外表上看，她毫不起眼，既不年轻，也不漂亮，四十不到的她，瘦弱而且略有些憔悴，她的个性也不活泼开朗，而是腼腆内向。然而她举止文雅，待人有度，尤其是她有着令人羡慕的惊人的敏感性和记忆力。每一位她辅佐的上司的客户和朋友的情况，她都了如指掌。在公众场合和日常的工作中，她能适时地悄悄地提醒上司，该向某位客人道喜，因为他的公子近日考上了台大，或是该向某位友人慰问一下，因为他刚刚病体康复……由此，每一位由她辅佐的上司总能在公众中赢得良好的口碑和极佳的人缘。现在你明白了吗？她为什么如此受欢迎？

案例讨论：谈谈为什么她如此受欢迎。

（资料来源：《现代秘书实务》，暨南大学出版社，2006）

Chapter 02
第二章

现代文员职业素养

现代文员是掌管文书并协助部门负责人处理日常工作的人员，工作任务繁杂，每天都要辅助领导者解决大量问题。能否迅捷、准确地完成领导者布置的工作，在很大程度上取决于文员所应具备的较高层次的素质修养。本章学习重点是把握现代文员的政治修养和职业道德、智能素质和心理素质。

第一节　现代文员政治修养和职业道德

提高政治修养，对于一个文员来说是十分重要的。现代文员要接触各层次的人员，能接触很多机密，参与决策的机会多，因而文员的政治修养水平高低，不仅仅会影响文员工作的质量，而且也间接地影响组织的工作效率，这就要求文员一定要严格要求自己，不断加强政治修养。

一、现代文员的政治修养

修养，就是要有坚定正确的政治方向，始终站在党的立场上，自觉、积极地为党和人民群众的利益服务，坚决执行党和国家的路线、方针、政策，遵守党的政治纪律和组织纪律，勇于抵制不正之风，坚持四项基本原则，拥护改革开放的政策，坚定正确的政治立场，与党中央在政治上保持一致。

对现代文员在政治修养方面的基本要求，绝不是空泛的罗列，而是有其切实而具体的内容的。体现在文员身上就是要周到地、高质量地为组织和领导者服务，就是要在长期的、琐碎的实际工作中，树立正确的荣辱观和苦乐观，埋头苦干、廉洁奉公。

（一）思想修养

文员是处于从属地位的一种职业，要从做出重大决策和处理日常事务的全过程去辅佐领导，这就要求文员要有更高的思想素质，做到政治敏锐、忠实积极，大事能做，小事不嫌，既多才多艺，又任劳任怨，既坚持原则，又实事求是；做到不慕虚名，不谋私利，不盛气凌人，谦虚谨慎，平等待人。

（二）理论修养

现代文员只有懂得马克思主义关于自然、社会和人类思维的普遍规律的论述，运用辩证唯物主义的世界观和方法论观察、分析现实生活中的各种实际问题，不断清除头脑中唯心主义和形而上学的影响，实事求是地以社会实践去检验理论的真伪和是非，不以教条主义或经验主义的态度去对待马克思主义理论，才能说具有了较高的理论素养。文员既要学好理论，又要以先进的理论指导社会实践，并在社会实践中思考、分析、综合，善于去粗取精，去伪存真，总结实践经验，把它上升为理论，提供给领导者参考并用以指导实践，使理论从实践中来又回到实践中去，不是作为教条，而是作为行动的指南。

（三）作风修养

现代文员工作作风方面的修养概括起来有这样几点：要有严肃认真、雷厉风行的工作作风；要公道正派，廉洁奉公，珍视荣誉，本分自重；要严守机密，守口如瓶；要善于团结同志、联系群众；要讲究实事求是；要埋头苦干，甘当无名英雄；工作要讲效率，办事要一丝不苟等。

二、现代文员的职业道德

（一）文明礼貌

现代文员作为领导者的助手，应以和蔼的态度待人接物，注意文明礼貌，对下级组织人员和社会公众要热情接待，彬彬有礼，虚心听取意见，有些问题即使一时解决不了，也要耐心解释清楚，切忌板着面孔训斥人。

（二）谦虚谨慎

现代文员是领导者的助手，是为领导者、上下级组织、同级各部门及社会公众服务的。文员工作政策性、机密性强，内容复杂，必须持谦虚谨慎的态度。谦虚主要是指虚心好学，认真学习新知识，研究新情况，耐心听取群众和周围人员的意见；谨慎主要是指办事说话要有根据，符合原则，没有根据的话不说，没有根据的事不做，不轻易许诺。文员必须具有勤勤恳恳甘为孺子牛的精神，默默无闻地做好工作。

（三）严守机密

现代文员还有一个显著特点，即掌握和知道机密较多，并容易成为打探消息的渠道和获取情况的对象。因此，要求文员必须具备严守机密的职业道德，自觉加强保密观念。以往泄密、窃密现象的发生，许多是由于过失造成的。有意泄密、窃密是个人品格问题；而无意的泄密大都是因为吹嘘、炫耀，由于嘴巴不牢造成的，这是职业道德问题。要求文员具备道德素质，首先要克服爱慕虚荣的心态，才能真正做到不把机密作为“吹牛”的材料和资本，避免泄密。

（四）克己奉公

克己奉公，就是说文员在工作中要把党、国家和人民的利益放在首位，为了整体利益，不惜牺牲个人利益，坚决做到个人服从集体，局部服从全局。如果没有克己奉公的品质，斤斤计较个人的得失，那么无论他有多大的本事，多么渊博的知识，他也很难做一个称职的文员。在组织中，从整体上讲，个人利益与集体利益是一致的，但在某些具体的局部问题上，个人利益和集体利益则有可能发生冲突。在此情况下，如何处理个人利益与集体利益的关系，就成为每个人面临的大问题。文员的工作特点及其职业道德要求他在个人利益与集体利益不一致时，必须是个人利益服从集体利益。

（五）服从大局

现代文员应时刻牢记自己是领导者的参谋和助手，而不是决策者。文员的参谋作用体现在决策前后的各项服务工作中。现代文员工作的特点决定了文员工作的职责就是贯彻执行领导者的指示，实现领导者的意图，在领导者作决策之前，文员可以而且应该发挥积极性、主动性、创造性，向领导者提供情况和参考意见，献计献策。但当领导者一旦拍板决定下来，文员就必须严格按照领导者的决定办事，未经领导者批准，不得以组织或领导者的名义擅自行事。要从整体利益出发，顾全大局，不利于团结的话不说，不利于团结的事不做。

第二节　现代文员智能素质和心理素质

现代文员要胜任工作，必须具有较宽的知识面和较深厚的专业知识，同时又具有适应各种工作的不同能力。这些知识和能力，有些可以在走上工作岗位之前，即在学校中学到，但只是初步的认识，更重要的是在工作实践中加深体会，不断巩固、完善和提高。

一、现代文员的知识构成

所谓知识，包括从书本中得来的比较系统的知识和从实践中得来的感性知识与生活经验。这两者是相辅相成的，不可偏废或厚此薄彼。虽有书本知识，并不一定能够应用到实践中去；光有实践经验，虽然也能够自己总结出一定的理论来，但如果不进行系统的学习，那知识肯定会是贫乏而且片面的。在进入知识经济时代的今天，现代文员如果没有丰富的知识，要想做好各项工作，肯定是难以实现的。

（一）基础知识

现代文员应具备的基础知识，主要包括社会科学基础知识和自然科学基础知识两大类，现代文员必须在这两方面打下比较坚实的基础。

1. 现代文员应具备比较系统的社会科学知识

各行各业、各地区、各部门的文员都必须具有相当系统的社会科学知识，特别是政治学、法学、经济学、社会学、心理学等方面的知识，这些社会科学本身就是人类社会管理知识的总汇。如在经济学方面，要博览群书，要了解和掌握世界各国主要经济学流派及其主要观点。在掌握经济学知识的时候，既要掌握一些经济学理论方面的知识，还要掌握一些经济管理方面的知识；在法学方面，应弄明白社会主义法的本质和作用，熟悉我国政法工作的基本方针和一般政策，掌握宪法、民法、行政诉讼法的基本内容，学会用法律手段处理经济和社会生活中的一些事情。

2. 现代文员应掌握相当丰富的自然科学知识

没有一定的自然科学知识，就不可能真正有效地为经济发展和企业发展服务。其一，要对中国自然科学的历史发展状况有所了解，切实认识中国古代四大发明对世界文明进步的作用，充分认识中国古代在天文学、医药学、建筑学等方面所取得的成就。其二，要掌握科学发展的现状，特别是要了解电子计算机、控制论和自动化技术的发展。

（二）专业知识

作为现代文员，必须掌握现代文员实务、应用文写作、管理学原理、组织行为学、文献资料检索、档案管理、办公自动化、速记速录、沟通与礼仪等文员工作的专业知识。这样，才能得心应手地进行文书处理、文件撰写、会议安排、信息收集处理、立卷归档、沟通交流等工作。同时，现代文员对领导科学也应有所了解，学会站在领导的角度观察问题、分析问题、解决问题，要善于从全局出发，从宏观上思考问题，对组织中出现的新情况，特别是预兆性和方向性的信息，要及时地提供给领导者，为领导者决策提供依据。另外，还要对所在部门的业务知识有比较全面的了解。

现代文员的知识结构要能适应社会进步的需要，适应组织发展的需要。这就要求现代文员必须努力学习新知识，不断优化自己的知识结构。在实现知识结构的优化中，要注意以下三点：一是不断对自己的知识结构进行自我调节，善于把过去所学的各种知识有机地组合成新的知识整体，不断用新的知识予以充实和扩大，并且能够随着客观条件的变化，不断增强其适应性；二是善于在知识的相互联系中进行学习，在学习中注意分析知识间的相互作用，通过消化理解和独立思考，打通这些联系，使之融会贯通；三是一定要联系现代文员工作的实际进行学习，在实践中学习新知识，加深对理论知识的理解，再用理论去指导实践，开创工作的新局面。

二、现代文员的能力构成

能力是直接影响活动的效率、使活动顺利完成的个性心理特征。鉴于文员工作的复杂性和多样性，一个现代文员应具备合理的能力结构。所谓能力结构，是指一个具有知识技能和能力组成的多序列、多要素和多层次的动态综合系统。

（一）基础能力

1. 记忆能力

人的智力结构中的每一要素都离不开记忆，失去了记忆，就谈不上观察、思维和想象。对于现代文员来讲，信息和资料的记忆尤其重要。要想胜任文员工作，必须善于不断地培养和锻炼自己的记忆力。

2. 观察能力

文员要做好领导者的参谋工作，就必须具备灵敏的洞察力和反应能力，时时刻刻做有心人，善于观察问题、发现问题。

3. 思维能力

思维能力是人类特有的一种能力。现代文员必须学会独立思考，从观察现象到看清本质，由此及彼，由表及里，进行分析研究，做出符合客观规律的推理，并对结果进行正确的判断，这样就能不断提高自己的思维能力。

4. 想象能力

人的想象力是一种特殊的思维活动，它在人的社会实践中起着重要的作用，在科学发明和艺术创造中占有特别重要的地位。离开想象就谈不上创造性。文员要进行开创性的工作，就必须努力提高自己的想象能力。

（二）专业能力

1. 语言表达能力

现代文员的语言表达能力包括口头表达能力和书面表达能力。能说会写是文员的“看家本领”。文员的工作有很大一部分是通过说话来进行的，如汇报情况、提出建议、传达指示、协调工作、接待来访等，都离不开口头语言。说话机会如此之多，就须讲究说话艺术，一要清楚明白，二要注意分寸，三要生动活泼。口头陈述事理，需要头脑清晰，善于归纳，反应灵敏，回答迅速；对领导或下级组织谈话，都要态度从容、不卑不亢，语气及用语都要恰当得体；说话要有感染力，要能吸引人。写作能力主要是撰写各种公文的能力。除了写得好，还要写得快。这就要求文员平时勤学苦练，练就“出手成章”的硬功夫。

2. 组织管理能力

在改革开放的新形势下，文员应该具有较高的管理能力和组织能力，头脑要灵活，思路要敏捷，办事要精明干练。其一，要了解事情的过去和现在，通晓处理问题的渠道，提高办事的效能；其二，要用系统论的观点统筹安排工作，使之有条不紊地进行，克服那种“头痛医头，脚痛医脚”“只见树木，不见森林”的工作方法；其三，要周密地思考问题，具有较强的预见性和应变能力。

3. 协调能力

现代文员必须具备良好的协调能力，要善于处理人际关系，善于发现上层与下层之间、部门与部门之间的不平衡，善于发现工作中产生的矛盾，及时加以沟通、协调，起到辅助管理的作用。在协调各方面的关系时，既要有坚持真理的原则性，又要有从实际出发、因势利导的灵活性。现代文员在任何情况下，都要坚持真理，坚持原则，绝不拿原则做交易。现代文员的协调能力主要表现在 5 个方面：①能以良好的心态，讲求方法和艺术，融洽人际情感，达到统一认识、调动积极性的目的；②善于运用相关的政策、规定和制度进行协调；③善于把握全局，从全局出发分析处理问题，又要为局部着想，把两者有机地结合在一起；④善于沟通信息，使矛盾各方彼此了解情况，消除误会；⑤善于处理好与各方面的关系，尊重对方，做到“人人为我，我为人人”。

4. 交际能力

随着社会的不断发展和进步，人际交往活动变得越来越重要了。现代文员在日常工作中，要接触到许多人，应付许多交往活动。待人接物是文员工作的重要组成部分。因此，现代文员需要了解自身进行人际交往的特点，克服人际交往的心理障碍，掌握人际交往的原则和方法，这样才能处理好同各个方面的关系，营造和谐、融洽的工作环境和良好的心理氛围，为顺利开展各项工作创造必要的条件。

5. 应变能力

现实情况不断变化，工作的计划、方案随着时间的推移与环境的变化，往往需要加以修正甚至推倒重来；在实际工作中，许多事情若死守条条框框，往往行不通，须把原则性和灵活性相结合，在不违反原则的前提下变通处理；有时会出现一些突发性和意外事件，须在较短时间内拿出对策，一个方案不行另换一个方案。这都需要有应变能力。

6. 创造性工作能力

现代文员要充分发挥参谋助手作用，就必须具有创造性工作能力。创造性工作能力是以其他能力为基础，在其他数种能力的基础上所形成的一种更高级的能力。要培养自己的创造能力，就必须有强烈的进取心，并在正确方向的指导下，坚韧不拔，自强不息，永远前进，只有这样才能激发出自身的创造力。

（三）操作技能

科学技术突飞猛进的发展，办公自动化的普及，对文员的能力提出了更高的要求。它要求现代文员除了有基础能力和专业能力之外，还必须掌握运用办公设备的能力，主要包括计算机操作技术、复印技术、打字技术、速记速录技术、录音技术、摄影摄像技术、缩微技术等现代化办公手段，在条件允许时还应掌握文字处理机、电子计算机、打字机、电传机、传真机、多功能电话、复印机等设备的简单构造和维修保养方法，向更方便、更快捷的办公方式迈进。文员只有掌握了这些操作技能，工作起来才能得心应手。

三、现代文员的心理素质

随着社会的发展和进步，人们工作和生活的节奏大大加快，各种社会交往活动更加频繁和广泛，人们所接受到的各种紧张刺激也不断增多，而这些紧张刺激对人的身心健康造成了越来越大的影响甚至危害。现代文员由于工作岗位的特殊性，不仅人际关系较复杂，在紧张的工作中所遇到的矛盾和困难挫折也较多。没有较强的心理承受能力，就难以应付工作中出现的各种情况，产生心理上的不适应。所以提高文员的心理素质具有十分重要的现实意义。

（一）要树立正确的人生观

一个人只有树立了正确的人生观，才能正确对待工作与生活中出现的各种矛盾、困难和挫折，才能对外界环境产生适当的行为反应，保持良好的心理状态。现代文员只有加强自己的思想修养水平，提高自己的思想觉悟，才能真正树立起正确的人生观，才能始终保持积极的、健康向上的情绪状态，避免各种不良心理因素的干扰。反之，缺乏正确的人生观，就等于失去了对自己行为的正确而有效的控制，就容易被各种不健康的心理因素所影响和困扰，从而影响到个人身心健康的发展。

（二）确定适度的抱负水平

一个人只有认识自己，接纳自己，对自己形成客观的评价，才能在此基础上确定出自己适度的抱负水平。现代文员应该在充分认识自己的基础上，将自己的抱负同自己所从事的工作结合起来，争取在追求组织所确定的工作目标的活动过程中去实现自己的理想抱负。如果自己的理想抱负与所从事的文员工作不能结合起来，那么在追求理想抱负时也会产生各种挫折。所以，现代文员不仅应确立适当的抱负水平，使自己有能力去实现它，还应尽量与自己所从事的工作结合起来，使自己能够有条件去追求它。只有这样，才能减少工作与生活中出现的挫折，始终保持积极的、健康的心理状态。

（三）克服不良心理影响

一些不良的心理因素对心理健康的影响是非常大的，如自卑、自大、多疑、嫉妒等是产生心理挫折、出现人际关系紧张的原因。作为现代文员，不能自高自大、目中无人，不能一遇困难挫折就自暴自弃，产生严重自卑心理。只有消除了这些不良心理因素的影响，才能在处理人际关系时掌握正确的原则和方法，形成正确适度的行为反应，避免出现人际关系紧张的状况。

（四）学会调节心理压力，培养健康的情绪、情感

良好情绪状态的一个突出标志是心情愉快。要保持心情愉快，则应具有积极乐观的生活态度，遇事能容、能忍，能泰然处之。同时，还要培养幽默感。幽默是人机警的一种表现，是一种精神上的放松，它能解除人的精神紧张状态。如果一个人在生活中缺乏幽默，就容易出现严肃有余而活泼不足的沉闷现象，生活就会平淡呆滞。幽默还能调节人的心理压力，消除人们心头的愁云。当然。工作、生活中没有压力，就缺少动力。保持适度的压力对心理健康是有益的。

（五）培养健康的兴趣和爱好

积极参加各种有益的活动，可以避免产生孤独、恐惧等不良的心理反应。特别是现代文员，积极参加各种有益的活动，是人际交往的需要，有利于开展各项工作，同时也有利于维护身心健康。如经常去参加一些社交性的晚会、舞会，可以广交朋友，联络感情，开阔视野，调节工作与生活，保持良好的情绪状态。培养健康的生活情趣，丰富自己的业余生活，也是维护心理健康的重要方法。

（六）克服不良的嗜好，养成良好的生活习惯

每个人在生活中都有自己的嗜好，这是无可非议的。但是，如果这种嗜好影响了工作，危害了健康，就应该注意加以克服了。现代文员要促进自己的心理健康发展，必须克服过量吸烟、酗酒等不良嗜好，更不能参与赌博。另外，要努力做到使工作与生活有规律、有节奏。

第三节　现代文员思维科学化

一、思维方式的含义

所谓思维方式，是指主体在一定观念、理论的指导下，分析问题和解决问题的相对稳

定的方法、程序和模式。它是人们进行思维活动所采用的方式，如唯物辩证的思维方式、系统的思维方式、文化的思维方式等。

任何一个现代文员的思维活动，都会自觉地遵循一定的思维程序、思维方法、思维模式。现代文员的思维方式各不相同，对同一事物有着不同的见解与结论，这是不言而喻的，即使是同一思维方式考虑同一事物也会有不同的见解和结论。这种情况的出现，与思维方式的特点有关。思维方式的特点是多层次、多方面的，但可归纳为如下一些基本特点。

其一，思维方式具有相对稳定性特点。一方面，人们思考问题的方法、程序、模式一旦形成，就具有相对稳定性，这对于许多人有相当的顽固性。这种相对稳定性的倾向容易为许多人习惯化。如有的现代文员趋向于经验思维，有的现代文员倾向于实践思维，有的现代文员习惯于理论思维，党政系统文员多偏爱定性思维，企业现代文员侧重定量思维。另一方面，思维方式对于思维内容而言，具有相对稳定性和独立性，同一思维方式可以具有不同的甚至相反的思维内容。

其二，思维方式具有灵活性特点。思维方式的稳定性是相对的，而不是凝固不变的。社会实践和科学技术的进步以及社会生产方式的发展，不断产生和形成新的思维方式，提供考虑问题的新角度。所以，从静态上看，思维方式具有相对稳定性，而从动态上看，任何思维方式又具有变化性、灵活性。如对外开放政策的提出，使人们从囿于本地区、本国的思维转化为开放思维，把视野扩大到世界，进行全方位的思考与观察。

其三，思维方式具有独立性特点。思维方式的独立性，一方面表现在它有自身的内容和形式，区别于其他的意识形态和上层建筑。另一方面表现在它必须独立地提出问题、分析问题和解决问题。既不盲从迷信，也不一意孤行；既能博采众长，又能别具一格。

其四，思维方式具有综合性特点。综合是在思维中把客观事物的各种属性、部分、方面的认识联结为一个整体，但它又不是形式上的简单堆砌，而是把思维中已经分析出来的因素、方面、部分，按其内在联系系统地结合起来，形成对事物的整体认识及规律性认识。因此，作为思维方式综合性特点，就是从个别中发现一般，从个性中抽出共性，从部分中看到整体。它可以使人既在宏观上具有高瞻远瞩的能力，又在微观上有较高的显微能力。

思维方式是人们思维不可缺少的要素。现代文员要提高实践活动的效益，必须在观察、认识事物时具备正确的思维方式。

二、思维科学化动因

世界上一切事物的运动、发展、变化无一不需要动力。科学思维是人脑紧张而艰苦的活动和过程，是某种意义上的攻坚活动，因此，它必然需要动力因素。具备哪些方面的动力因素，才能使现代文员思维科学化呢？

（一）对事业的执着追求

现代文员思维效率固然与其思维能力有关，但更与勤于思考工作中的问题有关。一个优秀的现代文员，他会永远牢记为人民服务的宗旨，把人民的利益看得高于一切。这样，他才对社会主义革命和建设具有高度的责任感，对工作有热情，对事业的追求充满激情。

优秀现代文员的素质，应该是德、智、体等诸方面的统一。可以这样认为，缺乏智能的现代文员是“次品”；缺乏良好体质的现代文员是“废品”；而没有良好政治素质的现代文员是“危险品”。如果一个有较强思维能力的现代文员，他不是考虑如何造福于群众，而是满脑子如何运用权力为自己牟私利，就不可能有科学的思维方式。

（二）扎实的基础知识

扎实雄厚的基础知识是现代文员思维科学化的一个强大动力因素。其一，现代文员必须具备专门的业务知识。这种纵向的专业知识结构，使现代文员成为本部门的内行。其二，现代文员必须博学多才，有广博的知识，使自己成为具有横向知识结构的“通才”，以增加其思维广度。因此，现代文员应集专才和通才于一身，具备“T 形”知识结构。其三，现代文员的知识结构应是业务知识和管理知识的交叉，使这两种知识相互联系，形成统一体。其四，现代文员的合理知识结构是为了服务于生产和生活，是为了运用知识服务于管理工作，并直接服务于实践，使其知识结构具有现实性。

现代文员具备了合理的知识结构，在思维活动中就可以迅速掌握与原来有内在联系的新情况，做出正确判断，提高工作效率；就可以将书本知识与社会实践融为一体，揭示矛盾的有机联系；就可以把多方面的知识结合起来，从中总结出更高水平的理论，用以整理事物的现象，这样就能为现代文员思维走向科学化奠定基础。

（三）构筑合理的智能结构

现代文员的智能结构怎样才算合理呢？

其一，必须具备反应能力。反应能力较强的人，能应付复杂多变的环境，能对多种偶发、随机和不稳定的因素做出快速反应。

其二，必须具备抽象能力。抽象能力犹如理性的解剖刀，使现代文员能在“一团乱麻”中理出头绪，抓住症结，把握事物的本质，在思维中找到解决问题的钥匙。

其三，必须具备创造能力。人类智能的一个最显著特点不是在于消极被动地适应环境，不是在于屈从环境的安排。如果说人在反映外界时带有一定程度的被动性，那么，人在改造世界时则完全是主动的，它使环境与对象适应于自己的要求。所以，现代文员思维科学化需要开拓性、独创性，面对新情况、新趋势、新问题，能协助领导者探索新的思路。

其四，必须具备组织协调能力。现代文员善于将不同观点、不同意见协调起来，取长补短，为了共同的目标，形成科学思维。

当然，现代文员智能结构还具有其他要素，这些要素互相结合、互相影响，推动现代文员思维向科学化发展。

三、思维科学化意义

现代文员掌握科学的思维方式，使思维科学化具有极为重要的意义。

其一，现代文员思维科学化，是领导者决策的重要保证。领导者担负着决策任务，一项决策正确与否，与事业关系极大。而一项决策是否正确，决策人是否有正确的思维方式，是一个关键性因素。现代文员提供的科学信息，如写作的公文等，可为领导者决策科学化提供保证。

现代决策，尤其是重大的战略决策，涉及错综复杂的众多因素。如果现代文员仍运用机械的、单方面的、陈旧的思维方式，那么就赶不上时代的发展步伐，必须代之以新的思维方式，例如系统的思维方式，从整体与部分、整体与环境之间的总体联系上去思考问题，依据客观对象本身的系统性，保证决策的优化，达到理想的目标。

社会主义事业本身具有开拓性、创新性，是前所未有的事业。我国的社会主义现代化建设需要人才，尤其需要大批具有创造性思维能力的现代文员协助领导者去开拓。因此，现代文员如何掌握创造性思维方式显得格外重要，格外迫切。

其二，现代文员思维科学化，是其素质提高的重要途径。科学工作方法的掌握和运用，有赖于现代文员的政治素质、心理素质、智能素质、能力素质等诸方面的全面提高与发展。而提高现代文员素质的重要途径是其思维的科学化。

科学的思维方式与方法，能够使现代文员不断地提高分析问题和解决问题的能力。从某种意义上说，掌握科学的思维方式甚至比拥有知识更重要，因为它是现代文员达到目标的根本途径。有了一定的科学思维能力，才能有正确的工作方法和管理方法，才能适应时代的要求和事业的需要。

其三，现代文员思维科学化，是其提高工作效率的保障。从我国社会主义革命和建设中的某些失误中不难发现，大多是违背了马克思主义同我国的国情相结合的原则，违背了一切从实际出发、事实求是的思想路线。这些大多同落后的思维方式、形而上学的思维方式相联系。科学的思维方式同形而上学的思维方式相反，在实际工作中，它主张实事求是，大胆创新，在科学分析的基础上创造性地开展工作，从而提高工作效率。

研究现代文员的科学思维方式，其任务就是要使现代文员的思维方式由传统型向现代型转化，由经验型向理论型转化，使之适应社会主义现代化和改革开放的需要。

第四节 现代文员思维方式类型

现代文员在其工作实践中有着特定的业务内容和工作要求，因此应该具备特定的思维方式。从相对意义上说，现代文员思维方式是可以从不同的角度划分类型的，如从思维的出发点区分，有经验思维和理论思维；从思维的趋向上区分，有求同思维和求异思维；从思维的空间角度区分，有单向思维和立体思维；从思维活动过程的心理因素区分，有现实思维和超前思维；从质与量的关系区分，有定量思维和定性思维；从思维的载体区分，有形象思维和抽象思维等。下面仅就现代文员几种常见的思维类型进行分析。

一、经验思维与理论思维

由于现代文员的思维活动各具特色，他们面临的实践课题存在着差异性，加上其阅历不尽相同，因此在思维活动中，有的会以经验为出发点，有的则以实践为出发点，有的却以理论为出发点。于是出现了经验思维、实践思维和理论思维。

（一）经验思维的基本特征

所谓“经验”，在认识论上通常是指直接经验，即通过感觉得来的感性认识，它是认识的起点和基础。可见，经验是人们在实践活动中逐步积累起来的，还没有上升为理性认识的知识体系，它存在于人们的头脑之中，构成人们思维活动赖以进行的“记忆库”，当人们遇到新情况、新问题，寻求解决的答案时，就会打开这个“记忆库”的闸门，让它同新情况、新问题去“对号入座”，从以往的经验中找到解决新情况、新问题的思路和钥匙。这种以过去的直接经验作为出发点的思维过程和方法就是经验思维。经验思维有如下特点。

一方面，经验思维具有适用性和简捷性特点。由于经验是人们实践活动的概括和总结，是感性认识上升到理性认识的中间环节。现代文员在各自的工作岗位中都积累了丰富的经验，久而久之，他们在处理熟悉的问题、处理同过去工作中碰到的类似问题时，就容易采用“信手拈来”的经验思维，因此，它具有简捷性。对于那些同过去类似性问题，运用经验思维驾轻就熟，得心应手，往往能顺利地解决问题，可见它具有适用性。经验思维的简捷性还表现在它只揭示事物的现象及现象之间联系，根据客观事实，初步了解同类事物的相同点。

另一方面，经验思维有狭隘性和表层性特点。由于经验毕竟是人们在一定范围、一定条件下对外界的初步反映，这就决定了经验思维的局限性和狭隘性。经验思维虽具有简捷性，但这种简捷性在于它只看到新情况、新问题同以往经验的表面相似性或同类性，这正好从另一个角度说明了经验思维的肤浅性和表层性。所以，一旦让经验思维形成一种相对稳定的思维模式，按照这一思维坐标系去思考一切问题，往往会出现心理盲点，因为人们经常只看到他们愿意看见的东西，并不觉得有什么遗漏。思维出现饱和性，就会本能地排斥新事物，尤其是把经验思维绝对化、理想化后，就会陷入经验主义，这是现代文员必须避免的。

（二）理论思维的基本特征

理论思维既是经验思维的对称，又是对经验思维的深化和超越。它以科学理论为出发点，借助于科学抽象力，揭示事物的本质及其发展规律。现代文员若具有科学理论思维，便有利于各项管理工作的发展。理论思维具有如下特征。

其一，理论思维具有深刻性、穿透性特点。理论思维表现为透过现象看本质，它要从复杂的表象中揭示问题的核心和本质，切中要害。因此，理论思维摆脱了表面现象的干扰，穿透经验思维的表面类似性，以事物的本质为目标，进行更深层次的思维。

其二，理论思维具有普遍性、综合性特点。理论思维在于全面地看待问题，看出异中之同或同中之异，从个别中把握一般，从部分中看到整体，认识事物发展的规律性。理论思维克服了经验思维的简单“对号入座”，更具普遍性、综合性特点。

其三，理论思维具有创造性、预见性特点。理论思维不再像经验思维那样简单地重复与模仿，不再满足于在“旧道”上徘徊，而是通过已有要素的组合，从新的途径上解决问题，并推测出事物未来的发展过程，或揭示事物的发展趋向与规律。因此，它克服了经验思维的机械重复，不仅把思维目光放在眼前，而且还看到未来。

历史证明，实践没有科学理论的指导是盲目的实践，理论上的重大突破将激发实践活动的飞跃。现代文员在实际工作中，既要注重经验思维，又要强词理论思维。

二、求同思维与求异思维

（一）求异思维的基本特征

所谓求异思维是相对于求同思维而言的，它是对同一个问题探求不同甚至是独特答案的思维方法和思维过程。求异思维包括发散思维、反向思维、侧向思维等多种形式。求异思维是构成创造性思维的主导性成分，它使不同的思路犹如百川归流，汇入创造性思维的汪洋大海之中。现代文员的工作尤其应该具备求异思维。

其一，求异思维较低层次的特征是流畅性。流畅性是指在短时间内迅速做出诸多反应的能力，它体现为集思广益，正如俗话所说的“三个臭皮匠，顶个诸葛亮”。现代文员充分利用求异思维的流畅性，便可保证创造性思维的高质量，以利工作的顺利完成。现代文员如果缺乏工作的变通性，就会阻碍工作的发展。

其二，求异思维较高层次的特征是变通性。变通性要求人们打破前人形成的固定思路，跳出封闭的思维圈子，“另辟蹊径”形成新的思路。当年在寻求解决瘟疫对人类的危害的问题上，许多科学家在同一思路上思考问题未能成功，而巴斯德却朝着人们意想不到的方向去思考问题，最后的结论是，给人注射少量菌苗，增强免疫力而达到防疫的效果。

其三，求异思维最高层次的特征是独特性。它以从所未有的新角度、新观点去认识事物。求异思维是一种不同寻常的新奇反应能力，它要求人们冲破原有的观念束缚，展开想象的翅膀，寻找未被发现的新大陆。近代科学史上，许多人因研究永动而碰得头破血流后罢手，甚至再也不愿提起永动机。可是，焦耳却研究起“永动机为什么不能永动”的课题，结果发现了能量守恒定律。现代文员运用求异思维，可以使自己摆脱传统思维的束缚，尤其是在辅助领导者决策的过程中，随机应变，思维结果独特新颖，视野开阔，寻求多种建议和方案，提供多种新的思路，为领导者决策提供依据。

（二）求异思维与求同思维的统一

与求异思维相反，所谓求同思维是指对同一问题探求一个正确答案的思维过程。人们常把求同思维称为集中思维或辐合思维。它具有收敛性、稳定性和定向性特点。它要求人们从同一方向进行思考，对问题做出符合已有程序的某种答案。如闭卷考试中的“死题”作答便是一种求同思维的过程。从创造性思维过程来说，求异思维提供了许许多多解决问题的方案、办法、途径和设想，但并非所有的设想都有价值，都正确，都能实施，因而就有一个类比和取舍的过程，必然要通过集中思维才能找出最优的方案。因而，求同思维也是认识中不可缺少的一种思维类型。

求同思维与求异思维各有自身的优势与局限性，它们对实际工作有着双重影响。一个卓有成效的现代文员，只有求同思维与求异思维有机结合，扬长避短，才能充分发挥其有效作用。

当年哲学家库恩说过，科学研究中有两种思维方式：发散思维和收敛思维，前者是奔放的思考，它有助于联想、创新。后者受某种程序的约束，但有助于思维走向稳定的发展。

如果没有奔放思考，无法创新；如果没有集中思维，就难以鉴别和选择。

在现代文员的实际工作中，应注重求同思维与求异思维的统一性。工作有许多共性，用求同思维来处理是行之有效的；而不同地区、不同部门，其工作又各有特色，因此，求异思维也是不可缺少的。

三、单向思维与立体思维

（一）单向思维与立体思维的特征

从思维的空间角度看，思维有单向思维与立体思维两种不同的类型。

单向思维也叫平面思维，它可以形象地理解为从一点出发，向着一个方向在平面上延伸的直线。它只涉及认识对象的某个方面，而不涉及事物的方方面面。其特点表现如下。

其一，单向思维在特定条件下具有纵深性思维特征。现代文员在分工负责的情况下，运用单向思维把自己分管的工作推向纵深阶段，这并不排斥现代文员之间的互间配合；在专业化分工的情况下干一项精一项，就需要对自己的专业钻研下去，使之不断提高，并有所创造、有所发明。可见，单向思维有利于集中精力对一个问题的某方面进行深入细致的研究与分析。

其二，单向思维具有机械性特征。因为单向思维形成了固定的思维格局，即常常把思路固定在一个点上、一条线上、一个面上，这样，在思索问题时，就容易顺着一条道走到底，就容易根据固定顺序，甚至根据自己的主观要求去编织思路，而不懂得换一个点、换一条道去研究、去思考。

其三，单向思维具有片面性特征。因单向思维只从一个点、一条直线、一个面出发去观察问题，也只看到事物的这个点、这条线、这个面，而不能从整体上认识构成整体的点、线、面。因而，在实践中易导致只见树木、不见森林，只知其一、不知其二的弊端。

立体思维也叫多向思维，它是从立体空间的角度，全方位展开的一种思维活动。对于现代文员来说，把握全局，总揽整体，尤其应该从立体网络的角度分析事物的时间与地点、环境与人物、前因与后果，采取多层次、多视角、多方位、多手段的思维方式认识事物。其特点如下。

其一，立体思维具有全面性特征。立体思维要求人们在分析问题时，既要看到事物的正面，也要看到事物的反面，还要看到事物的侧面；既要看到事物的过去与现在，又要看到事物的将来；既要顺向思考，又要逆向思考。总之，立体思维在观察分析问题时，要建立起多个思维起点，获得多个思维指向、多个思维结局，进行全面的思维。

其二，立体思维具有整体性特征。立体思维不仅全面地思索，从各个不同的方面、不同的方向、不同的角度进行思维，而且还要把对事物的各个部分、侧面和属性的认识统一为整体认识，从整体上把握事物的本质和规律，把任何事物都看成是多种联系的整体。如现代文员在信息加工过程中，运用立体思维方法，将分散的、分割的、无序的信息综合整理为相互联系的、有序的、反映事物本质的信息，提供给领导者参考。

（二）单向思维与立体思维的统一

单向思维与立体思维虽有着不同的思维格局与特征，但二者又是对立统一的关系。

其一，单向思维与立体思维是同一认识领域中的两种不同的认识方式。从人类认识发展的历史看，思维方式经历了整体认识——分解认识——系统认识的过程。古代，由于生产力的低下，人们只能凭着直接观察，从整体上对客观世界作鸟瞰式的描绘，它显得笼统而模糊；近代，随自然科学的起步，人们开始分门别类地考察事物，利用科学手段对事物进行分解，这样就容易把事物的个别属性与整体分割开来进行研究，形成了片断的、单向的、静态的、孤立的分析问题的思维习惯；现代，马克思主义首先提出了运用系统的、发展的、联系的观点分析问题的唯物辩证法。

其二，单向思维与立体思维是认识中不可缺少的两种思维方式。单向思维这种片断地思考问题的方式在历史上起过进步作用，在当代的认识领域中也有其存在的理由。如人们要从特定的方面研究某一点、某一面，那么就将这一点、这一面从事物的链条中、从整体中抽象出来进行单方面的研究，进行深刻了解。而立体思维是无数个单向思维的集合。但是，不能把个别的、局部的、单向的看问题的方法绝对化，使之局部化、单向化、片断化，这样局部、单向、片断就与整体失去了联系，只能使其对事物的认识支离破碎。若以点代面，以面代全，就不能对事物做出全面的、完整的、正确的认识。

立体思维比起单向思维来说是难度更高、更为有效的一种思维方式，在今天更显示出立体思维的活力。特别是作为一个现代文员，在思维活动中要把单向思维和立体思维结合起来，通过对事物各方面、各层次、各角度的分析，从总体上把握事物的发展规律，以适应时代发展的需要。

四、现实思维与超前思维

（一）现实思维与超前思维的差异

现实思维和超前思维是从思维成果何时实现的角度区分的。

现实思维是立足于现实，并随即实现思维成果的思维过程。而研究现实思维首先要明白什么是“现实”。所谓现实，是指当前已经产生并存在的客观事物和现象。任何现实都是种种联系的综合，诸如本质与现象、内容与形式、主要矛盾与非主要矛盾等联系的综合。例如，现代文员要立足于满足本级领导者工作需要服务，要遵循上级领导的指导原则，要深入基层了解现实情况，等等。同时，现实又是和必然联系在一起的，所以，任何事物在世界上的出现都有它存在的理由和根据。

既然现实有如此明显的特点，那么，立足现实就成了文员掌握战略、决策、方针的基本出发点。若不从现实出发，超越事物发展的阶段，硬去办那些实在办不到的事，就会以失败而告终。但现实是不断发展变化的，如果把当前可以办到的事情推迟到遥远的将来去做，也会阻碍事物的发展。现实思维要求现代文员注重现实，把面临的工作做好，做出成效来。

超前思维则是放眼未来，在预计的将来实现的思维过程。超前思维意味着“向前看”，要有远见卓识、战略眼光、长远观点。“人无远虑，必有近忧”“凡事预则立不预则废”，这些富有哲理的格言，告诫我们不能满足于现状，要进行超前思维。

超前思维必须建立在科学分析的基础之上。由于事物内部潜藏着预示事物未来发展的多种趋势，即事物存在着多种可能性。超前思维要首先排除那些不可能性。同时，要避免以抽象的可能性作为决策根据。抽象的可能性虽然在现实中也有一定基础，但其基础并不牢靠，如果人们硬要把未来才能办到的事情提到议事日程上，急于求成，定会导致“左”倾的出现。此外，要区分可能性的好坏两种情况，尽量从坏处着眼，向好处努力，避免失误。

（二）现实思维与超前思维的统一

超前思维虽然要放眼未来，但它并不是脱离现实的主观妄想，不是脱离客观分析的主观推测。超前思维与现实思维是不可分离的。

其一，超前思维的前提是把握现实，认识事物发展的规律性。超前思维的产物诸如新思想、新观念、新策略等，虽然在当时的客观世界中没有原型，但它的构成元素都是现实存在的。现代文员在预测时，如果运用超前思维，就在头脑中建立起由因果联系构成事件环链的模型，这些都是现实规律性的反映，只不过是站得高、看得远，通过现实把握全局，把握未来。

其二，现代文员的思维既要有远见能力，又要有求实精神，将现实思维与超前思维有机结合。事物的发展过程总是沿着过去、现在、未来进行的。过去影响现在，现在影响将来，而憧憬未来，则要对过去总结，对现在设计。现代文员要胸怀远大抱负，着眼于现实，一步一步地去实现远大目标。

其三，割裂现实思维与超前思维的辩证关系，夸大现实思维或夸大超前思维的地位与作用的倾向都应反对。现代文员如果只顾眼前，急功近利，其结果是于国于民都不利。相反，把超前思维看成主观妄测，甚至认为不怕办不到，只怕想不到，也是错误的。脱离现实的超前思维只不过是唯心主义的臆想。

现代文员思维方式具有复杂性、动态性。严格地说，现代文员没有一成不变的思维方式。研究现代文员的科学思维方式，其任务就是要使现代文员的思维方式由传统型向现代型转化，由经验型向理论型转化，使之适应社会主义现代化建设和改革开放的需要。

第五节　现代文员群体素质结构的优化

在社会组织中，从事文员工作的往往不是一个人，而是由多人组成的一个群体。组织和部门工作的好坏不仅与文员个体的素质有关，而且还取决于文员群体的互相配合。因此，我们不仅要研究文员、个体的素质，而且还应该研究文员的群体素质。只有搞好文员之间的关系，形成一个结构合理、配合良好、工作协调的群体，才能发挥出整体效能，并为每个文员顺利开展工作创造良好的心理环境。

一、现代文员群体结构优化的意义

现代文员群体结构优化，主要是指文员群体内部各个成员之间按照一定的组合原则，进行结构的最佳搭配和组合，从而使文员群体保持协调一致、高效运转的最佳工作状态。现代文员群体结构优化有十分重要的意义。

（一）现代文员群体结构优化有利于塑造组织形象

在一个部门中，虽然每个人各自有着较明确的分工，每个文员有严格的角色规范，但有许多工作并不是由一个人就能完成的，而是需要多个文员密切配合去共同完成。部门内文员群体配合状况是影响文员整体功能的重要因素。只有形成结构合理的文员群体，才能增强相互间的合作关系，才能树立起文员群体形象，从而提高组织的声誉。

（二）现代文员群体结构优化有利于发挥文员群体的整体效能

组织内文员群体的结构状况，对于发挥文员群体的整体效应有着直接影响。在文员群体的结构中，心理因素是十分重要的。因为每位文员的才能不是无限的，每位文员都有自己的特长，同时也或多或少地存在着某些缺陷和不足。如果能够科学地组织，形成一个心理结构合理的文员群体，便可以相互取长补短，产生最佳的整体效应。如果文员群体的心理结构不合理，相互间不能补充，即使每位文员都有着较大的才能，也可能因为相互牵制或相互抵消而降低整体效应。从某种程度上讲，文员个体才能越高，文员群体心理结构越合理，其整体效能便越大。但如果文员群体心理结构不合理，文员个体才能越高，其整体效能便越低。

（三）现代文员群体结构优化有利于提高文员个体的工作效率

人的一切活动都是在一定的环境下进行的。客观环境不仅是人从事活动的前提条件，也直接影响人的活动的顺利进行。在实际工作中，文员群体的相互配合程度直接影响到文员个体活动的效率。在一个心理结构合理的文员群体内，由于人们能够在心理上协调一致，有一种和谐、融洽、轻松的心理氛围，每个人都感到生活在一种相互信任、关怀和尊重的气氛中，精神愉快、心情舒畅，而且工作热情高、干劲大。由于相互间支持、理解和帮助，每位文员能够充分展示自己的才华，进行创造性的工作，从而大大提高工作效率。在这种情况下，即使工作艰苦繁忙、生活条件较差，也会感到舒畅和欣慰。人们普遍认为宁可生活环境差一点，也要工作得心情舒畅。

二、现代文员智能结构的优化

智能结构优化是指根据各层次的文员群体工作任务的不同，将文员群体的知识和能力结构进行科学组合。

（一）知识结构优化

知识结构优化就是要使文员群体的知识互相补充和合理搭配。知识，可以把“知”看成是学问，把“识”看成是见识。学问和见识一般成正比，但并非绝对一致。在当代社会，知识一般是专门化的，学历越高，专门化的程度就越深。较高级组织或部门的文员应以大专以上文化程度为宜，以大学本科学历为主。在基层组织或部门应以大专学历的文员为主，并尽量提高专科以上学历所占的比重。对群体中不同成员的知识水平也应有不同的要求。

不同行业的文员应具有不同的知识结构。比如，企业文员群体必须掌握有关生产经营、企业管理的知识，这样才能尽快熟悉企业生产、经营方面的业务，在起草工作计划、总结时才能符合要求。群体成员的知识结构在内容上要能互相补充，如文理搭配、精通理论与实践见长互补等。

（二）能力结构优化

文员群体能力结构优化就是要做到能力互补。这种合理的能力结构是实现整体效应十分关键的因素。在实际工作中，每位文员的能力是有所侧重的，全才或通才是很少的。一个结构合理的文员群体应该由具有多种能力的人组成，既要有善于交际的鼓动家，又要有脚踏实地的实干家；既要有以写作能力见长的秀才型笔杆子，又要有以办事能力见长的管理型人才，还要有以提供技术服务为主的技能型人才。只有能力结构合理，才有可能实现分工合理，才能使每一个人充分发挥自己的水平。

三、现代文员心理素质结构的优化

根据心理学原理，人的气质可分为胆汁质、多血质、黏液质和抑郁质四种类型，它们对外界事物的反应各不相同；而性格则有内向与外向、独立型与顺应型、情绪型与理智型等区别。气质性格结构会对办公室工作产生影响。如果一个群体内的成员都属于独立型性格，那么彼此的合作就不那么容易。反过来，如果都属于顺应型性格，那么这一群体很难担当起管理的职能。现代文员心理素质结构优化，就是要使文员群体的气质、性格互补，形成文员群体协调的气质性格结构。

（一）气质互补

不同气质的人有着不同的特点，而每一种气质类型并不是完美无缺的，既有优点也有缺点。因此，要实现文员群体合理的气质结构，就必须在配备文员时，认真考虑或测试他们的气质特点，以使整个群体内各成员的气质相互取长补短。如果一个文员群体由多人组成，最好能由四种气质类型的人共同组成，因为这样就可以根据每个人不同的气质特点委以不同的工作。当然，人们一般是多种气质混合型的，纯粹属于某一典型气质类型的人较少。但是，个体毕竟带有某一典型气质类型倾向，因而根据气质特征来组合群体，有助于发挥每位文员的才能。如果文员群体人少，一般认为胆汁质与黏液质、多血质与抑郁质配合的效果要好一些。

（二）性格互补

根据性格分类的标准，外倾型的性格为人开朗、爽直、热情、活跃，善于交际，不拘小节；内倾型的性格稳重沉静、谨慎多思、不善交际。又有人把性格分为理智型、情绪型、意志型，这些类型的文员也各有特点。文员性格互补是指在文员群体的结构中，应尽量使不同性格的人合理地组合到一起，以相互补充。心理学的研究表明，性格类型不同的人往往比性格类型相同的人更容易相互吸引，更容易和睦相处。如果只是把同一类型性格的人结合在一起，往往每一个人的缺点不仅无法获得补充，而且更容易暴露出来。

四、现代文员群体结构优化的途径

现代文员群体结构优化，必须注意以下两个方面的问题：一是从文员的选拔配备方面着手，尽量组建结构合理的文员队伍；二是从提高文员群体成员自身的素质方面着手，使每一位文员都能按照结构优化的要求提高自身的素质。前一个方面主要涉及领导及人力资源部门，后一个方面则主要依靠文员的自身修养。

（一）严格选拔，合理配备

要想实现现代文员的结构优化，首先就必须保证文员个体具有良好的素质，这是保证文员群体素质优化的一个条件。为此，在挑选文员时，一是要注意坚持德才兼备的标准，挑选的对象不能有才无德或有德无才。二是要充分考虑优化组合的要求，不能只从某一个方面的单项指标进行考察，而应从文员群体结构方面出发进行选择。除了要考虑被选者思想政治水平、知识水平、业务能力、年龄性别等因素外，还必须对他们进行必要的心理测量，以便摸清每一位被选者的个性特征。这样就可以不仅从年龄、学历、性别上进行科学的组合，而且可以从文员群体的心理结构方面进行科学的组合，实现文员群体心理结构的优化，达到能力、气质、性格上的互补，从而真正形成结构优化的、科学合理的文员队伍。

（二）提高自身素质

对文员群体的结构进行优化组合，除了用组织手段挑选合适的文员外，还必须强调在职的文员不断提高自己的素质，依靠文员的共同努力去弥补群体结构方面的不足。

其一，文员群体中的每一个体都必须加强思想修养，增强集体意识。要使文员群体实现心理结构的优化，充分发挥出群体的整体效能，必须首先培养文员高度负责的精神和强烈的集体意识。具备了强烈的集体意识，就能自觉地置身于集体的制约和影响之下，将自己看成群体的一分子，使自己与群体紧密联系起来，自觉去维护集体的荣誉。文员集体意识的培养离不开对共同目标的追求，只有确立了共同的信念，自觉追求文员工作的总体目标，才能培养集体意识。作为文员群体中的一员，每个人都必须认识到自己所担负的责任，意识到自己的工作是完成总体目标所不可缺少的组成部分。这样才能产生出为完成总体目标而努力工作的强烈动机，才能产生主动配合、协作工作的愿望，从而实现文员群体的合作与互补。

其二，在文员群体中建立和谐的感情氛围。人的情感作为一种复杂的心理现象，对人的工作、学习都有着较大的影响。文员群体成员之间感情融洽，必然会出现心情舒畅、关系和谐的局面。在这种心理氛围下开展工作，大家较容易形成一致的意见。要创造出这样的感情氛围，文员群体中的成员应严于律己，宽以待人，在非原则问题上互相谦让，求同存异。

思考题

1. 现代文员为什么要有良好的政治修养和职业道德？
2. 简述现代文员智能素质的构成。

3. 现代文员如何提高自身的心理素质？

4. 现代文员思维方式的类型有哪些？

5. 为什么要优化现代文员群体素质结构？如何优化现代文员群体素质结构？

案例分析1

芙蓉公司行政部王经理是一个严谨的人，他所领导的办公室所有成员各有任务：孙秘书担任文字工作，李秘书担任联络工作，沈秘书管公章、介绍信和文书档案，王经理负责全面工作。平时，办公室工作井井有条，大家干得都还不错。前不久，出了点差错，一份文件竟不翼而飞，几个人翻箱倒柜，折腾了半天，也没找到。这件事让公司总经理知道后，王经理挨了顿批评。为防止再出差错，他除小心翼翼外，还把办公室里所有柜子的钥匙都由其掌管。这样，他每天提前上班，最后一个离开。若有事要离开几天，也要专门委托人代为管理。结果，给大家带来极大的不方便。有时，王经理难免迟来一步，其他几个人就只好站在门口恭候他。于是，不快之情由此而生，久而久之，办公室的气氛也不对了，办事也拖拉了，关系不太协调了。王经理也十分苦闷，不知如何解决这局面。

（案例来源：史玉峤主编《现代秘书学》，青岛出版社，2001 年版）

案例讨论：

1. 以上案例中，王经理处于被动局面的原因是什么？
2. 如果你是芙蓉公司行政部经理，你将如何实现行政部文员群体结构的优化？

案例分析2

十多年前，有人发现一只生下来就缺少主翼的雌鸡，这只畸形的鸡后来比其他小鸡长得快，生蛋也提前，蛋重也超过其他鸡生的蛋（该鸡蛋蛋重为 60 克，其他鸡蛋蛋重为 47 克）。

人们从这只畸形鸡身上得到启发，把正常的小鸡进行切翼手术，看它是否多产肉和多产蛋。把刚出壳的小鸡，一部分进行切翼手术，一部分不动手术，经过 100 天以后，结果切翼的鸡体重为 1 477.5 克，不切翼的鸡体重为 1 397 克（对照组）。由此得出一个结论，对小鸡进行切翼手术，小鸡可以多长肉。

（资料来源：胡伦贵等编《人的终极能量开发》，中国工人出版社，1992 年）

案例讨论：

用求同思维方式和求异思维方式分析上述案例。

实 战 篇

Chapter 03
第三章

办公室事务管理

办公室日常事务管理工作涵盖范围很广，现代文员往往每日需花费大量的时间和精力去处理这些日常事务，因此要求现代文员有很高的素质和能力来理解办公室日常事务各项内容的主要构件及操作要求，并能够按要求进行各项事务的操作。

本章办公室的日常事务管理包括办公室环境管理、通信工作与日程安排、办公室接待工作、值班与印信工作等。办公室事务管理是行政工作的一个重要范畴，也是现代文员工作辅助职能的一个重要体现。有效的办公室管理是单位整体功能高效发挥的有力保证。

第一节 办公室环境管理

办公室环境，是指一定的组织机构的行政部门工作所处的自然环境。办公室环境包括：办公室的空间环境，系指房屋建筑与分配，办公空间的大小，家具的布置；办公室的视觉环境，它包括色彩及光线；办公室的听觉环境，指办公室内外的有益或无益声音；办公室的空气环境，指由生理空气因素（湿度、温度、空气流通与净化）造成的办公室的整个气氛。

一、办公室环境的布置

办公室环境的布置要能有效地利用空间，以便缩短工作流程，迅速处理各种信息。提供良好的工作环境，可以促进文员与其他工作人员的沟通与协调。

（一）开放式办公场地的布局

开放式办公场地又叫自由式的聚集办公室。其特点如下。

（1）没有个人办公室，工作空间通过安排可活动的物件来确定。在一侧或中间留出通道，办公桌椅靠一侧或两侧排列，可用文件柜橱或用隔板、屏风将办公室隔成若干工作单元。各座位间通道大小要适宜，其技术参数是通道 1.5 米，桌与桌距离 1 米左右。

（2）每次进行工作间布局规划时，并不考虑窗户或其他常规结构的限制，而是以信息流和工作运转的自然路线所形成的不统一的款式来安排的。各工作单元的流程要求尽量呈“I”型、“L”型、“O”型，不要呈“Z”型、“M”型或“X”型。应避免不必要的倒退和交叉，以免多耗费体力和时间。

（3）工作人员的地位更多的是由分配给他们的任务而不是由他们的位置来确定的，如高级管理人员可以有较大的办公空间及不同颜色、不同形状的办公桌，除此以外，几乎没有可以看得见的等级标志。

开放式办公室有以下优点：一是降低能源成本和建筑成本；二是减少占地面积；三是降低了重新布局的成本；四是由于拆除了办公室的隔屏，管理者与被管理者的交往障碍减少了，这有利于排除心理障碍。

（二）办公房间的空间设计

由多个单间小办公室组成的办公系统适用于中高层机关与事业单位的行政机构。其特点如下。

（1）主管人员应拥有单独的办公室，有利于工作不受干扰及保密。文员的办公室应紧邻主管办公室，以一墙之隔为好。

（2）接待部门除安放自用的办公桌椅、文件橱、电脑、电话机等设备外，还应有供外来人员用的座椅、沙发、茶几等。文件橱应靠墙放置以节省空间，留出足够的通道。

（三）工作中心的设计

特殊工作中心是指特殊用途或专门业务的工作中心，它包括接待中心和计算机中心。

（1）接待中心。该中心是公司机关和外界接触的媒介，故布置应井然有序。其设计要点是：①远离公司机关主要部门，以免访客的干扰；②放置公司简报或其他阅读资料的地方，应光线充足以利阅读。

（2）计算机中心。其布置要点：注意适当的湿度和温度，相对湿度为 40%～60%，温度在 18℃～20℃为宜。

二、办公室环境管理要求

办公室是文员和其他行政人员的工作室。一切信息在这里汇总、整理，一切指令在这里发出，工作业务联系在此进行，日常各种事务在此处理。因此，安静、安全、美好的环境以及良好、充分的设备与设施，是提高工作效率的保证。

（一）办公室环境的影响

办公室环境对文员工作效率的影响如下。

（1）作业方面：办公环境对文员的器官功能、知觉感受、体力消耗、心理反应都有直接影响。比如光线不足，足以使人的辨别力降低，眼力消耗较大，而生疲倦，使注意力难以集中，效率降低。

（2）生理方面：环境变化必然会引起生理变化。办公环境不适宜，会增加文员的体力消耗，体力消耗过多则生疲劳，疲劳时则工作兴趣降低，兴趣低则工作效率必随之递降。

（3）心理方面：办公环境的不适宜，会引起文员对工作厌烦的心理反应。这种心理反应自然降低工作效率。心理厌烦导致人的精神苦闷及抑郁和怨怒之气。这些对工作效率皆有不良影响。

（二）办公室的环境管理

1. 办公室的视觉环境管理

办公室的视觉环境包括办公室内覆盖物的颜色和照明。

（1）覆盖物的颜色。地面覆盖物的颜色和类型应与墙壁、天花板的颜色协调一致，以保证一个统一的、和谐的环境。通常办公室的天花板为白色，有利于光线的反射，墙壁和地板则视需要而定，一般四面墙的色调应淡些，地面则可深些。办公室一年换两次色调，春末夏初，墙用冷色，铺绿色地毯；秋末冬初，墙用暖色，换紫红色地毯，室顶不变。如不随季节而改变色调，地毯则以浅灰色或米色为宜。

（2）照明。照明是指为完成办公室的指定工作而提供适当的光线系统。办公室要求光亮适度，白天办公当然最好是自然采光，但太阳光直接照射办公桌面会影响办公人员的视力。办公室采用补充光线，以柔和的日光灯为宜，最好安置在室顶或天花板四周，采用室顶反射光，光线柔和均匀，利于保护视力。办公室不宜采用五颜六色的光线。尽量避免因电脑、办公桌面、玻璃或其他有光亮表面的物品反光而刺激眼睛。

2. 办公室的听觉环境管理

办公人员经常要思考问题或起草文件，需要安静。因此，排除、降低噪声，是办公室的听觉环境管理要求。

（1）要消除噪声的来源。办公室最好不要临街，也不宜靠近生产车间或销售门店，以免外界噪声干扰。中国科学院声学研究所《环境噪声标准》规定，办公室的噪声，白天应在 45 分贝以下，晚间则应在 35 分贝以下。噪声会使人注意力分散，思维力下降，记忆力减退，并令人产生烦躁、厌恶等负面情绪。尽可能让办公室远离噪声源，如果有条件的，可在办公室和噪声源之间种植绿化带。

（2）用吸音的材料以减少噪声的影响。采用隔音玻璃、隔音板等控制噪声。办公文员都应养成轻步走路、轻声说话的习惯，尤其是开放式办公场所。办公室内不嬉笑喧闹，如需与同事讨论，则应到走廊或休息室、接待室去。工作休息时段应适量播放音乐，轻快抒情的音乐能调剂人的身心，使人心情舒畅，工作愉快。

3. 办公室的空气环境管理

空气环境的好坏，对人的心理和行为有着直接影响。清新的空气能振奋人的精神，有利于办公人员的呼吸与健康，而混浊的空气不但使人精神萎靡不振，还会损害健康。办公室的空气环境管理是以空气温度、湿度、清洁度和流动速度来衡量的。

（1）办公室的温度。温度对人体的影响很明显：温度过高，会使人烦躁困倦，影响思维；温度过低，会使人的动作迟缓。适当的温度则使人心情舒畅，精力集中，思维流畅。一般来说，办公室的适宜温度是 22～26℃。春秋两季自然温度适宜，夏冬两季就要靠空调来调节。

（2）办公室的湿度。湿度是空气中蒸汽的含量。湿度过高或过低，人会感觉湿闷或烦躁。适宜的湿度让人感觉清凉、爽快、心情舒畅。据有关的研究表明，在正常温度下，办公室中理想相对湿度为 40%～60%。

（3）办公室空气清洁度。空气清洁度表示空气的新鲜程度和洁净程度。空气的新鲜程度是指空气中氧的比例是否正常。春秋两季应经常开窗，夏冬两季用空调，应每日至少三次打开门窗换取有氧的新鲜空气。办公室内放置绿色植物或盆景，既可赏心悦目，又利于空气调节。办公室要勤打扫，注意保洁，保证办公室空气的新鲜和洁净。

（4）办公室的空气流动。一般来说，在室内温度 22℃左右的情况下，空气的流动速度在 0.25 米/秒时，人有一种微风拂面的舒适感觉，人体热量散发保持正常。因此要经常开窗换气，保持室内空气的对流。

（三）办公室环境的管理原则

办公室环境的管理是指对办公室环境加以合理的设计、组织和控制，使其达到最符合秘书工作的需要，进而提高工作效率，完成组织欲达到的使命。在对办公环境进行管理的过程中，要坚持以下原则。

1. 方便

方便，即办公室的布局应该力求方便省时，如相关的部门及设备应尽可能安排在相邻的地方，以避免不必要的穿插迂回，便于工作的协调和同步进行。

2. 舒适整洁

舒适整洁，即无论是办公室、办公桌椅，还是抽屉等，不要放置与办公无关的东西。办公文具的摆放要井然有序。

3. 和谐统一

和谐统一，即办公桌椅、文件柜、办公自动化设备等的大小、格式、颜色等协调统一，这不仅能增加办公室的美观，而且能强化成员之间的平等观念，创造出和谐一致的工作环境。

4. 安全

安全，即布置办公室时要留意附近的办公环境和办公室存放财物的安全条件。如纸质文件、存储在计算机里的数据等信息的安全和保密能否得到保障。电器的电源、电线、器物的摆放是否对人员造成生理上的危害等。

第二节　通信工作与日程安排

通信工作是现代文员每天都省不了的日常事务工作，它包括电话事务、邮件办理与收发传真等。通信工作平均要花费现代文员 30%的时间与精力，所以对于工作联系、业务开展的作用是不言而喻的。时间管理与日程安排是做好主管的工作日程安排和订约事宜。文员要做好这些工作能为主管节省时间，提高工作效率。

一、电话事务工作

行政部门的工作，上传下达、内外沟通都需要用电话来进行。礼貌、准确、高效地接打电话是现代文员的一项重要的业务技能。

（一）接听与拨打电话的基本要求

1. 表达规范、正确

现代文员应了解各种电话机的性能和使用方法，掌握电话服务功能：如热线服务、缩位拨号、转移呼叫、呼叫等待、遇忙回叫、三方通话、会议电话、呼出加锁、免打扰服务、叫醒服务、录音及可视功能等。

2. 礼貌热情，语气清晰委婉

接听与拨打电话时要注意使用礼貌用语，说话声音清晰、温和，语调要比平时略微缓慢，要避免张口说“喂，喂，喂”之类的话语。要求通话以“您好”开始，用亲切友好的语调自报家门，再谈主题。结束时要说“谢谢！”“再见！”或“请多多关照！”之类礼貌告别语。

3. 简洁

接听与拨打电话时要简明扼要、准确清楚地陈述预先准备好的电话内容，特别重要和容易弄错的地方，如双方约定的时间、地点，谈妥的产品数量、种类，认同及分歧的地方，确定的解决方案等，可以重复，确认对方已明白无误地听清并记住。

4. 注意时效

接听与拨打电话时要讲究效率，办公室文员需正确拨号、及时接听、语音标准、口齿清晰、语意简明、不用电话闲聊，也不用电话谈及机密的内容，重要通话一定要做好电话记录。能在最短的时间内说清所要说的内容，既可节省时间和费用，又不至于因长时间占用电话机而耽搁别人使用或业务往来。

（二）接听与拨打电话的程序

1. 接听电话的程序

首先，接电话前应准备好电话记录单，以便记录一些重要电话内容。其次，当电话铃响起两声之后的间隔里拿起话筒，进行接听。最后，拿起话筒后应自报家门，弄清对方的身份与目的。

2. 拨打电话的程序

首先，在打电话之前要清理好自己的思维，对于重要的电话最好提前准备要说的要点，以免说错。其次，在打通电话时，要主动自报家门，说明来意。另外，和接听电话是一样的，除了要用规范的职业语言之外，一般要等对方说完再见之后再挂机。

（三）过滤电话的注意事项和基本要求

1. 接听重要电话

所谓重要电话一般指来自上级的电话或来自公众的内容特别重要的电话，比如重要会议、重要通知、突发事件等。可参考标准如下：一是需要马上办理，二是需要交办，三是需要提醒，四是需要备忘，五是可能没有任何原因，只凭感觉有此必要。凡符合上述标准的来电，我们都要养成边听边记或挂断电话后马上记录的习惯。

2. 接听纠缠电话

纠缠电话的发话者为了达到自己的目的，几次三番地来电话纠缠。现代文员在接听这类电话时应大度有礼，不怒不躁，但也要有原则，礼貌地回绝对方，不留任何余地。

3. 过滤代接电话

代接电话有三种：一是领导不在时秘书代为处理；二是代接电话时领导不能马上接电

话，要让客人等一两分钟；三是领导在办公室，秘书为领导过滤电话。在过滤电话的过程中，也常常会遇到打错的电话，现代文员要始终保持礼貌和善用职业用语。

二、邮件办理工作

现代文员每天都会收到一大堆邮件，也可能每天要寄出一些信函或包裹。这些收发邮件工作说来容易，但要做得干净利落，不出差错，除了细心与熟练之外，也需要掌握一定的程序和方法。

（一）收取邮件的程序规范

1. 分类

邮件收进后第一步工作是根据其性质大体分为以下几类：特快专递、航空急件、电报、上级公文、业务信函、汇票、汇款、包裹、私人信件、报刊等。

2. 拆封

拆信时不可随手就撕，以免撕坏信笺、邮戳，而应沿边剪开或用裁纸小刀从封口裁开。抽出信笺后再看看信封内有无小附件，如单据、名片等，勿使遗漏。私人信件应原封送交，不可私自拆开。

3. 登记

登记时应写明：编号、收到日期、发出日期、发出单位、收阅人或部门、邮件种类、处理办法、办理日期等。

4. 分送

上司的信件应立即呈送，应归部门办理的公函要及时送交各部门，需由多人阅办的公函可按常规程序传阅或分送复印件。

5. 阅办

需呈上司阅办的公函，重点部分可用红笔画出，以提醒上司注意。内容复杂的长信应做好摘要，提出拟办意见置于信前，注明参阅信函及公文。每份信笺、信封及附件应平整装订在一起，然后分送上司或有关部门处理。

（二）寄发邮件的程序规范

1. 内容校核

现代文员在发出公函时必须仔细校核，务必格式正确，语句无误，签名、盖章清晰无误，附件无遗漏。

2. 提请上司签发

初稿需经上司审查和核实，然后对文稿最后审定，签字发出。除紧急信件外，现代文员应将拟好的需上司过目签字的邮件集中在一起，请上司签字。

3. 信封地址查对

凡寄出的公函，需对收件人和寄信人的地址、姓名、单位、邮政编码查对清楚，另外还要分清急件、密件、挂号信、“亲启”字样等。公函封口牢实，无破损，包裹要扎实牢固，以免寄送途中松口损坏。

4. 邮件分类寄发

邮件寄发应先分类：区分信件、印刷品、包裹等；区分境内平信、境内航空、港澳台航空、国际航空、特快专递等；同等邮资的信件一起寄，便于计算邮资。

5. 装封登记

现代文员对发出的邮件应予以登记，以便工作的落实与跟踪。邮件发出登记包括序号、邮件名称、寄出时间、收件人及单位名称、邮件内容或主题、回信时间、回信人、备注。

三、收发传真工作

传真是利用电话或网络，对各种图文原稿进行远程传送，故又称图文传真电报。它使用的终端设备是传真机，可自动收发各种文件和图片文件（包括签名、印章等）。随着运用的广泛，收发传真成为现代文员通信工作的一项重要内容。

（一）接收传真的程序

1. 登记

接收传真可自动接收和人工接收，这都要求现代文员对传真机的使用方法非常熟悉并准确操作。除此之外，传真接收管理和发送一样，也要建立登记制度。传真接收登记表要记录收文时间、收件人、文件名称、发文单位及传真号码、急度、密级、发文人、领取人、归档号、备注等。

2. 办理

现代文员接收传真后，属于自己职责范围内的应尽快办理；如果是他人传真文件，应尽快传递收件人，领取时应签字；领导的传真文件要认真对待，特别是有急度和密级的文件，更要按要求高效办理。

（二）发出传真的程序

1. 拟写文稿

如果传真业务较多，应拟制专门的传真文件表，它包括收件人、传真号码、电话号码、收件单位；发送人、传真号码、电话号码、发送单位、地址、邮编；发送日期、归档号、文件名称、总页数、传真内容。传真内容应简明扼要，手写或打印皆可。

2. 登记

传真管理要建立收发登记制度，制作传真发送登记表，包括编号、发送时间、发送人、文件名称、收件单位及传真号码、收件人、密级、急度、承办人、归档号、备注等。用登记本记录，以便日后备查。

3. 归档

如果是重要的传真文件，应加以编号并妥善保存，在档案室统一立卷归档。

四、日常事务的时间安排

现代文员的日常事务工作之一就是做好组织的时间安排，包括日程安排、约会安排和旅行安排，其中主要内容是做好日程安排，包括每月、每周、每天的日常工作安排。

（一）日常事务的时间安排内容

日常事务的时间安排主要是把领导或各部门每月、每周、每天的主要活动纳入计划，并下发给各相关部门。一般涉及以下内容。

1. 各种接待、约会

它包括接待或会见本单位员工、外单位来宾和国外的来宾。

2. 商务旅行活动

它包括各组织领导特别是企业领导到各地、各国去联系合作事宜以及进行市场调研和参观学习等活动。

3. 参加各类会议

各类组织都会经常举行不同类型的会议，领导部署重要的任务，或听取员工的建议，或组织各类表彰会议等等。

4. 到车间进行实际检查或指导

优秀的企业家都注重及时了解本组织的生产、营销、资产运营等方面的情况，这离不开亲自去做市场分析、产品分析、资产分析等过程。

（二）日常事务的时间安排要求

日常事务的时间安排要求如下。

1. 统筹兼顾

所谓统筹兼顾，就是安排日常活动要从组织的全局出发统一筹划，又要兼顾领导的实际情况。

2. 安排规范

就是根据组织领导的分工，明确规定哪一类组织活动应由哪些领导参加，避免出现随意性，注重实效，克服形式主义。

3. 效率原则

日程表的安排要体现效率原则。安排领导的时间要留有余地，不要安排得过于紧密，要给领导有空隙时间。

4. 突出重点

采用 ABCD 法则，对完成中心工作有直接联系或重要的活动，要优先安排，加以保证，以便领导集中精力办大事，防止领导疲于奔命，力戒形式主义。ABCD 法则是指先做重要而紧急的任务，即 A 类事务；再做重要而不紧急的任务，即 B 类事务；后做紧急而不重要的工作，即 C 类事务；再处理可做可不做的事务，即 D 类事务。只有这样，才能提高效率，充分利用时间，合理分配精力，完成工作任务。

5. 适当保密

领导的日程安排，一般都是自制成一览表的形式。日程表给领导一份，给秘书科长和其他领导一份，再就是有关科室和司机一份。不过，给科室和司机的日程表，内容不能太详细，以防泄密。

（三）日常事务的时间安排注意事项

（1）日程表编写以记叙、说明为主要表达方式，不加评论，不作过多分析，简洁而且具体，使人一目了然。

（2）月计划、周计划、日计划不要安排得太满，尤其是后两者。因为环境随时变化，领导要根据不同的情况做出一定的改变，所以编写要留有余地。活动与活动之间要有一定的空隙时间，以避免一些时间冲突。

（3）所有的日程安排都应按领导的意思去办。在制定日程安排表的过程中，应养成谦虚细心的习惯，事不论大小，都要认真去检查核对，然后再请领导审核，这样，一方面可以减少错误，另一方面也可以提高工作效率。经领导审核通过，打印并送给相关部门，同时要留有备份。

（4）对已经处理完的工作，一般应注明结果。对没处理的也一样，这样避免漏掉一些重要内容，也帮助领导随时掌握信息。

第三节　办公室接待工作

接待是现代文员的一项重要日常事务，是沟通内部上下的“桥梁”，是联系外部的“窗口”。从某种意义上说，现代文员的接待工作就是单位的门面、喉舌，是单位形象的缩影。接待工作对现代文员的综合素质要求相当高，除了掌握接待工作的技巧外，还必须具备个人素质，体现在精神状态、言谈举止、着装打扮等方面。接待工作的好坏，将对本单位的形象起着至关重要的作用。

一、接待工作的类型与原则

（一）接待工作的类型

接待是指对来访者给予相应的服务性的活动。它涉及面广，对象多而复杂。根据不同的对象、不同的来访目的，接待的内容各不相同。根据不同标准，分类方式也不同，具体如下。

（1）按照来宾的来访意图可以将接待分为公务接待、会议接待、视察与检查接待、参观接待、经营活动接待、技术考察接待和其他接待。

（2）按照接待的对象不同，可以把接待分为外宾接待和内宾接待。内宾接待又可分为对上级单位来人的接待、对平行单位来人的接待、对下属单位来人的接待、对新闻单位来人的接待和对本单位来人的接待。

（3）按照来访者有无预约又可以把接待分为预约来访者接待和未预约来访者接待。

（二）接待工作应遵循的原则

1. 热情周到、注意礼貌礼节的原则

现代文员应主动放下手中的工作，热情周到地迎接来客。应习惯地运用礼貌动作和礼貌用语，专心听取对方的讲话并作必要的记录，如单位、职务、来访意图、要求等。交谈时应注视对方，不要左顾右盼、心不在焉，也不要随便打断或自作聪明地接对方的话。对经常联系或上司约请的来客，应主动问候，及时通传，视需要送上茶水或咖啡。

2. 平等、一视同仁的原则

现代文员常常是最先会见来客的，接待态度和效果会影响来客对单位的看法甚至合作的进展。因此现代文员应对任何来客都一视同仁，以礼相待，而不计其职务高低、衣着服饰、熟悉程度等。

3. 讲求时效的原则

现代文员在接待时应注意既不浪费客人的时间，也不浪费自己的时间，更要节省上司的时间。与客人交谈，除了必要的礼貌和实质性内容之外，应避免漫无边际的闲聊。如果对方反反复复、喋喋不休，可及时结束谈话。如果自己太忙可站着与来客谈话，或者干脆说："对不起，我还有些急事要办。"如果同时有几位来客，可先简要问明来意，然后分清缓急，决定接待的先后次序。

二、接待工作的程序与内容

（一）接待工作的一般程序

接待的内容不同，接待的程序也不尽相同，但一般的程序如下。

1. 接待前的准备工作

现代文员要及时了解来宾的情况，确定接待规格的高低。接待准备工作包括：环境准备，布置接待室或会客厅，创造宜人、整洁、美观的接待环境；设施物资准备，包括接待用车、接待标志、电脑、来宾的用餐及住宿、接待场所、接待礼品等；信息资料准备，接待材料、活动材料及来宾的资料等。

2. 制订接待工作计划

确定接待规格、拟定日程安排和开列接待经费。接待规格和来访意图决定了接待人员、日程安排和经费开支。涉及的具体内容有：来宾的单位及来访的目的、要求、人数、性别、

身份、生活习惯、抵离的日期；工作日程的安排；由哪一位高级管理人员负责这次接待，由谁担任专职陪同人员及接待人员；来客的住宿地点、标准、房间数量等；会见、会谈的时间、地点和参加的人员、人数，担任主谈判的人员，其他谈判人员、翻译、后勤服务人员名单，大的项目还要有律师和会计的名单；宴请的时间、地点、规格、人数、次数；参观游览或娱乐等活动的时间、地点、人数、次数及陪同人员；接待期间的交通工具的安排；接待期间的安全保卫工作，包括饮食卫生、人身、财产安全等；接待经费主要包括住宿费、餐饮费、劳务费（讲课、作报告等费用）、交通费、工作经费（如租借会议室、打印资料、通信等费用）、考察参观娱乐费、纪念品费以及其他费用等。

3. 接待工作的实施

在会见、会谈前，要做好信息资料工作，一方面做到“知己知彼”，了解对方的背景，包括对方国家的政治、经济、地理、历史情况、对外政策、领导人情况等，对方可能提出的问题，若是外宾，则要掌握外宾的礼仪特征和习俗禁忌，并把它变成书面文字呈送有关人员，还要提供外交资料作为参阅。来宾抵达时，接待人员在大楼门口或大厅迎候，并引导来宾到会客室。若是重要来宾，则来宾进门口由主见人在门口迎接。会见会谈前安排好座次。会见会谈时，要做好记录。会见会谈结束时，有时要安排合影留念，应事先安排好合影图。安排合影留念时一般主人居正中，遵循“以右为尊”的原则让主客双方间隔排列，如果人多要分成多行，则按“前高后低”进行排列。注意尽量不要让客人站在边上。会谈结束后，在会客室门口与来宾握手告别，对重要来宾则送至大厅再握手告别。

4. 接待工作后总结

来宾接待工作的记录，是重要的档案资料之一，一定要收集齐全，及时整理，按照档案管理规定的要求整理归档。另外在送走来宾后，应结算接待经费，做好会谈善后事情的处理，力求事事落实到位。写好接待工作小结，如有必要，可编印简报。

（二）一般个体性来访者的接待

按来访者事先有无预约可以把接待工作分为预约来访者接待和未预约来访者接待。一般个体性来访者的接待具体做法如下。

1. 主动迎接和问候

如果是依约前来的客人，现代文员应立即停下手头的工作，礼貌而热情地起身招呼来宾：“您好！请稍等，我与经理联系一下。”如果是无约前来的客人，现代文员面对来宾，可以客气地询问：“您事先约好时间了吗？”如果来宾进入办公室时文员正在接打电话，文员可以先以目光或手势向来宾示意，然后迅速结束电话，招待来宾。

2. 礼貌引见，确保来访者满意

引见来访者到被访的部门，或按单位要求安排专门工作人员接待。引见来宾途中，应配合来宾的步调，尽量处在来宾左前方，并可与来宾进行适当的寒暄、交谈。转弯或上楼梯时，应稍停并指示方向，礼貌地用手示意。乘电梯时，应先告知来宾在几楼，并按住电梯开关，让来宾先入先出。到达目的地，应向来宾示意，说明“就在这里”，或先行敲门，

或直接为来宾推拉门，面对来宾，请来宾先入内，并向被访部门人员作介绍。

3. 了解情况，尽心服务

在接待来访的过程中，现代文员应认真倾听，详细记录，准确理解来宾的意图，按上司的授意及时妥善地予以处理。要特别注意，在处理问题的过程中，对来宾的要求，现代文员不应随意推诿，也不要擅自做出某些承诺。

4. 送客

当来访者离开时，应礼貌送客，如“请您走好”“欢迎您再次光临”等，并为客人开门，帮客人取衣帽等物或是陪同客人到门口。若有必要，可帮助来访者预订车辆。即使来宾是不速之客，同样应以礼相送，这样可以显示自己的风度，对树立单位良好形象也有极大的帮助。

（三）特殊团体性来访者的接待

有时单位会遇到特殊团体性来访者，如外宾接待，接待或宴请重要外宾、友好人士、外交人员、外国记者和重要的外经贸团组等。特殊团体性来访者的接待具体做法如下。

1. 接待计划

接待外宾，事前应认真制订接待计划，明确接待方针、礼遇规格、活动日程和费用预算。接待计划包括来访外宾的背景资料、来访目的、活动内容、要求、时间、地点等内容。

2. 接待礼遇规格

根据对等接待原则，对不同身份的外宾，请相应领导同志出面接待。如外国政要议员以及重要外商、友人来访，可由对等级别领导出面接待；其他外宾可由单位领导批示接待。

3. 接待礼仪

一是迎送。参加迎送外宾人员一般安排 2～3 人。外宾在本地参观游览，可由主接单位派少数人员陪同，一般情况下不必全程陪同。二是着装。一般情况下，外宾接待人员须着正装；特殊情况下，按对等原则，对等着装。三是会见宴请。宴请应依据不同情况，分别采取宴会、招待会、茶会、工作餐等形式。参加宴请的中方人数应少于外方人数。主办单位应对宴请的邀请、餐型、订菜、座次、餐具等环节作周密安排。宴请要根据国际惯例，尊重外方人员风俗习惯，同时注意体现地方特色，提倡用地方酒、饮料和水果。四是收赠礼品。接受外方的贵重艺术品、有科研价值的物品及高级消费品要上缴。其他属于赠送团体的礼品，由接受单位妥善保管；赠送个人的纪念品，经单位领导批准留用或处理给个人。

4. 新闻报道

对需要新闻报道的外事接待活动，应在接待计划中对新闻报道做出统筹安排。外事活动新闻稿可由接待单位向新闻单位直接提供。

第四节　值班与印信工作

值班工作与印信管理都属于办公室日常事务管理。值班是值班人员在值班时间内处理各项公务的活动，是行政部门的一项基本任务。印信管理是单位公务印章和介绍信的管理、使用工作。

一、值班工作的任务与要求

在值班工作中，值班人员可能处理内部的突发事情；可能接受、传达上级的指示；可能要完成领导临时交办的事项等。值班人员是单位的总代表，值班工作的好坏直接反映和影响上下之间、左右之间的关系，直接反映本单位的精神风貌。

（一）值班工作的任务

值班工作的任务根据不同类型的值班各有侧重。一般性值班主要是上情下达、下情上报。而专设性值班工作任务则比较全面，具体如下。

（1）承担整个部门信息联络工作。一是接收上下左右通过电话、传真等手段传递的各种信息；二是对所收到的信息进行加工，对上级领导单位下达的指示，要准确及时地报告有关领导，并根据领导的指示传达到有关部门。

（2）承担业务指导或任务。负责对本系统下级单位信息工作的业务指导。要做到信息灵敏、反应快速。承担领导临时交办的各项任务，包括领导交办的来访接待的迎来送往工作，通知会议等。

（3）安全保卫及其他事项。总值班室主要负责节假日和非工作时间做好或协助做好单位的安全保卫工作，机密文件资料的保密、紧急文书处理、印信管理工作等。这些工作主要视单位的情况和总值班室职责范围和人员多少而定。

（二）值班工作的要求

值班工作是组成一个单位工作网络的重要细胞，是一个单位的枢纽工作，起着沟通上下、联系内外、协调左右的作用。特别在非工作时间和节假日，值班工作的作用表现得尤为明显。因此，值班工作十分重要，要求如下。

1. 信息通达准确无误

信息通达准确，即该传达到哪里就必须准确无误地传达到哪里，不能扩大或缩小传递范围。通常多用电话报告情况、传递信息，在接听电话中一定要把对方的话听准，特别重要的情况、领导的指示要认真听记，有条件的应进行电话录音。讲完话后要互相核对一下，确认无误后再终止通话。

2. 讲究时效

讲究时效是对值班工作的特定要求。就是要求值班人员传递、处理信息，办理文、电要快，一般要随接随办。同时接办几件事，要按轻重缓急顺序处理，但一般来讲应做到当日办结。当日办不完的要移交给下一班及时办理。

3. 热情主动

值班室既是一个单位的信息中心，同时也是重要的对外窗口之一，因此说话和气，待人热情是十分重要的。值班人员不仅要了解本单位领导的值班人员活动情况，还要尽可能熟悉基层单位负责人的一些情况，如有紧急事情即可取得联系。

4. 安全、保密制度

在值班时应集中精力，保持警惕，与安全保卫人员密切联系，共同负责单位的安全保卫工作。另外还要注意遵守保密制度，值班人员常常最先了解一些重大动态和带机密性的文件、事项。这就要求坚持保密，守口如瓶。对值班日记和值班报告，无关人员不允许翻看。

二、印信的管理工作

（一）印章管理工作

印章是企事业单位在被正式批准成立后，经批准到当地公安部门指定的刻章单位刻制。经过验收合格的印章，应登记，盖好印鉴，以备查考。颁发印章时，应严格履行颁发手续，特别是颁发正式印章时，要郑重其事，安全可靠；颁发其他印章，也要按程序办理。

单位印章具有法定权威性，严禁伪造印章或使用伪造印章，违者将受到法律的惩处。如发现伪造印章或使用伪造印章者，应及时向公安机关或印章所刊名称单位举报。

1. 印章的管理

要健全管理制度，严格审批程序。一是严格手续，按规定的制度办事；二是对所盖印章的文字内容必须认真审阅，尤其是对一些特别情况的用印，更要审阅清楚。如需要经办人亲手盖章，不让印章管理人经手，必须有领导人明确批示，并登记清楚，否则不能用印；三是盖出的各种印章，必须保证位置恰当、文字端正、图形清晰。

2. 印章的使用

各级机关企事业单位都应制定印章的使用规定。印章管理人员须严格按照规定使用印章。原则上，使用机关或单位的印章，要由本机关或单位的领导人审核签字。印章管理人用印前，要认真审核，明确了解用印的内容和目的。对需留存的材料应在加盖印章后，留存一份立卷归档。不得在空白凭证上加盖印章。确因工作需要，由业务部门以领导机关名义颁发的凭证，需要事先加盖机关印章或套印然后填发的，经过领导审批，登记后即可按要求加盖印章。印迹应端正、清晰。机关或单位撤销、更名或因其他原因而停用印章时，应由印章颁发机关及时收回封存或销毁。

（二）介绍信的管理工作

介绍信是一种使用相当广泛的身份证明。一个单位的人员要出差办事，需有说明任务、证明身份的介绍信。介绍信的形式一般有两种：一种是行政部门掌管的工作介绍信，另一种是用公用信笺书写的介绍信。介绍信的使用要严格管理，开出介绍信，转介绍信，以及进入特区介绍信，都要履行一定的手续。

（1）履行签批介绍信手续。需要单位介绍信者，应填写单位介绍信签批单，经主管领导批准后，根据此单填写介绍信，盖章后发给需用人。

（2）介绍信本的管理。机关、单位介绍信的管理，应有严密的、有据可查的手续。大机关、大单位的介绍信，要分给几个部门管理使用。行政部门在给职能部门分发空白介绍信本时必须严格履行登记签收手续。

（3）使用介绍信须知：严格执行使用介绍信签批手续；严禁发出空白信；介绍信存根应妥善保管，按保密要求归档；因情况变化，介绍信领用人没有使用介绍信，应及时退还，未及时退还的，要去收回，以免丢失；若发现介绍信丢失，领用人应立即向机关、单位反映，及时采取相应措施。

（4）使用介绍信的注意事项：要严格审核使用介绍信者的合法身份与事由；单位名称要用全称或规范化的简称；签署、用印、时间等要写明；介绍信要有编号和骑缝章；存根和发出的信要一致。

三、电子签名与电子印章

（一）电子签名的概念及使用

电子签名是指数据电文中以电子形式所含、所附用于识别签名人身份并表明签名人认可其中内容的数据。2005 年 4 月 1 日实施的《中华人民共和国电子签名法》规定电子签名与传统的手写签名和盖章具有同等的法律效力。

该法规定，可靠的电子签名必须同时具备“电子签名制作数据用于电子签名时，属于电子签名人专有”“签署时电子签名制作数据仅由电子签名人控制”“签署后对电子签名的任何改动能够被发现”“签署后对数据电文内容和形式的任何改动能够被发现”四个条件，才能被视为可靠的电子签名。

该法同时规定四种不适用电子签名的文书：涉及婚姻、收养、继承等人身关系，涉及土地、房屋等不动产权益转让，涉及停止供水、供热、供气、供电等公用事业服务，以及法律、行政法规规定的不适用电子文书的其他情形。为保护电子签名人的合法权益，法律规定，伪造、冒用、盗用他人的电子签名，构成犯罪的，依法追究刑事责任；给他人造成损失的，依法承担相应的民事责任。

（二）电子印章的概念及使用

电子印章就是电子签名加上印章图片，是将电子签名技术与符合国家标准的印章印迹通过高科技手段捆绑而建立起来的国家级信用体系。

依照法律规定，电子印章的使用要符合四个条件：电子签名制作数据用于电子签名时，属于电子签名人专有；签署时电子签名制作数据仅由电子签名人控制；签署后对电子签名的任何改动能够被发现；签署后对数据电文内容和形式的任何改动能够被发现。

我国首家对公众提供电子印章服务的机构已在北京成立，这种电子印章虽然看上去与普通印章效果一样，但却可加入水印等防伪标志，并被保存在 U 盘等移动介质里，而且每次使用都有记录。该机构负责人透露：“一份电子文件中当且仅当电子签名技术验证某份电子文件真实有效时，才正常显示印章。”

随着我国电子交易活动越来越频繁，网上交易正在走进人们的生活，而缺乏信任和安全感也是大额电子交易受制约的主要原因。网络交易使用同样具备法律效力的电子签名、电子单据、电子印章，保障了电子交易安全，维护了电子交易各方的合法权益。

思考题

1. 试述办公室环境布置的主要内容。
2. 通信工作有哪些？如何才能表现出职业水准？
3. 怎样做好日程安排工作？
4. 接待工作应遵循哪些原则？
5. 什么是电子签名？什么是电子印章？

案例分析1

左右为难

办公室文员刘玲早上7:30来到办公室，打扫卫生，整理办公室，准备上班。8:20办公室主任电话指示：“小刘，请您把上周的述职工作总结写一下，10:30必须做完。”小刘表示同意。9:10人力资源李总监说：“小刘，请您帮我搬一下演讲会所需要的椅子。”小刘非常有礼貌地说：“对不起，我得先请示一下王主任。”11:00总经理王军打电话给刘玲：“小刘，述职工作总结写完了吗？请马上给我送过来。”小刘说：“我已经送给王主任了。”王军说：“我不管，你必须给我送过来。”小刘感到左右为难。

案例讨论：

1. 刘玲如何来提高工作效率？
2. 李总监和王军总经理对小刘的指示合不合理？为什么？

案例分析2

严副主任到下属公司视察工作，年轻的白秘书陪同总经理汇报工作。其间，严副主任请白秘书介绍某些具体情况，白秘书侃侃而谈，从现状到趋势，从具体工作到宏观评价无一遗漏。对自己了解得不太准确的情况，白秘书也能灵机一动，迅速做出汇报。对严副主任给公司布置的任务，白秘书毫不犹豫地承诺下来。末了，白秘书给严副主任留了名片，表示今后严副主任要办什么事，无论公私，都可以直接找自己。

案例讨论：请对白秘书的接待工作做具体的分析和评价。

案例分析3

临时动议　节外生枝

一次，上级领导到某滨海城市考察。在当地党政负责人汇报工作之前，有关同志先安排30分钟时间到海滩旅游点考察旅游资源，然后回住地开会。就在上级领导一行按预定计划，即将乘车离开海滩之际，突然开来了两辆中巴，当地党政负责人刚把上级主要领导请上车，当地的一些陪同人员和工作人员就一拥而上，车子呼隆隆沿着海滩往前开，把上级领导的一些主要随员和工作人员晾在海滩上不知所措。而车开出不一会儿，就陷入松软的沙滩前进不了。折腾了10多分钟后，其中一辆车勉强开动，另外一辆却任凭众人如何推，都只作喘气吼叫状，进退不得，无法行驶，弄得当地负责人很狼狈。原来，他们认为只看一个旅游点不够，应让上级领导乘车沿着海滩多看一看。没想到节外生枝，刚退潮的沙滩上不能行车，不仅多看的目的没达到，就连回程都困难。无奈，原来分乘两辆车的人，只好往一车挤，挤不上的，只能深一脚浅一脚地在满是水渍的沙滩上步行返回。此次海滩考察着实令人扫兴。而原定的汇报会也因此不能如期进行了。

【简评】

接待上级领导前来考察，是下属单位一件很严肃的政治任务，像上述这种临时随便改动原定计划显然是不可取的：

1. 不做可行性调查，盲目行事，使考察活动受客观条件限制无法进行，白白浪费时间、人力、物力。

2. 不做合理安排，临时增加考察内容，没有及时通知有关人员，造成随同上级主要领导前来的人员不能参加，不该去的却挤去凑热闹，直接影响考察效果。

3. 不做应急准备，临时动议的事，会随时发生预料不到的问题，但却不协调各方，待车陷沙滩时，无从联络救急，只落得个乘兴而去、败兴而归的结果。

前车之鉴，后事之师。对领导同志活动的组织服务工作，应慎之又慎。已经领导同志同意的活动计划，不是十分需要，不要随意更改变动。确需变动的，务必及时通知有关人员，慎重考虑，周密组织，稳妥行事，确保万无一失。否则，打无准备之仗，必遭败北。

案例分析4

偶然疏忽　后果不同

某地发生较大的地震后，我国南方的汛期即到。一日，南方某省领导机关的值班秘书，接到国家防汛抗灾指挥部电话，要检查了解该地区防汛抗灾准备工作情况，要求尽快作一次汇报，并指明要检查大中型水库坝基安全可靠程度如何。值班秘书接电话时，听错为防震指挥部来的电话，当时对地震惊恐的“余波”还影响着人们的心理，认为“防震”也是理所当然的，是可能的，而没有对打来的电话认真核对，便将听错的电话，向领导汇报。当时领导班子几位主要成员正在同兄弟省区来的领导同志商讨经济协作的事情，被迫中断了商讨，立即召集省直各有关部门的负责人开会，研究防震工作，并准备按电话的要求向上级汇报。在研讨中，预感到如此紧急的电话，是否是上级防震部门预测到本地区最近可能会发生地震，于是由办公厅主任亲自去电话询问上级防震部门，得到的答复是，没有预测到你们地区最近会发生地震，也没有要你们汇报有关情况。经再次查问，原来是防汛指挥部来的电话。一场虚惊总算放下了，但教训是应该记取的。虽然未直接看到造成经济上有多么大的损失，但牵动了领导一班人的行动，打乱了领导机关工作部署，影响了领导机关工作的决策，不能不说是个较大的失误。

【简评】

问题就出在这位接电话的秘书身上。这位同志是讲粤语和客家话长大的，对普通话的语音辨别力差，别人讲普通话的“汛”，他听成是“震”。“汛”“震”相混闹出了上述笑话和事故，可见语音是语言交流不可忽视的要素。语音听错了，语言的意思就变样了，听者就可能做出有违说者初衷的举动，传递错误信息，贻误领导决策，造成工作损失。上级的指示就会被歪曲或弄成相反的意思。所以要讲好普通话，这是秘书人员的一项基本功。

早在1956年国务院就发布了《关于推行普通话的指示》。1958年毛主席发出“一切干部要学好普通话”的号召。1982年公布的我国宪法规定“国家推行全国通用的普通话”。现在普通话在我国已较为普及了，已成为我国各民族共同的语言。语言能否起到便于人们交际的作用，关键在于说、听双方对语言的认同。秘书人员为工作接触四面八方的人，在交往中，必须用约定俗成的、规范化的语言——普通话，才能共同了解说话的内容。强调讲好普通话，并不是要取消方言，而是消除与方言间的隔阂，提高语言的交际作用。

秘书工作要建立必要的制度，接电话应是制度中的重要一项。有了制度，工作就增加了一项监督的职能；有执行制度作保证，就可以防止或减少工作中的差错。制度的主要内容，应包括听到电话的铃声后，应尽快接听，并随时备有纸笔，重要的事情要随时记录下来，有条件的还可以同时进行录音。记录的项目，除如实记下对方讲述的内容外，还要记明来电话的时间、单位、姓名以及必要的联系电话号码等。记下对方讲话的内容后，要当即重复口述一遍进行核对，对方确认无误后方进行办理。记录的内容不要加进记录人任何主观猜测的东西，否则电话的内容就会走样，并随而出现偏差。上述“汛、震”之错，就是一例。

秘书人员要注意思想政治修养。要搞好工作，首先要有健康正确的思想，切切不要夹杂着一些不健康的思想情绪去处理事情。上述听电话的差错，就是受地震惊恐情绪的干扰，而错把“防汛”想当然地认为是“防震”。这种教训不可忘掉。

（资料来源：http://www.jznu.com.cn/wf/ReadNews.asp?NewsID=1246）

技能实训 1

日常办公事务——电话接打

一、案例情境

丽山市北固自动化设备有限公司成立于1996年，是浙江省一家专业从事不间断电源研制、开发、生产销售的企业。近年来，公司凭借着优良的品质、完善的售后服务以及长远计划的营销策略，经过全体员工的不懈努力，业绩逐年攀升。

随着公司业务的扩大，人员需求也在不断增长，最近公司又新招聘了一批大学生，文员小魏今天刚上班，被安排在办公室接电话的岗位上。他想：“这有何难，接电话小菜一碟，一定要好好表现。”第一次外来电话，铃声刚起，他紧张地急忙抓起电话，声音急促地问：“喂，你找谁？”电话是找行政部经理的，他把电话转给了行政部经理。行政部经理听完后给他纠正道："小魏，接打电话有学问，外来电话要等第二遍铃响后再接，才显得稳重大方……"经理话没说完就让人叫走了，刘文员继续纠正："接电话时不能用轻率的语调问对方：'喂，你找谁？你是谁？'这是很不礼貌的，要用礼貌温和的语调说："你好，丽山市北固自动化设备有限公司，行政部电话是……不能用急躁的口气说话……"

第二次接电话时，是对方打错了，小魏一听就告诉对方："你打错了。"然后就挂上了电话。陈文员一听不合适，就给他纠正："接到打错的电话时，你应该说：'这里是丽山市北固自动化设备有限公司行政部，电话是……'刚才你那种和别人回话的方式，很不礼貌。如果对方是我们的客户，你刚才接电话的方式可能会对双方经济往来产生不良影响，给公司带来损失。"

小魏听了三人的批评，心里不是滋味，面子上也过不去。当初，学文员办公事务工作时，老师讲电话接听及其礼仪，老师在上面讲，自己在下面心里发笑：电话谁不会打，我三岁时就会给爷爷打电话，就觉得无所谓，早知道上大学学的知识这么简单，就在家里自己学了。于是，他就没认真听课，和同学交头接耳聊天。正是当时的不上心才导致了今天的难堪。

下午，办公室的人都外出办事了，交代小魏值班。他想，这下一定要好好表现，再有电话得把情况给对方说清楚，不要再出纰漏。

电话铃又响了，小魏在第二遍铃声响起后拿起话筒。对方说："请李总接电话。"小魏慢条斯理地解释道："李总外出和专利公司的张老板打保龄球去了。"对方问："你知道李总的手机号码吗？"小魏热情地帮她查了号，并在对方的道谢声中说了声"再见"。他觉得自己这次终于做得圆满了，松了口气。

第二天，李总上班后，走进办公室，大声呵斥小魏，批评他不应该在未摸清情况时就把电话号码给了别人，因为这样不仅泄露了公司机密，还干扰了生意。小魏真是无地自容。

第三天，小魏就因不适应办公室工作，被调离了岗位。从此以后，小魏一听到电话铃声响起，就心里发毛。

其实，职业人生旅途中，改变一个人命运的往往是一些很小的事情。

二、实训设计

【实训内容】

知识传授（初步理解）——实训模拟（角色体验）——实训指导（规范提高）——实训评价（建档跟踪）——实训总结（理性分析）。

【实训方法】

启发研讨式教学，实行"知识讲解—案例分析—场景演练—师生研讨"相结合。实训环节在课堂上、实训室交叉进行，重点开展集中实训。

三、知识讲解

电话是文员处理日常事务时最常用、不可缺少的通信工具。在实训中，重点从语言要求、电话礼仪、应对重点三方面传授电话接打的知识。

（一）电话接打语言的基本要求

1. 语言

（1）语言表达要做到目的明确、主题集中、观点鲜明。

（2）语言要简练，陈述要有条理、清晰、扼要。两组进行测试（传达两个故事）。

（3）语言内容要准确全面：5W1H 即 Why-When-Where-Which-What+How to。打电话前要适当组织腹稿，不打没有准备的电话。

2. 声音

声音要求：发音—音质—语速—节奏—语调—语气。加强发音准确率的练习。

3. 态势语

学会使用态势语强化语言效果。接电话时，即使看不见对方，也要让自己保持微笑；接电话时，要保持姿势端正，使语调正常；要让对方感受到你态度的诚恳。

（二）电话礼仪

（1）铃声响两次再接起电话，开始接听要自报家门，“你好，这里是某某单位”；结束时，要等对方扣好电话轻轻放下话筒。

（2）注意力要集中，认真应答，让对方感觉到你对他及他的来电很重视。

（3）语言要文明礼貌，态度要诚恳，话语要客气。

（4）营造和谐愉快的交谈氛围。打电话时，要面带微笑，适当抬高语调，让人感觉你的心情很好。接电话时对对方的陈述很有耐心，不要轻易打断对方的话；打电话时，要尽量简洁，不要浪费对方时间。

（三）接打电话的应对重点

1. 打电话的应对重点

（1）要把和对方谈的事情用备忘录准备好，并将可能用到的资料事先准备好。

（2）要找的人一接电话就要恭敬地再打一次招呼，和对方商量事情不能只考虑自己是否方便，要问问对方是否方便。

（3）用传真机输送资料，输送前后都要打电话确认。为避免错误，要学会抓住要点，复述对方的话。结束时一定要道别。

2. 接电话的应对重点

（1）电话铃响两声，再拿起话筒。

（2）倘若叫人要花时间，要问对方是否方便等。

（3）要确定对方身份。如果对方找的人不在，要询问是否需要转告，若需要转告则作电话记录。别忘记将记录放到同事办公桌上，或随后转告，如果事急应及时转告。

（4）如果对方要告知重要事项，一定要使用电话记录或备忘录。对方交代的事项内容一定要重复确认。在记录中记上发话者姓名、单位、电话号码、打电话时间、告知事项及处理结果等。

（5）确定对方已挂断电话再轻轻放下话筒。

（6）对电话中有重要事项的，必须当时进行电话记录，填写时间、事项等必要内容。记录后，要由对方确认内容，同时要对内容进行落实，如需要回电答复，应告诉对方时间。

四、场景演示

利用多媒体演示典型案例，并作简要评析。

五、实训要求

（一）理解基本知识（模拟某办公室上班时的情景，学生以文员身份接以下电话）

案例 1：对方要找人事部王经理，文员告知王经理不在的对话情景。

案例 2：对方打错了电话，文员的应对。

案例 3：对方咨询公司新产品的情况以及要转接的电话。

案例 4：文员拨错了电话时的应对。

案例 5：产品在使用过程中出现了问题，顾客反映情况的电话。

案例 6：通知部门经理开会的电话。

案例 7：对方咨询本公司产品情况时，文员需要查资料要对方等候的电话。

案例 8：公司和一家客户有一项合作，已经谈妥，对方打电话来要文员发传真过去的电话。

（二）应对特殊情境（模拟文员在特殊情境下要接的电话）

案例 1：经理在开会，有一位客户打电话要找经理，当文员告诉他经理在开会后，他仍坚持要见经理，文员应怎样处理这种情况？

案例 2：经理正在会见一位客人，有一位自称是经理朋友的人要经理接电话。演示文员处理方式。

案例 3：经理正好外出用餐，和一位客人谈业务之事，客人的公司打电话来要来访者听电话。演示文员的应对。

案例 4：有一位客户的电话，经理交代文员不要转给他。演示这位客户来电话时文员的应对。

案例 5：经理生病在家，有一位客户打来电话探问经理病情，文员应怎样应对？

案例 6：有一位客户，所购产品出了问题，他电话中出语伤人：“喂，叫你们经理来听电话，你们这些混蛋到底还做不做生意，不叫老板接电话我就不客气了！”文员该如何应对？

案例 7：有一位公司内部员工因个人待遇问题来电话找经理，火气很大，并执意要经理给解决，文员该如何应对？

案例 8：两位本单位内部中层领导发生激烈冲突，先后找经理，但经理不在，两人都向你反映对方的不是，作为文员该如何应对？

六、实训组织

（一）32 名同学参加第一类型实训

（1）本部分的实训采取理论教学与集中实训相结合的方式。

（2）实训时，模拟办公室情景，学生扮演文员角色和来电者角色。

（3）32 人分成 8 个小组，每小组 4 人，每个同学都要轮换演示接或听的角色。同时，选出 4 个组长对每组模拟负责监督与配合任课教师评估，让学生要严肃认真，不能敷衍了事。

（4）使用实训电话机模拟（9011—9012；9013—9014）情景要逼真。

（5）接听电话时，学生可以有所发挥，不必所有学生说同样的话。建议学生设计台词。

（二）32 名同学参加第二类型实训

（1）教师要将 8 个接打电话的情景编号，做成抽签条。

（2）学生 4 人一组分成 8 个小组，由抽签决定演哪个角色。

（3）学生两人一组分别扮演文员和客人的角色。要轮换演一次。

（4）演示时要真正从角色角度考虑，所演的人的措辞要认真设计，既符合礼仪，又要有所创新，贴近角色，便于模拟真实情境。

（5）每组演示时间不超过 3 分钟。

（6）使用实训电话机模拟（9011—9012；9013—9014）。要求情景要逼真，模拟要认真。

（7）其他要求同上例。

七、实训模拟

各组根据分组各自轮流展开实训，教师与组长共同监督。

八、实训指导（对各组表现，请同学们发言评论，研讨式教学）

【实训类型一指导提示】

（1）接电话时不仅要训练讲话的技巧，措辞得当，更要注意接听的姿势、微笑接听的训练。

（2）除了电话礼貌措辞外，还要注意训练声音的甜美，口气的温和，音量的适中，拿放话筒的动作等细节。

【实训类型二指导提示】

（1）对于特殊来电，文员要处理得灵活机动，周到全面，但一定要注意礼仪，决不可因为眼前的客人而得罪另一位客人。

（2）经理正在开会时的来电，文员一般都要挡驾，必要时可将有关内容写在纸条上传递给有关人员，既不能影响开会，又要及时传递信息。

（3）假如电话是打给来访者的，文员在打断经理和客人谈话时一定要先致歉，有时应先告知本单位领导有客人电话，这样处理起来效果更佳。

（4）对态度不好的电话，文员一定要冷静处理。对方的语调越急、越强、越快，文员的语调就越要平稳、舒缓、轻柔。

（5）挡驾电话。措辞一定要严谨，不能让对方感觉你在敷衍他。

九、实训总结（课堂集合，深度指导）

文员接打电话必须处理好的十大情境。利用特殊情境讲解接打电话的艺术、方法和技巧。

技能实训 2

日常办公事务——来宾接待

一、教学目的

现代文员实务是高职管理类专业系列中一门重要的专业课，同时它也是一门操作性很强的实训课。在教学中，只有通过对学生进行本门课程的实训教学过程，才能符合教学大纲的要求，才能达到预期的教学目标，才能培养出合格的文员专业人员，这些是不容置疑的。接待来宾是文员最频繁的日常事务之一。文员是代表单位接待来宾的，其接待态度如何，直接影响到单位的形象，决定了来宾对单位的印象，关系着业务能否顺利进行。所以，文员应当尽量做到让每一位来客满意而归，这就得掌握接待的基本礼仪。因此，这次实训的目的在于通过特定场景下的训练使学生更好地提高实战能力。

二、实训设计

【实训内容】

知识传达（基本理解）—— 实训指导（讨论—角色划分—实训模拟—实训评析）（提高规范）—— 实训总结（深入指导）

【实训方法】

启发研讨式教学，实行“知识传授—情景分析—模拟演练—师生研讨”相结合，在课堂知识传授的基础上与实训演练相交融的方法，重在后者。

三、知识讲解

办公室接待

日常接待：

A. 客人来访，应立即招呼来宾。文秘应该认识到大部分来访客人对公司来说都是重要的，要表示出热情友好和愿意提供服务的态度。如果你正在打字，应立即停止，即使是在打电话，也要对来客点头示意，但不一定要起立迎接，也不必与来客握手。

B. 要主动热情地问候客人，打招呼时，应轻轻点头并面带微笑。如果是已经认识的客人，称呼要显得比较亲切。

C. 当陌生的客人光临时，务必问清其姓名及公司或单位名称。通常可问：请问贵姓？请问您是哪家公司？

D. 郑重地接过对方的名片。接名片时必须用双手以示尊重，接过来后不可不屑一顾，随手乱放，也不可拿在手中折叠玩弄。接名片时要确认一下名片上所列对方姓名、公司名称等。如见到不易拼读的姓，不要随便乱念，必须询问对方。

注意事项：要作自我介绍，妥善安排客人等候，奉茶、报纸、资料等，回避客人打电话。

接待不速之客：

A. 有客人未预约来访时，不要直接回答上司在或不在，而要告诉对方："我去看看他是否在。"同时婉转地询问对方来意："请问您找他有什么事？"如果对方没有通报姓名，则必须问明，尽量从客人的回答中，充分判断能否让他与上司见面。

B. 判断来客的身份与种类，以便决定是否引见，何者优先等。要事先了解上司是愿意随时接待任何来客，还是喜欢视情况而定。一般可以将来客分为以下种类：

（1）客户；

（2）工作上的伙伴，搭档；

（3）家属，亲戚；

（4）私人朋友；

（5）其他。

在没有预约的情况下，通常可按照以上顺序来决定何者为先。如果来客非常重要，就不要私自挡驾。

注意事项：热情、耐心、诚恳答复、礼貌相送。

谢绝会晤：

A. 谢绝会晤时要说明理由，并表示歉意。但不要在没取得上司的同意以前就确认你另定的约会时间，最好告诉来客："我能否给您回电话再确认约会时间？"但如果是前来无理取闹、胁迫上司的来客，则应断然挡驾。

B. 未经上司同意，不要轻易引见来客。即使是事先有预约的来客光临，也要先通报上司（用电话联系或亲自前去报告），等候指示。倘若没有预约，即使是你认为上司肯定会接见的客人，也不可擅自引见。

C. 如上司不在或一时联络不上，应该向重要来客说明原因，表示将主动联络或协助安排另一约会时间。如果对方表示同意，应向对方探询其通信地址以及联络时间。

注意事项：聊天时注意保密，不要让客人等太久，注意身体的"逐客"语言，热情送客。

接待礼仪：

A. 接待人员要品貌端正，举止大方，口齿清楚，具有一定的文化素养，受过专门的礼仪、形体、语言、服饰等方面的训练。

B. 接待人员服饰要整洁、端庄、得体、高雅；女性应避免佩戴过于夸张或有碍工作的饰物，化妆应尽量淡雅。

C. 如果来访者是预先约定好的重要客人，则应根据来访者的地位、身份等确定相应的接待规格和程序。在办公室接待一般的来访者，谈话时应注意少说多听，最好不要隔着办公桌与来人说话。对来访者反映的问题，应作简短的记录。

D. 谈话中要使用礼貌语言，如"你好""请""谢谢""对不起""打搅了""再见""好吗"，等等。

常用礼貌用语七字诀

与人相见说"您好"，问人姓氏说"贵姓"，问人住址说"府上"。

仰慕已久说“久仰”，长期未见说“久违”，求人帮忙说“劳驾”。
向人询问说“请问”，请人协助说“费心”，请人解答说“请教”。
求人办事说“拜托”，麻烦别人说“打扰”，求人方便说“借光”。
请改文章说“斧正”，接受好意说“领情”，求人指点说“赐教”。
得人帮助说“谢谢”，祝人健康说“保重”，向人祝贺说“恭喜”。
老人年龄说“高寿”，身体不适说“欠安”，看望别人说“拜访”。
请人接受说“笑纳”，送人照片说“惠存”，欢迎购买说“惠顾”。
希望照顾说“关照”，赞人见解说“高见”，归还物品说“奉还”。
请人赴约说“赏光”，对方来信说“惠书”，自己住家说“寒舍”。
需要考虑说“斟酌”，无法满足说“抱歉”，请人谅解说“包涵”。
言行不妥“对不起”，慰问他人说“辛苦”，迎接客人说“欢迎”。
宾客来到说“光临”，等候别人说“恭候”，没能迎接说“失迎”。
客人入座说“请坐”，陪伴朋友说“奉陪”，临分别时说“再见”。
中途先走说“失陪”，请人勿送说“留步”，送人远行说“平安”。

四、案例情境

某饮料公司董事长办公室文员小杨在某周一上午值班，突然闯进一个人来。来宾自称是董事长的老朋友，有急事要见董事长，并且态度坚决，大有不达目的不罢休的样子。文员小杨当董事长的文员已有一段时间了，他清楚董事长的工作计划安排，也了解公司的工作情况，由于是新兴的饮料公司，势必存在着用户对产品质量的诸多投诉意见。而且，小杨知道，认真接待这些来宾是他的重要工作职责。文员小杨该如何处理这个事件？

五、实训指导

（1）讨论：此时的杨文员应该怎样做才妥当？此题可给学生较大讨论及发挥空间，并有一定的实际意义。请同学们讨论，可分组讨论，两人一组。

（2）角色划分：在讨论基础上进行实训练习，设置两个角色（文员小杨、来宾）；在学生中以两人为一组，取三组依次进行模拟演练。

（3）实训模拟：在同学们讨论的基础上进行总结，杨文员处理这次事件的步骤大体是怎样的（请一两位同学用DV机录像，然后重放，通过录像反观自己的表现，以便更好地改进）。

（4）实训评析：在模拟演练进行完后，对三组同学的表现评析，在“来宾接待”方面看同学哪些地方表现完美，哪些地方表现有纰漏，并且请观摩的老师、同学打分评比，以促完善。

六、实训总结

来宾接待是文员办公事务的重要组成部分，在知识讲解的基础上，通过实训模拟来强化学生的知识理解和增强他们的实战能力是本门课程的重要任务。

Chapter 04
第四章

办公室信息管理

信息与现代文员的工作密不可分，在实际工作中，办公室信息的收集和处理主要是由文员来完成的。因此，信息管理是现代文员必须掌握的专业技巧之一。通过本章的学习，应明确信息的含义、特点、类型，把握信息处理的工作程序、信息管理的基本准则和加强信息管理的方法，掌握信息处理的各种方法的基本含义和正确应用等相关知识。

第一节　信息工作概述

现代社会是信息社会，社会各行各业以及社会生活的方方面面都离不开信息。了解和掌握信息的概念、特征和分类，有利于增强对信息的认识，提高科学决策、经营管理、调查研究的质量和水平。

一、信息的含义与特征

（一）信息的概念

“信息”一词来源于拉丁文“Information”，意思是解释和陈述。关于信息的概念，目前众说纷纭，还没有一个公认的标准定义。信息作为一个科学的概念，是 20 世纪 40 年代美国数学家申农博士提出的。他给信息下了一个高度抽象化的定义：“信息是用来消除随机不确定性的东西”。他将信息看作人们对事物了解的不定性的减少或消除，也就是把信息看作人们获得新知识，改变原来的认识状态，从而减少或消除原来的不定性。不定性就是人们对客观对象“不清楚”“不确定”的直观表述。申农应用概率论和数据统计方法研究信息的获取、变换、传输、处理等问题，确立了现代信息理论的基础。申农也因此成为信息论的奠基人。

我们认为信息是指客观存在的一切事物通过物质载体发出的信号、消息、情报、数据、图形、指令中所包含的一切有价值的内容。信息不是事物本身，而是表征事物消息和信号中的内容。

人们常常把信息和信号及消息相混淆，其实，三者的含义是不同的。信号可以用来传递某种约定的声音、光线和标志等，其最大的特点是约定性，它只是信息的一种表现形式，信息是信号的内容；消息是指传播某一事物的音讯和新闻，其主要特征是传播性，容易发生失真现象；消息只是信息的外壳，信息才是消息的内核，只有揭去外壳，才能捕捉内核。平时我们常说到的语言、文字、图形和符号本身也不是信息，它们只是信息的载体而已。

（二）信息的特征

信息的特征是指信息区别于其他事物的本质属性。信息是物质属性，但不是物质本身；

信息有与物质载体不可分割的基本特征。世界上没有独立于物质载体之外的信息，但它却不是其物质载体本身，物质载体决定和改变不了信息所表征的内容。信息有以下几种特征。

1. 真实性

真实性是信息的最基本属性。信息强调的是客观存在的一切事物通过物质载体发出的有关内容，因此，任何信息都要求能如实反映客观的事实，凡不符合事实的东西只能称为讹传，不具有任何使用价值。信息的客观真实性越强，有用程度就越高，信息的价值也就越大；反之，价值就越小。因此，维护信息的真实性是现代文员必须坚持的基本原则。

2. 价值性

信息强调的是各种事物通过物质载体发出的一切有价值的内容，因此，信息总会或多或少地对完成某项工作有所帮助。当然，信息的价值度有高有低，凡具有较高价值的信息，往往是在对大量原始信息进行加工处理后才取得的，那些未经过正确取舍与筛选的信息往往比较分散，其价值性也要降低很多。

3. 多变性

由于客观事物的复杂多变，反映其状况的信息也会随之变化，加上信息总是滞后于事实的特点，因此有价值的信息总是处于不断的更新、矫正、扬弃、变化的过程中。

4. 共享性

信息资源与其他物质资源不同，物质资源在使用时具有一次性的特点，信息则不然。当信息的拥有者把信息传递给他人时，他仍保有信息的使用权。可见，除了需要保密的少量信息外，其他一切信息都不具有独占性。

5. 传递性

信息只有借助一定的物质载体和传输工具，才能为人们所感受和接收。随着科技的不断进步和发展，信息传输手段将越来越先进，越来越多样化，传递速度和效用会不断提高。

6. 时效性

信息从发出、接收到进入利用的时间间隔及其效率即信息的时效性。信息的时效性是信息的重要特征。一条很有价值的信息，如果传递缓慢，失去了时效，它就变成无用的信息，也就失去了应有的价值。从某种意义上讲，信息的价值取决于信息的时效性。

7. 目的性

为满足人们的某种需要而有意识地对信息进行收集、加工和传递，体现了信息的目的性。信息的目的性受人们的主观因素影响很大。主观努力强且方向正确，收集处理信息的目的性就明确，就能带来信息利用效益的提高；主观努力弱，信息的目的性模糊，信息就难以发挥其应有的作用。

二、信息的基本类型

信息在自然界和人类社会产生、存在和流动的范围极其广泛，因而信息分类也就比较复杂。由于现代社会人们对信息的广泛运用以及信息概念对各个学科领域的广泛渗透，因此需要用不同的标准对信息进行分类。

（一）按信息的发生领域不同分类

其一，物理信息是指无生命世界的信息。形形色色的天气变化、地壳运动、天体演化，无生命的世界每时每刻都在散发着大量的信息；其二，生物信息是指生命世界的信息；其三，社会信息是指社会上人与人之间交流的信息，包括一切人类社会运动变化状态的描述。

（二）按信息的载体和存贮方式不同分类

其一，天然型信息是以天然物质为载体的信息；其二，智力型信息是以人脑为载体的信息；其三，文献型信息是以纸张等传统介质和磁盘、光盘、胶卷等现代介质为载体的信息；其四，实物型信息是人造的实物型的信息，如新研制的产品的模型、样品等。

（三）按信息的性质分类

其一，政治信息主要由政治制度、国内外政治态势、国家方针政策信息等构成；其二，法律信息主要由法律制度、法律体系、立法、司法和各种法规信息构成；其三，经济信息是指经济活动中形成的信息总和，包括国家经济政策信息、国民经济水平与结构信息、新技术开发与应用信息、商业贸易信息、金融信息、经营信息、市场信息等；其四，管理信息是各行业各层次管理与决策活动中形成并反映管理过程、效果等的信息。

（四）按人们对信息的加工深度不同分类

其一，零次信息是没有经过人脑加工的信息；其二，一次信息是零次信息进行审核、筛选、汇总、统计、图表化了的信息；其三，二次信息是对一次信息经过科学思维加工而得到的信息，如文件、报告、论著等；其四，三次信息是对二次信息进行浓缩、编排、综合而形成的信息，如书目、文摘、索引、综述、述评等。

（五）按信息反映事物发展的过程分类

其一，预测性信息是对事物变化和发展趋势进行推断和测定，它产生于领导做出某项决策之前，是领导决策的准备阶段和前提条件。预测性信息对领导把握事物的发展，及时采取有效的对策至关重要。“凡事预则立，不预则废”，这是预测性信息的精髓。

其二，动态性信息是指决策实施过程中的动向和态势，起到领导及时掌握决策实施过程中的动向和态势、领导及时掌握决策实施情况并及时修正决策的作用，是决策科学中不可缺少的重要一环。

其三，反馈信息（也称跟踪信息）是领导决策后，下级贯彻落实情况的反馈，包括群众反映、经验、问题等，既起到帮助领导者审时度势、指导工作的作用，又可以促进决策执行，起到督办作用，发挥决策效果。

（六）按信息的内容分类

其一，专题信息，是指一事一人一物或一项工作的信息，具有很强的针对性和单一性。

其二，综合信息，则是某事某物某方面的工作综合在一起的全面的信息。其三，微观、宏观信息。在决策中既要掌握某一具体事物发展的进程，即微观信息，又要掌握整个工作的情况，即宏观信息。只有把微观和宏观结合起来，才能使战略符合实际，战术更加适合战略的要求。

（七）按信息的传递形式分类

文字信息是以文件、书面材料、报纸杂志为载体传播的信息。图像信息是通过电影、电视、图片等形式传播的信息。口头信息即通过语言媒介进行传播的信息。

（八）按信息的传递范围分类

其一，公开信息传递和使用的范围没有限制，可以在国内外公开发表。以各种形式公开出版的一次、二次、三次信息都属于公开信息。其二，内部信息不能公开传播，只供内部掌握使用。其三，机密信息则必须严格限定使用范围，一般分为秘密、机密和绝密三级。党政机关的信息涉及领导决策。领导的内部讲话和尚未正式出台的政策以及某些经济数据，均属机密信息，要严格保守机密。

三、信息工作与领导决策

信息是管理科学决策的基础和依据，离开了信息，科学决策就失去了基础和依据。决策是否正确，是否符合客观事物本身的规律性，关键就看能否及时、准确地获取，并有效地利用足够的信息，离开了信息，便脱离了客观实际，丢掉了决策最起码的条件。一个闭目塞听、孤陋寡闻的领导是不可能做出正确决策的；同样，不会综合分析信息，不能驾驭信息的领导者，也不可能做出科学的决策。因此，只有准确地掌握足够的信息，才能做出科学的决策。信息在领导决策运筹中的作用大致可以概括为以下几个方面。

（一）信息是发现、了解问题的中介

每一个决策都是以发现问题为起点的。决策者正是通过各种途径和各类调查研究来获取信息并从中发现问题的。由此可见，信息是沟通主观认识和客观事物的中介，人们只有通过客观事物表现出来的信息才能发现问题和认识事物。在当今复杂多变的现代社会中，决策者只有重视调查研究，注重信息的作用，才有可能敏锐地发现问题和有效地解决问题，才能开阔视野、丰富头脑，从而进行高效决策。

（二）信息是确定目标的前提

所谓目标，是指在一定的条件下，要求达到的预期目的或结果。进行预测是确立决策目标的前提，而预测是不能凭空想象的，它以掌握大量的信息为基础。只有通过对信息进行全面、细致、正确的分析，才能确定出准确、科学、合理的决策目标。

（三）信息为决策方案制订提供原材料

实践证明，没有充实、足够的信息，决策者在拟订方案时就会一筹莫展。因此，要制订决策方案，必须有目的、全面地去收集信息。

（四）信息是评估、选择方案的依据

在众多方案面前，决策者要想对其进行可行性分析，并选择优化方案，要依据掌握的大量信息，以决策的需要为标准评估、选择。否则，就会导致无法区分决策的优劣，甚至做出错误的决策。因此，对方案评选的根据是掌握大量信息，只有对情况了如指掌，才能运筹自如。

（五）信息是控制决策实施的纽带

决策实施的过程一般分为实施前、实施中和实施后三个阶段，三个阶段都离不开信息。决策实施前，只有根据信息才能把握决策实施的最佳时机；实施中，信息是决策传递的手段；实施后，需要及时收集该决策的反馈信息，尽快对其进行完善和修改。

第二节　信息工作处理

在工作实践中，原始信息必须经过一系列的处理过程才具有实用价值。处理过程就是积累加工的过程。加工处理的方式是否得当以及处理质量的高低，直接影响信息的价值和开发利用的效果。

一、信息的收集

信息的收集是信息收集者为满足使用者的需要，根据一定的目的，通过不同的方式收集、获取信息的过程。信息收集是信息工作的第一步，也是信息处理的基础。

（一）收集的内容

就某个机关、企业来说，它们收集信息的内容如下：党中央、国务院公布的方针、政策、法规性文件；上级机关或领导部门发布的直接与生产、工作有关的指导性文件，如指示、决定、决议、批复等；本机关、本企业和所属各部门的机构、人员、财力、物力、工作、生产等情况以及生产计划、指标、统计数据、改革状况、科技发展、典型经验、工作总结等；本机关执行政策、推行工作以及本企业产品销售后的反馈信息，如群众（包括用户）的反映、意见、建议、要求等；与本机关、本企业业务有关的外界情况和新信息，如社会动态、思想倾向，城市与农村经济改革、经济发展情况，原材料供应以及市场需求等；与本机关工作、本企业业务性质相同的其他地区、单位以及国外同行业可供比较的情况资料；与本机关工作、本企业业务未来发展有关的科技新成果（包括新产品、新工艺、新材料）以及先进的经验、方法等信息资料。

（二）信息收集方法

1. 观察法

观察法是收集、获取信息的基本方法，是人们直接用感觉器官或借助于其他工具来认

识客观事物的过程。运用观察法观察事物不能只注意一面现象，更不可浮光掠影，要多层次、多角度地进行观察，注意事物的发展变化，善于发现其本质特征。

2. 阅读法

阅读法就是通过阅读文件、资料、报纸、书刊，以及收听广播、收看电视等方式，搜集所需要的信息。运用阅读法要善于从现成的材料中发现新问题、新政策、新动向、新经验和新知识，注意把握信息的价值所在，不可一览而过，不求甚解。

3. 调查法

调查法是搜集、获取信息最常用的重要方法。在实践中，通常采取的有普通调查、重点调查、典型调查、抽样调查和连续调查等方式。其主要做法：一是深入实际，广泛接触有关人员，获取第一手材料；二是确定重点题目，指定调查对象，及时反映有关情况；三是参加各种会议，获取有用信息；四是处理和接待群众来信来访，及时发现问题原用信息。

4. 交换法

交换法是用自己搜集和加工整理的信息资料，同有关地区、部门或单位进行交换，互通有无，互惠互利。

5. 索取法

索取法即信息工作人员向信息占有者或信息源的有关责任人索取有关信息资料的方法。索取法可以是当面提出问题，直接调查询问；或是给外地有关部门、单位或个人发函，请他们帮助搜集或提供有关信息资料。

6. 购置法

购置法是向信息服务单位或个人有偿地索取所需要的信息。

7. 委托法

委托法是对一些内部的和不易获取的信息资料，在采取购置、交换或其他一些办法都难以得到的情况下，可以委托有关单位或个人帮助搜集。

8. 咨询和网络查询法

网络查询是运用现代化技术，通过计算机网络系统查询并收集所需要的信息。然而，咨询和网络查询都必须建立在咨询方或被咨询方都有一个信息“数据库”的基础上，据此可以提供信息收集的线索或所需要的信息。

（三）信息收集的原则

在收集信息的时候，无论采取哪种方法，都要根据信息固有的特征，按信息运动的规律办事，注意坚持以下 5 个方面的原则。

1. 突出信息的目的性

收集信息的目的在于运用，因此，在搜集信息时，必须首先明确服务对象及其所需信息的用途，然后有针对性地进行搜集，因为提供信息的内容是随着服务对象的不同而各有侧重的。

2. 保证信息的真实性

在搜集信息的过程中，要尊重事物本质特征的客观性和反映事物的真实性。要有一说一，有二说二，既不夸大，也不缩小；要真实地反映事物发生的经过、原因和结果，不能捕风捉影或随意歪曲事情的真相。对模糊不清的信息要追根溯源，挖掘信息的精髓和价值，最大限度地消除不确定因素。

3. 注重信息的时效性

搜集信息必须具有机不可失、失不再来的时间观念，敏锐地发现、及时迅速地捕捉那些有用的信息。即使价值很大的信息，如果不及时搜集，一旦时过境迁，就会失去价值。

4. 保持信息的系统性

在搜集信息时，对某一事物的系列动态和变化特征，必须进行系统搜集，并使信息的传播具有衔接性和连续性，只有这样，才能发挥信息的潜在功能。同时，还要根据这些系统开发、积累的已知信息及其规律，预测和推断未来，演化成价值更大的预测性信息。这种信息对领导者的决策具有更大的意义。

5. 注意信息的全面性

在搜集信息时，既要尽可能拓宽开发领域，从整体上对事物进行全面了解，也要深入挖掘事物内部结构的各种相关的制约因素。既要避免挂一漏万，顾此失彼，出现片面性，也不可事无巨细，面面俱到，包罗万象，更不能浅尝辄止，只搜集一些表面现象。只有具有一定广度和深度的信息，才能客观地反映事物的全貌及其本质特征，才能充分发挥信息的利用价值。

二、信息的整理

对获取的原始信息材料，必须根据一定的要求，按照科学的程序进行筛选、分类、分析、判断和整理，使之成为领导者所需要的真实、准确的信息。信息的处理包括选择判断、综合分析和加工整理等过程。

（一）信息的选择判断

信息的选样判断，就是对原始信息进行鉴别、筛选、修订的过程。鉴别是选择的基础。对原始信息资料的鉴别是一道复杂细致的工序。一般要注意以下三个问题。

（1）通过鉴别确定原始信息资料的性质。这主要是看这个原始信息资料说明什么问题，有没有典型意义，从中可以提炼或引出什么思想，得出什么新的观点和结论。对一些比较新鲜或有争议的问题，更应当准确地分析它的性质，以确定对这一原始信息资料是持肯定态度还是持否定态度。

（2）通过鉴别，确定原始信息资料的使用价值。在原始信息资料中，哪些是有用的，哪些是没用的；哪些信息含量大，哪些信息含量小；哪些信息价值大，哪些信息价值小。

通过仔细分析做到心中有数。

（3）通过鉴别，确定原始信息资料的可靠性、真实性。对获取的信息，要认真审查。对其中列举的事实、数据、时间、地点、人物都要反复核实，绝对准确。

（二）信息的综合分析

综合分析是在对原始信息进行鉴别、筛选的基础上的深加工，是决定信息质量的关键一环。综合分析就是对已经搜集到和经过初步整理的信息资料，进行由此及彼、由表及里的分析、浓缩、综合，使之条理化、系统化，成为能够准确揭示和反映事物内在联系和发展规律的资料。

（三）信息的预测

预测是信息处理的中心环节。预测的目的在于获得反映事物未来变化趋势的新信息，这是一种高层次的信息，是领导者进行科学决策的重要依据。信息预测的一般方法主要有定性预测、定量预测、定时预测、定比预测等。开展分析预测，做好前期工作至关重要，事先必须掌握充足的数据和资料，针对不同对象确定合适的预测方法。预测过程中，要善于假设，善于考虑并提出影响预测对象未来变化的主要原因和次要因素。预测工作要有尊重实际的科学态度，要使假设和推测符合事物发展的客观规律。

（四）信息资料的编写

信息资料的编写与公文写作的要领大同小异，所不同的是，信息资料要更加言简意赅，短小精悍，用精练的语言、极少的文字反映最大量的信息。

1. 主题集中

在编写信息资料时，要紧紧围绕主题加以提炼、浓缩，将信息表达的意思高度凝聚。一般情况下，一篇信息资料只能有一个主题，表达一个中心思想，论述一个观点。这样才能做到目的性明确，重点突出，把事情说深说透。信息资料的编写切忌贪大求全，面面俱到，以至于枝蔓横生，把主题淹没。

2. 标题鲜明

标题是信息内容的概括。信息资料的标题要比文章标题更为简短。既要尽可能做到直截了当，言简意赅，又要力求形象、生动、鲜明、准确，起到画龙点睛的作用。信息的标题要以信息的具体事实为内容来命题，通常是一个完整的句子，而且较少文学色彩。有些简讯之类的信息可以不设标题，但也应有导语，把内容概括地提示出来。导语应鲜明、简练。

3. 结构严谨

信息资料的结构安排，应该把最重要、最新鲜、最需要信息接受者先知道的事实或观点放在最前面，以精练的文字叙述主要事实，表达主要观点。然后按事实材料的重要程度、轻重缓急有序地排列。先讲概况，再讲细节；先讲主体，再讲陪衬；先讲事实，再讲过程。内容安排要尽量减少层次和段落，凡能用一个层次、一个段落说明问题的，尽量不要搞多余的层次和段落。一般情况下，信息资料的开头不加导语，要开门见山，落笔入题；上下之间的连接、转换要简洁、精练，过渡自然；结尾要简短而质朴，意尽而言止。整篇资料要做到事实清楚，结构严谨，详略得当，自然和谐。

4. 语言凝练

编写信息资料，要尽可能做到删繁就简，凝练明快。语言要简明扼要，文辞要精练。遣词造句要通俗易懂，力求规范化。可以进行必要的概括，但不能过于抽象，言之无物，更不能任意拔高或故弄玄虚，使信息失真。

5. 内容准确

信息的事实叙述必须清楚明白，每一细节、数字、地点、时间等都应经过核对，准确无误，不能模棱两可，含含糊糊。

三、信息的传递

（一）信息的传递渠道

信息的传递有单通道传递和多通道传递两类。

单通道传递，是指信息从信源发出后，沿着固定不变的单一通道传递给接收者的传递方式。这在信息网的纵向渠道中，是最常用的信息传递方式。采用单通道传递信息的单位，常在组织上有一定的隶属关系，因此传递的速度比较快，所传的信息也具有很强的针对性，有用程度也比较大。

多通道传递，是指信息从信源发出后，沿着多种通道传递给接收者的传递方式。多通道传递可以弥补单通道传递中因为某种原因使信息在通道中被延误、被截留或被修正变形的缺陷。多通道传递的缺点是信息接收者从不同的通道去接收同一信息，造成重复和浪费。

（二）信息的传递方式

信息的传递方式，总体是两类：一类是口头传递，一类是书面传递。

口头传递包括个人交谈、举行会议、打电话等形式。口头传递信息的好处是，可以不受任何限制，不需要笔墨纸张，能直接进行交谈，传递的速度较快。当面交谈时还能传递一些表情、动作，以加强传递的功能，提高传递的效果。但是，口头传递的信息不易储存，并且由于受人为因素影响，传递过程易使信息失真。

书面传递是把信息变成文字、符号、图像等形式传递。由于信息在传递之前就被浓缩成书面信息资料，减少了模糊度和多余度，内容比较集中，价值也较高。而且这种书面的信息资料可以远距离多次传递，传递过程中不会变形，可以避免失真。同时，这种书面信息资料还便于储存。因此，随着电报业的广泛开通、传真的普遍应用和电子计算机的远程联网，信息的书面传递方式被广泛采用。

四、信息的反馈

所谓反馈，就是由控制系统把信息输送出去，又把其作用结果返送回来，并对信息的再输入发生影响，起到控制作用，以达到预定的目的。反馈的本质特征就是根据过去的操作情况去调整未来的行动。掌握反馈信息是实行科学管理的重要方法。

（一）信息反馈的时机

信息的反馈，既在决策之末，又在决策之始。决策、执行、反馈、再决策、再执行、再反馈，构成一个循环回路，每次反馈，都对决策进行修正和调整，使管理不断进步和完善。因此，一个现代管理系统能否有效地进行指挥，不仅取决于控制系统能否及时准确地接收、处理、利用各种信息，而且还有赖于反馈系统具有灵敏、高效的信息反馈机制。只有及时发现管理与变化着的客观实际之间的矛盾的信息，并高效地进行处理，才有可能转化为指挥中心强有力的行动，以修正原来的管理，使之更加符合实际情况。

（二）信息反馈的渠道

信息反馈的渠道是多方面的。以个别面谈的形式，口头反映问题，汇报情况是信息反馈；通过召开各种类型的会议，搜集各方面的反映也是信息反馈；利用文件资料书面反映信息是信息反馈；通过开展调查研究获取情况同样也是信息反馈。但现代管理中的信息反馈机制则主要依靠信息网络。一个完整统一、精干合理的信息网络，是信息反馈的最有效、最可靠的渠道。通过网络循环往复地进行信息反馈，领导者可以源源不断地获得反馈信息。可以说，没有一个纵横交错、四通八达的信息反馈网络，科学决策和有效管理就无法实现。

第三节 信息管理工作

一、信息管理基本准则

为了搞好信息的处理，在信息处理过程中必须注意以下管理准则。

（一）信息管理的及时性准则

信息管理的及时性，要求对信息必须以最快的速度进行处理。一是要求信息管理人员适时地记录、收集出现的各种信息；二是要求以最快的速度加工和传递给各有关部门。信息具有时效性，其价值与提供的时间成反比，时间的延误，将会使信息的价值丧失。

（二）信息管理的真实性准则

信息要如实反映客观情况。信息管理人员在收集过程中必须保证信息的真实性和可靠性，在加工过程中必须防止和减少各种干扰，保证信息不失真。假信息、失真的信息比没有信息危害更大。

（三）信息管理的适用性准则

信息的处理必须适合企业管理的需要，便于利用。在收集阶段，信息必须完整，在加工阶段，必须根据管理的需要进行分类整理，便于传输、利用。在传输阶段，必须适应本企业的要求和情况，寻找相适应的高效的媒介手段；在贮存方面，分类、登记、编码、归档要便于今后查询利用。

（四）信息管理的经济性准则

信息的处理必须考虑经济和社会效益。经济的要求包括两个方面：一是要求以最低的费用获得更多的信息；二是要求以最低的费用获得更有价值和效用的信息。要做到经济，就要建立节约而高效的信息处理系统。

二、信息管理强化方法

（一）建立健全信息系统

建立健全信息系统，首先要加强办公部门自身的信息机构。有了专门的工作机构，才能承担起收集、加工、传递信息等各种繁重任务。一般说来，信息机构应与办公部门相统一，因为信息工作与办公部门的其他工作，都是作为领导的“参谋”“助手”，围绕政府的中心工作，为领导工作服务。

加强信息工作系统的另一方面是建立广泛而有效的信息网络。办公部门设置了信息工作机构，并不等于说领导就可以由此获得全面、完整、及时、准确的信息，还必须沟通纵向、横向信息渠道，把众多的各级信息机构联结起来，建成一个上通下达、纵横交错的网状信息系统，才能保证信息工作的正常运行。

（二）建设一支高素质的信息队伍

及时获取信息和有效利用信息，不仅需要有相应的专门机构和健全的信息网络，而且还必须建设一支素质较高的工作队伍。

（1）选拔信息工作人员必须考虑人员的基本素质。信息人员应该懂得一定的信息基础理论，掌握处理信息的基本技能。另外，信息人员还必须具备科学的思维方法、严肃的科学态度以及实事求是的作风，才能适应信息工作的需要。

（2）建设信息队伍要注意群体结构合理化。要根据实际需要选择不同的专业人员。人员的知识结构和年龄结构应该多样化，初级、中级、高级知识水平的人，以及老、中、青人员按一定比例构成，尽可能达到最佳组合，发挥最优作用。

（3）要抓好信息人员的培养与提高工作。为了适应开展信息工作的需要，除了在选配人员时要注重素质外，还应在工作实践中继续加以培养提高。一是有计划地进行专业培训。培训方法是：举办短期训练班，干什么学什么，缺什么补什么；举办专题讲座，传授重点业务知识；派出去进修深造，系统学习有关专业理论知识。二是定期召开专题研讨会，深化理论认识，提高实践水平。三是定期召开信息工作经验交流会，互相促进，共同提高。四是在实践中加强业务指导，不断提高工作能力。信息网络中心的人员要经常深入分支系统，进行具体帮助与指导。下级信息机构也可以委派信息工作人员到上级信息机构工作一段时间，以干代学，在实践中提高。

还可以编辑书刊业务指导读物，介绍业务知识，转发有关政策性文件，介绍工作经验，开展学术讨论，及时通报信息开发重点供信息工作人员学习参考。

（三）健全信息管理工作制度

为了使信息工作做到程序化、规范化，从信息工作起步之初就应注重建立科学的工作流程和制定有关的规章制度。一般可以考虑建立以下工作制度。

一是信息员岗位责任制。明确各级信息机构和专、兼职信息员的职责范围，提出长期与阶段性的数量与质量指标，实行目标管理，把目标完成情况作为业绩考核的重要条件。

二是信息报送制度。规定网络单位定时报送信息。对于不执行报送制度，长期不提供信息，或提供信息有重大失误者予以通报批评，对于实行聘任制的信息员则应解除聘约。

三是领导批示催办制度。信息机构要对领导的批示认真填写催办卡片，通过有关地区或部门查办、落实后，及时进行反馈，做到件件有着落，事事有回音。

四是考核评比制度。信息网络中心定期公布各联络点提供信息的数量、质量和刊用情况。每年评选一次信息工作先进单位、最佳信息员和优秀信息员，给以适当的荣誉和物质奖励，并将先进事迹载入人事档案，以调动信息网络单位和个人的积极性。

思考题

1. 信息含义是什么？现代信息有什么特征？
2. 什么是信息收集的原则、方法和要求？
3. 什么是信息反馈？信息反馈有哪些途径？
4. 如何强化信息管理工作？

案例分析1

王秘书的尴尬

在全公司上下“加强管理，苦练内功”的关键时刻，公司办公室的王秘书下分厂办事时无意中发现，分厂有几个工人离开岗位聚集在一起谈论着什么，时而争论，时而欢声笑语。王秘书将看到的情况向总经理作了汇报，总经理十分生气，要王秘书去查一查，必须严肃处理。王秘书来到分厂，找到分厂厂长，传达了要严肃处理那几位离岗职工的指示。分厂厂长笑着说：“那是几位夜班下班的职工，他们正在研究技术革新的问题呢！”

（资料来源：卢斌，刘永成主编．信息工作与调查研究．高等教育出版社，2004年）

案例讨论：你认为王秘书的做法正确吗？

案例分析2

某公司A秘书从媒体上获知我国数处发生森林大火的信息，预测我国木材、纸张将大幅涨价，便建议公司大批购进纸张储备起来，不久公司赢利10余万元。其后，他了解到在一次全国订货会上，传出机电产品从过去供不应求转为供过于求的市场信息，于是建议公司加速销售库存机电产品，并对该类商品实行限购方针。此举使公司加速了资金周转，提高了经济效益。A秘书也被员工们称为“神算子”。

（资料来源：http://www.zikao365.com/html）

案例讨论：请结合秘书的信息工作对以上案例做出评析。

案例分析3

季市长与他的秘书

与季市长接触过的中外朋友，没有一个不敬佩他学识渊博。和他见面后，文学艺术家会把他看成知己；工程技术专家把他看成同行；井下工人和他见面后说他是贴心人；种地的老农乐意与他扳着手指谈收成；就是那些在自己研究领域里如痴如迷的“怪人”，也会与季市长有共同语言。不少人称季市长是全才、天才。只有他的妻子知道，老季不过是个比别人勤奋些的凡人。这位出了名的、勤奋的凡人后面，还有一个不出名的、更勤奋的人——市长的秘书老许。

季市长上任伊始，就发现办公厅秘书处老许学识渊博，功底深厚。俄罗斯曾派出一个宇航科技代表团来市里访问。市长要出面接待，许秘书为此准备好了谈话提纲。会谈中，季市长不仅对世界宇航领域的发展状况作了透彻的分析，而且展望了未来的发展，对人类共同开发宇宙资源提出了一些很有见解的看法。那些宇航专家一个个伸着大拇指赞不绝口，说季市长的见解精辟，有独到之处，对宇宙尖端科学了解如此深刻的政府官员是不多见的。后来，季市长又接见了一个考古代表团。季市长从许秘书准备的材料中，不仅掌握了本省本市的古文化遗产，而且对我国最新考古成果也了解得比较全面，特别是对该考古代表团成员的成果都知晓得十分具体。有位专家私下问旁人，季市长是否考古学者出身？当他得知市长原是搞建筑的专业人员时，他惊奇得目瞪口呆。

一天，日本一个建筑代表团要来市访问。季市长认为自己是搞建筑出身，又当城建系统领导多年，对建筑行业的情况还是比较了解的。因为工作忙，所以没有去看许秘书为他准备的资料。结果，在会谈中客人问起中国园林建筑各流派的艺术风格时，季市长一时难以说清楚。好在许秘书在座，礼貌而自然地接过话题，既回答了客人提出的问题，也顾及了领导的威信。从那以后，季市长每天下班总要看看办公桌上有没有许秘书留下的资料。如果有，他一定要带在身边。哪怕工作到深夜，他也要把许秘书留下的资料读完、记住。

前不久，许秘书积劳成疾住院了。恰巧这时美国水生物代表团前来访问。市政府办公厅为了搞一份市长参考的资料，请来了高校和科研单位的水生物方面的专家，结果搞了两天因意见不统一而写不出一份材料来。第二天就要与美国朋友会谈，季市长下班时习惯性地看看自己的办公桌，只见一份水生物研究方面的综合资料照例放在那儿。许秘书病中还没有忘记自己的职责。第二天，那些专家们没写出综合材料，办公厅只得安排他们一起出席座谈，以便帮助领导回答专业性很强的问题。没想到市长谈吐自如，旁征博引，毫无外行窘态。不仅美国专家对市长的学识感到吃惊，连本市的学者也大为赞叹。

老许与市长配合了四年，市长的书籍和资料增加了五倍。市长升任省长后，每晚睡觉前看第二天需要的资料的习惯没变。秘书已经退休了，但被他画着各种符号的各类资料，还经常在原任市长、现在的季省长的手中、枕下和书桌上。

（资料来源：http://www.jznu.com.cn/wf/ReadNews.asp?NewsID=1246）

案例讨论：

1. 谈谈信息工作与领导决策？
2. 领导需要怎样的秘书？

技能实训1

信 息 工 作

（一）实训目标

（1）信息资料收集的方法。
（2）信息资料整理的方法。
（3）信息资料反馈与利用的方法。

（二）实训内容

（1）信息资料的收集与整理。
（2）信息资料的传递与反馈。
（3）信息资料的开发与利用。

（三）知识点

（1）信息资料收集的渠道。
（2）信息资料整理的过程。
（3）信息资料传递与反馈的途径。
（4）信息资料开发与利用的方法。

（四）项目情景

大华电通成立于1986年，总部设在台湾桃园，初期以电脑外设产品为业务重心，后逐渐扩展至多媒体与通信领域。1997年股票上市，2001年11月大华推出新品牌“BeQ”，立志以“Bringing Enjoyment Quality to Life（享受快乐科技）”为己任，打造数字时尚领导品牌。

身为LT产业的领导得知，BeQ在产品营销、制造、研发等各方面均达全球化规模，实现了台湾研发、大陆行销、全球运筹。在欧洲、美洲、亚太各国及中国大陆设有分公司，从事行销及客户服务；在马来西亚、墨西哥等国家以及我国北京及台湾地区设有生产基地；拥有位于台湾新竹及美国加州的通信研发中心。位于北京的软件研发中心，拥有1 200位研发工程师和超过728项的专利。2001年，BeQ年营业额为20亿美元。

充分利用台湾总部既有人才、技术和管理经验，以祖国大陆作为全球品牌行的根据地，制造与行销相互依托，是大华（中国）拓展本土市场的一大优势。1993年，大华在北京新区投资成立北京大华电脑有限公司，至今累计投资已达11 600万美元。1997年，大华开始开拓大陆市场，并在短短数年间树立起强大的品牌影响力。BeQ成为光驱、键盘、显示器和扫描仪等电脑外设市场的重要品牌。现以北京为核心，已建立起16家分公司和办事处，营销网点遍布全国各地；大华中国营销总部也从两三人发展成五百多人的全国营销指挥中心，并培养了一大批行销专家。目前，大华六大事业部——视讯、储存、影像、数字显示、无线通信与宽带网络筑起的完整布局已日渐成熟。

一个优秀品牌的背后，是世界级工厂的强大支持：大华中国制造总部占地 60 万平方米，拥有员工 60 000 多名，具有年产 400 万台彩色显示器、800 万只键盘、400 万台扫描仪、2000 万台光驱和 500 万只手机的能力。不仅所有工厂均通过 LSO 9001 国际品质认证，还于 1998 年 3 月通过 LSO 14000 环境认证，是中国制造高科技电脑产品的龙头工厂，同时也是大华集团全球五大生产基地中最重要的一个生产基地。2001 年 4 月，正式更名为“大华电通信息技术有限公司”，同年 11 月建立自有品牌 BeQ。在研发和工业设计方面，大华（中国）也已建立起一支精英团队，并积累了相当深厚的专业功力，以最敏锐的态势、最快捷的速度反应市场需求，与营销和制造共同组成攻克市场的合力。

在多元化产品策略引导下，大华（中国）丰富的产品线不但可以相互支持，更可以创造无限的商机。通信产品有宽带、网络；光电产品有扫描仪、数码相机、多功能一体机、光驱（CD-ROM）、刻录机（CD-RM）、DVD-ROM、视听小精灵、光电鼠标；视讯产品有阴极射线管显示器（CRT）、液晶显示器（LCD）、投影机、等离子显示器（PDP）。2001 年大华产品在国内市场份额排名：刻录机、光驱、键盘在个人组装电脑市场上名列第一，扫描仪进入前三名。

以多元的产品线、强大的整体实力构筑起品牌知名度和美誉度，以出众的产品品质、快乐的品牌理念赢得口碑，随着新品牌 BeQ 的推出，大华（中国）将进一步丰富和拓宽产品线，充分发挥整合优势。

大华企业秉承“平实务本，追求卓越，关怀社会”的企业文化，打造学习性组织，大华所拥有的人才队伍及他们的知识构成了大华最核心的竞争力。大华 BeQ 的愿望就是提供快乐科技生活所需的产品，大华的远景是传达资讯生活的真、善、美，大华深信，科技是为了便利人们生活、让人们充分享受其带来的乐趣——“享受快乐科技”。

公司地址：北京××区××路 98 号，邮编××××××

（五）任务与要求

鉴于大华电通信息技术有限公司在业务和生产方面的不断发展，现公司决定在各大高校招聘销售类、宣传企划类、运筹管理类、软件开发类专业的人才。招聘的信息资料工作分 5 个场景。

2002 年 2 月 18 日星期一，人力资源部经理梁勇让秘书陈红在公司网站上发一个招聘广告。他告诉陈红，此次校园访才将包括以下高校：北京大学、北京邮电大学、北京理工大学、北京科技大学、武汉大学、电子科技大学、浙江大学、南京大学、东南大学、南京邮电大学、中国科技大学、哈尔滨工业大学。请应聘者将个人简历、应聘意向、薪资要求、联系方式及近照一张寄到本公司。联系人是人力资源部，电子邮箱是 Iucychen@dahua.com.cn，公司网站是 http://www.dahua.com.cn。请代陈秘书拟写一份网上招聘广告。

在以上场景中，请 4 位学生登录各大校园网站，扮演 4 名求职人员，从网络上获取个人简历和专业资料，然后分别以应聘销售、宣传企划、运筹管理、软件开发四类职务，拟写应聘申请书及简历。

2002 年 2 月 22 日星期五 8:30，陈秘书一上班，就打开电脑登录公司网站，发现由网上传来四类职务应聘申请书及简历若干份，他将收到的应聘材料整理出 4 份来（即以上 4

份），通过公司局域网发给六大事业部门。请演示秘书收集和整理信息的过程。

六大事业部即视讯部、储存部、影视部、数字显示部、无线通信部与宽带网络部，根据应聘材料，经过初步筛选，无线通信部确定一名宣传企划人才，宽带网络部确定一名软件开发专业人才。无线通信部部长王强和宽带网络部部长薛东分别将此信息形成初步意见，通过公司局域网发还给人力资源部。请演示信息反馈过程。

陈秘书通过局域网，在电脑上将初步意见整理完毕，附上两位人才的个人资料，打印成书面文件上报给梁经理审阅。请演示信息利用过程。

（六）实训说明

（1）学生每 5 人为一组，教室为 5 名学生编上号数，即 1 至 5 号。实训在模拟公司办公室进行，必须有局域网。

（2）学生可以先制作文稿：第一个场景中的网上招聘广告，每位学生都要写。要求打印，完成时间不超过 30 分钟；第二个场景中的 4 份申请书和简历，由 2 号至 5 号扮演四类求职人才分别制作，每份完成时间不超过 30 分钟，4 人可以同时制作。

（3）文稿完成后，再按场景顺序进行演示。5 个场景演示总过程不能超过 60 分钟。

第一个场景，由 1 号扮演陈秘书，3 号扮演梁勇。

第二个场景，由 2 号至 5 号分别扮演销售类、宣传企划类、运筹管理类、软件开发类专业求职人才。

第三个场景，由 3 号扮演陈秘书。

第四个场景，由 4 号扮演陈秘书，5 号扮演王强，1 号扮演薛东。

第五个场景，由 5 号扮演陈秘书，2 号扮演梁勇。

（4）本实训可选择一间模拟办公室进行。

（5）本实训应具备齐全的办公设备。

Chapter 05
第五章 会议组织管理

会议是现代企事业单位在完成组织目标的工作中必不可少的一种工作方式。本章主要介绍会议的基本概念、类型，会议的主要工作流程和提高会议效率的艺术等内容。本章重点是掌握会务工作的基本流程，难点是对提高会议效率艺术的灵活运用。

第一节 会议工作概述

会议是古往今来各社会组织开展政治、经济、文化、军事、科技和其他各种活动的重要方式。可以通过不同类型的会议具有的不同作用来解决不同问题。

一、会议的含义与分类

（一）会议的含义

会议是指有组织、有目的地把人们召集起来，研究和讨论问题的一种集合形式。会议也就是我们通常所说的开会，是古今中外都有的一种重要活动，它在历史上有着浓墨重彩的一笔。如中国革命史中重要的会议“遵义会议”和世界历史中的“海牙会议”“德黑兰会议”等。

会议是一个组织能够宣传、贯彻组织工作目标和任务，提高参加会议人员的思想和认识，通过讨论、研究问题，最终达成共识、协调一致的一种很好的方式。会议这种方式有利于组织内部传递信息、交流经验、纠正偏差，及时解决出现的问题，运用开会这种形式来对工作中的问题进行讨论、研究、决策，也是组织中民主与集中的体现，是组织集体领导、集体决策的体现。

但是会议只是工作中运用的一种工具。开会不是工作目的，只是针对某一目标或某一问题的一种解决问题的方式，但并不是唯一的方式。也就是说，并不是凡事都要开会，那种无意义、无目的、无效果的会议是“劳民伤财、浪费生命”。应提倡开短会、开高效率的会，反对“文山会海”便有此义。

（二）会议的基本分类

会议依其观察的角度和内容不同，有各种不同的分类方法。从工作角度来看，大体有以下两种划分方法。

1. 按会议形式划分会议种类

（1）告知性会议。这种会议取“安民告示”之意，往往由一定身份的人作为会议的主角，宣布某一事项，如下达指令、宣布命令等。与会者处在听众的地位，只有接受和理解的任务。

（2）建设性会议。这种会议的主要目的是通过讨论得出有创新意识的意见。如讨论新战略、新政策、新方法等。领导者作为会议主持人主要是听取与会者的意见。此种会议一般选择与讨论事项有关的或有创见、有思想的人员参加。

（3）执行性会议。这种会议主要是针对某一主题去明确如何解决问题。首先由主持者明确任务，再给执行者划分具体的任务和责任，并授予执行者应有的权力。此类会议往往是在决策之后、行动之前进行，一般只“决”不“议”，要求执行者认可，强调执行者的奉献精神。

（4）立法性会议。这种会议主要是指制定和修改法规性及有关纪律性的法律、规章、制度等。会议有严格的权限限制，与会人员应具有广泛性和代表性，代表资格要进行审定。应在充分发扬民主基础上集中，制定的内容带有强制性。

2. 按会议性质划分会议种类

（1）产生思想观念的会议。这种会议内容包括目标规划、方案论证、决策咨询、学术交流等。上述建设性会议和立法性会议均属此种会议之列。这种会议主要是进行讨论，议论性强，一般不必求得一致意见。领导者应当充分发扬民主，百家争鸣，善于虚心听取不同的意见，切忌“一言堂”。

（2）解决问题的会议。这种会议包括布置任务、协调矛盾、贯彻执行、组织实施等。上述告知性会议和执行性会议均属此种会议之列。这种会议有的是以简洁明朗的方式直接宣布某些决定；有的还可能要围绕问题的中心进行讨论，达成一致见解，形成统一行动的意见。所以，每会必“决”是此类会议的共同特征。

二、会议的重要作用

（一）进行决策，指导工作

《中国共产党章程》规定：“党的各级委员会实行集体领导和个人分工负责相结合的制度，凡属重大问题都要由党的委员会民主讨论，作出决定。”由此可以看出，党的集体领导是通过会议这一形式对许多重大问题进行讨论并决策，用以指导工作顺利进行。

（二）交流意见，沟通信息

会议是交流意见、沟通信息的重要手段。各企事业单位一般都采用召开会议的方法来部署工作任务，沟通上下左右的联系，领导者也需要借助会议来达到上情下达、下情上报的目的。

（三）收集信息，反馈调节

在作出一项决定或开展一项工作之前，决策者需要通过召开各种各样会议的方式，邀请有关部门、有关人员汇集情况、商谈问题，收集各种信息，拟定可行性方案。在决策执行过程中，可以通过抽样调查、部门报告、个别汇报等检查方式使信息得以反馈。同时，通过会议获得信息也是一种重要的方式，领导者召开决策执行情况的汇报会议，就是信息反馈的具体体现。

（四）统一思想，协调行动

会议是统一各级领导思想，协调各个业务部门工作的有效手段之一。各个有关单位通过决策性会议、布置工作会议、汇报性会议等形式，统一认识，增强团结，共同完成上级机关、部门布置的各项工作任务。

第二节 会务工作流程

由于各种会议的类型、要求、内容各不相同，会务工作的内容也因会而异，我们只能从中寻求一般性的规律。会务工作是通过秘书部门按一定程序化的安排而实现的，这一程序化的安排，大致可分为会前准备、会间服务以及会后工作三个阶段。

一、会前准备工作

（一）会议的组织

会议从筹备、进行到结束都必须进行全面、周密的组织工作。所谓会务工作就是会议组织工作，或称会议事务工作。会议组织是一个会议在会前准备中首先要进行的工作。

在会议活动中，会务工作的组织占有十分重要的地位。表演中有“台上一分钟，台下十年功”之说法。会议的成功与否，与会议的组织工作密切相关，它直接影响会议的质量、效率和效果。因此，现代文员要特别注意搞好会议组织工作，为会议取得圆满成功创造条件。

会议工作的组织形式一般有两种：一是固定的形式，在召开党政机关的日常会议时，由秘书部门负责；二是成立临时性的组织机构，这主要是召开一些大中型会议。因会议规模较大，在会议主席团的组织下，临时抽调各方面有关人员，组成大会秘书处。这两种形式，无论采用哪种形式，都要注意做好以下各项工作。

1. 前期准备工作

围绕会议的目的开展调查研究，收集必要的材料，了解群众的看法和意见，选定和安排会议议题，确定与会人员。决定性会议还须将讨论的方案预先印出，会前送有关人员审阅。

2. 组织工作

对会议组织的各个部分（如警卫、后勤等），秘书部门（或大会秘书处）要加强领导，使其各负其责，互相配合。对会议的内容、开会的方法，要事先掌握，要预见讨论议题可能出现的问题，提出多种备用方案。

3. 服务工作

对会议期间的各项后勤工作，如食宿、用水、供电等，要考虑周全，避免意外情况的发生。对后勤人员，要明确分工，要有良好的工作作风，服务要周到热情，切实做好后勤工作，解除与会人员的后顾之忧。

4. 安全工作

做好安全工作，确保将与会人员的安全摆在重要地位，特别是在大型或特大型会议有重要领导人参加的情况下更是如此。会议期间，对食品供应、车辆安排、人员住宿、会场布置等方面的工作，要有相应的安全保卫措施，尽量避免事故的发生，保证会议顺利进行。

（二）会议内容准备

1. 安排议题

会议议题，即会议所要讨论、决策的问题。各种会议的议题不同，但都是先有议题，再确定开会的。议题来源很多：一是机关领导者批示交办的或指定有关部门汇报确定的问题；二是下级机关提请讨论的问题；三是上级部门下达的指示等。一次会议的议题不宜过多，对于重要议题提倡一会一题，避免议题多而泛造成的“多主题”议而不决的结果。对于必须讨论的“小议题”，提倡在会中见缝插针，妥善安排。

2. 确定会名

一般根据会议议题来确定会名。会名要体现会议的主题，要名副其实，恰到好处。从会议的名称上可以直观反映出会议的性质与规模。

3. 确定参会人员

参会人员名单，通常由会议组织人员提出，由领导者确定。确定参会人员的一般原则：一是出席会议的人员的数量要恰当；二是出席会议人员的身份和职责要适当。会议是一种以人为主体的活动形式，每一个参会人员都是会议的有机组成部分，所以选择合适参会人员的备选名单供领导者参考，是保证会议能顺利进行的必要条件。

4. 发布会议通知

会议通知可以用书面、电话、电子邮件等形式发布，会议通知的内容应包括标题、正文、落款三大部分。

会议标题内容包括公文标题三个要素：发文机关（召开会议的单位）、事由（会议名称）、文种（通知）。

正文包括会议缘由、会议基本安排、参会具体要求三部分。

会议缘由，要写明召开该会议的原因、根据，由谁组织，召开什么会议。会议名称最好用全称。

会议基本安排，应写明会议起止时间、会期、地点、主要目的、基本内容、参会范围、报到时间和报到地点。

参会具体要求，包括参会人会前应准备的文件材料、证件和有关用品；必要时，还要向参会人员说明到会乘坐交通工具的车次、班次等。落款是在正文右下方写明下发会议通知的机关单位和时间（年、月、日）。

上述会议通知正文的结构是较完整的，也可以视会议的具体情况有所取舍，不一定都条条具备，其内容的顺序也可有所调整；但通知的各项内容，都必须明确无误，不能含糊不清，模棱两可。

5. 会议报到与人员的编组工作

一是报名。报名是指参会人员应按规定时间向会议组织者以回函或邮件等方式回复能否到会，以便让召集会议的组织作好安排。

二是报到。报到是要求参会人持会议通知亲自报到，当然，也可由他人代为报到。接受报到的工作人员在核实参会人身份之后，要安排报到人的住宿，发给报到人会议事先预备的文件、证件、餐券和会议用品等。

三是编组。召开大、中型会议，在会议代表名单确定之后，要对代表按照某种标准进行人员编组，其目的是为了便于组织活动和讨论问题。

6. 会场的布置

会场是会议的主要活动场所。不同的会议有不同的会场布置方法。要根据会议类型、会议规模、会议内容来选择会场，并根据参加人员数量及会场的大小、形状等进行设计和布置。

大型会议（如党代表大会、英模大会）的会场，一般安排在礼堂。主席台上方为会议名称（××××代表大会）；主席台上就座成员的座次牌应事先排列好；主席台后面，按会议性质，在二道幕中央分别悬挂党旗、团徽或军徽；两侧各插五星红旗，红旗下放青松；主席台前面（舞台前沿）摆鲜花，整个会场气氛要显得庄严、隆重。大型会议的会场布置还包括场地的划分以及进场退场的路线。人数很多的大型会议，应有会场平面布置图。

如相对式会场布局是适合大型会议的，其主要特征是主席台和代表席采取上下面对面的形式，从而突出主席台的地位，整个会场的气氛显得比较严肃和庄重。相对式又可以分为“而”字形和礼堂形。

（1）“而”字形。“而”字形是仿照一般教室摆放桌椅的方式，这种布局可以针对不同的房间面积和与会者人数而具体安排，形式较为灵活，可以最大限度地利用会场面积，有利于与会人员注意力的集中。

（2）礼堂形。礼堂形布局一般用于较大的会场，面向主席台的代表席摆放一排排的桌椅，中间留有 2 条以上位置较宽的通道，这种布局场面开阔，适合召开大中型的报告会、总结表彰大会和代表大会等，这种会场一般专用于会议，座位固定，因而无法作适当的调整。

小型会议如座谈会、讨论会等，会场可布置成方形或圆形，领导者和主持人坐在正面，其他人员在领导者左右两侧和对面就座，布置上应朴素大方，使会议气氛显得热烈、轻松、融洽。会场的布局大体有以下几种。

（1）全围式。这种会场布局的主要特征是不设专门的主席台，会议的领导和主持人同其他与会者围坐在一起，优点是容易形成融洽与合作的气氛，体现平等和相互尊重的精神，有助于与会者相互熟悉，使与会者畅所欲言，充分交流信息、沟通情况、探讨问题，同时也便于会议主持人及时准确地把握与会者的心理状态和思想动态，从而保证会议的成功召开。全围式布局适用于召开小型和特小型会议以及座谈性、协商性等类型的会议。

（2）半围式。这种会场布局介于相对式和全围式之间，即在主席台的对面和两侧安排代表席，形成半围的形状，既突出了主席台的地位，又增加了融洽的气氛，适用于中小型的工作会议。半围式布局又可分为马蹄形、“T”形和桥形三种。其中桥形比较特殊，桥面是主席台或评委席，被半围的席位是质询、述职、考评、听证、面试对象的座位，对象所受心理压力较大。

（3）分散式。这种会场布局，是将会场分成若干个中心，每个中心设一桌席，与会者根据一定的规则安排就座，其中领导人和会议主席就座的桌席称作“主桌”。在会场前侧，往往安置落地的麦克风以便会议主持者和领导讲话。这种座位布局既在一定程度上突出主桌的地位和作用，同时，也给与会者提供了多个谈话、交流的场合，使会议气氛更为轻松和谐，适合召开较大规模的联欢会、茶话会和团拜会等。当然，这种会场座位布局要求会议主持人具有较强的组织和控制会议的能力。

此外，会场的讲台布置也有讲究。会场设置专门的讲台，有助于突出报告人的地位，显示报告的重要性，也有助于体现会议的庄重和隆重。因此，重要的代表大会和报告会，一般需设专门的讲台。讲台一般设在中央，或设在主席台的右侧（以主席台的朝向为准）。设在中央的，位置应低于主席台，以免报告人挡住主席台上领导人的视线。另外会场的扩音设备、照明设备、录音录像设备、茶水供应等都应在会前准备好，并应进行检查。

7. 会议的议程与日程的拟定

会议议程通常是指会议所讨论问题的程序。一般而言，由会议主办单位的领导机构来确定，法定性会议的议题和议程必须提交会议的主席团或预备会议表决通过，其他重要会议则按议事规则中的具体规定办理。

会议议程的主要内容有以下几点。

（1）标题。标题由会议名称加上“议程”二字组成。例如“××学院表彰大会议程”。

（2）题注。法定性会议议程应当在标题下方说明该议程通过的日期、会议名称，题注的内容要用括弧，例如，“（2009 年 3 月 26 日第一届教职工代表大会第三次预备会议通过）”。一般性会议用括弧注明会议的起讫日期，例如，“（2009 年 3 月 26 日—3 月 29 日）”

（3）正文。正文要简明扼要地说明会议的每项议题和活动的顺序，并冠以序号，将其清晰地表达出来，名末一般不用标点。

例文：

××省秘书学协会年会

议　　程

一、专题报告：秘书学协会的年度工作报告

二、论文交流

三、座谈讨论

××省秘书学协会秘书处

2009 年××月××日

会议的日程是指各项议程的时间安排。议程通过日程来体现，重要会议的议程要经过大会通过，会前要把议程与日程安排发到参会人员的手中。

例：

××公司提高企业核心竞争力研讨会日程表

日　期	时　间		内容安排	地　点	参加人	负责人	备　注
6月18日	上午	8:30	报到	会议大厅	全体	李秘书	
		9:00—10:00	总经理讲话	小会议厅	全体		
		10:20—11:50	公司顾问讲座	小会议厅	全体	刘秘书	投影仪
		12:00	午餐	宾馆餐厅	全体		自助餐
	下午	1:30—4:00	胡副总经理专题报告	小会议室	全体	孙秘书	
		4:20—5:30	人力总监发言	小会议室	全体		
	晚上	6:00	晚餐	宾馆餐厅	全体		
		7:30	联欢	娱乐中心	全体		
6月19日	上午	7:30	早餐	宾馆餐厅	全体		
		9:00—10:30	分组讨论	小会议厅	全体		
		10:40—11:40	分组讨论	小会议厅	全体		
		12:00	午餐	宾馆餐厅	全体		
	下午	1:30—3:00	分组讨论	小会议厅	全体		
		3:20—5:00	各组代表发言	小会议厅	全体		
		5:20—7:20	聚餐	宾馆餐厅	全体		
		8:00	离会				

8. 会议证件准备

召开大中型会议时，应视具体情况制作证件，一方面是为了便于说明身份，统计人数，另一方面是为了管理会场秩序，保证会议的安全进行。

会议证件一般分为代表证、列席证、来宾证、签到证、会议工作者证、记者证等。不同的证件代表参会人员的不同身份，需要区分清楚。小型会议可以省略此项工作。

二、会间服务工作

在会议进行阶段，会议服务一般有以下几个步骤。

（一）会议签到

签到是与会人员到会的第一件事，其主要目的：一是控制非参会人员入场；二是统计到会人数。

签到一般有两种方法：一种是簿式签到，代表入场就在会议工作人员事先准备好的签到簿上签署自己的姓名，以示到会。这种签到簿利于保存，有纪念意义，但采用这种方法费时多，只适宜小型会议使用。另一种是利用签到证卡片签到，也就是将印制好的签证卡片预先发给代表，代表要在卡片上签上自己的姓名才能入场或是在卡片上用固定号码代表出席人的姓名，代表持有这种卡片即可入场。

现在有的会议签到已使用电子签到机，只要代表进入会场时把签到卡片送进签到机，签到机便立即将姓名、号码传到中心，并把签到卡退还代表，入场完毕，签到情况就立即在计算机上显示出来。

会议签到是掌握出席和缺席人数的重要手段。各级党的代表大会、人民代表大会等比较重要的会议都应该进行签到，它关系到出席人数是否达到法定人数、选举结果和表决是否有效的问题，不可忽视。

（二）调度工作

对议题较多的会议，大会的秘书处人员应做到心中有底，对每个议题讨论时间的估计尽可能准确，对与前一议题无关但必须参加后一议题汇报讨论的人员，现代文员应合理进行安排，发放次序表，以通知不同会议参会人员分别到达，并应会前另为他们安排休息地方，以减少不必要的“陪会”现象，提高会议的实际效率。

（三）发言安排

现代文员在会前应安排好发言人的顺序，然后上报给大会主席团的有关领导同志审阅批准。对发言的内容的选择要有代表性，避免重复；同时要注意平衡，多方面地了解情况；对发言的时间要有要求，以便给其他发言人员留有时间，以完成会议议程。

（四）文字工作

会议文字工作指的是在会议进行期间所作的会议记录，编写的会议快报、会议简报等文字材料。这也是会间工作的主要内容。一方面，会议的文字工作真实地记载了会议的情况，客观地反映了会议的内容和进程，有助于会议期间及时向领导反映情况，指导会议的进行；同时通过及时交流情况，促进参会者开好会；另一方面，它也是会议的重要文字档案，为日后分析研究问题提供主要依据。

（五）服务工作

会议期间，大会工作人员应抓好后勤工作。除安排好参会人员的住宿和生活外，在会议期间，要组织适当的文体活动，如安排一些电影、录像、文艺演出、体育比赛等，给紧张的会议增加一些调剂。

三、会议结束工作

这个阶段的任务主要是会议结束后的善后工作。

（一）会议材料整理

对会议留下的原始材料，如会议记录的誊清，会议录音的检查、标注等，要及时整理、编目、存档。对会议中下发的材料、文件的收回或保存，都要按有关规定办理。

（二）会议代表离会工作

会议即将结束时，秘书处工作人员要替外地代表预订好返程车、船票；对个别需要暂留的代表，也应妥善安置他们的生活。

（三）会议新闻报道

有些会议不需要公开报道的，可以不报道。有些会议，如人民代表大会、英模大会等比较重大的会议，报宣传部门同意后可以报道。这种报道，既可发综合消息，也可发典型报道，必要时还可配上“评论”“消息”。报道的形式可以有不同的方式，如文字、图片、录音录像等，应视具体情况决定。

（四）会务工作总结

在重要的会议结束之后，应及时进行总结，为今后会议召开积累经验。对会务有功人员和工作开展较好的单位，要进行表彰。要慰问会议期间辛勤工作的后勤人员。对借用的物品，要及时归还，要认真做好财务结算，妥善完成整个会议的组织工作。

第三节　会议目标和效率

从我国目前的状况来看，各地仍普遍存在着会议过多、会期过长、会议规模过大、会议质量不高等问题，因而造成会议泛滥成灾的局面。现代文员要协助领导者设定准确的会议目标，提高会议的质量和效率。

一、会议目标的设定

决定召开会议之后的第一项最重要的准备工作，便是设定会议目标。良好的会议目标应符合以下四项要求。

（一）会议目标要书面列明

在许多会议中，主持人在规划会议的时候，都认为没有必要将目标专门写出来。他们通常说目标早已牢记脑中，并且会时常进行思考，至于目标是否要用书面表现，并不会有什么实质上的差别。其实，这是一种似是而非的主观臆断。

用书面方式写下会议目标有三种好处：其一，有助于目标内涵的澄清；其二，书面目标不可能被遗忘，不需要去回忆；其三，当目标较多时，以书面形式描述可以进行比较，并进行合理的调整。

（二）会议目标必须切合实际

会议目标切合实际，是指会议不应制定高不可攀的目标，要依据实际制定可能实现的目标。但是“会议目标必须切合实际”这句话，并不意味会议目标应该是容易实现的。

事实上，一种不是轻易能够实现的目标，对目标的追求者才具有真实的挑战性。这就是说，会议目标不但应具有相当的难度，具有挑战性，而且也应该是通过努力可能实现的目标。现代文员应时刻提醒领导者纠正会议目标的不切实际性，保证会议达成有效目标。

（三）会议目标必须具体而且可以衡量

会议的目标应该清晰具体，而不能含糊不清，否则参会者不知所云，无法找到主题。例如某单位质检部门发现该单位产品不良率突然过高，所以决定开会专门研讨降低产品不良率问题。倘若他将会议目标定为探讨如何降低产品的不良率，而没有具体的降低指标，则该会议目标肯定难以给参会者发表意见的依据，因为他们不知道产品的具体不良率究竟应降低多少，以及应在多长的时间内达到这个目标。但若质检部门将会议目标改为探讨如何在一月内令产品不良率由目前的5%降低至3%，则问题不会出现。

二、提高会议效率的艺术

会议是开展工作的必要手段，它是发扬民主、集思广益、沟通信息、推动工作、解决问题的一种十分重要的方法，但不是唯一的方法。如果把可开可不开甚或没必要开的会都开起来，凡事必“会”，只会使会议贬值，影响会议质量，不仅不能解决问题，而且可能会使会议成为组织管理工作中的一大负担。

会风不正的问题不同程度地存在着，诸如会议过多，形成“会海”；时间过长，形成“马拉松”；会议规模越开越大、级别越来越高、陪会人员越来越多；领导者的讲话、报告放空炮，说大话；讨论问题时主题不明、东拉西扯；会议议而不决、决而不行；会议质量差、效率低，铺张浪费、讲究吃会、游会、玩会、捞会，不注重实际工作需要与效果，严重影响经济效益和行政效益。随着我国经济体制与政治体制改革的不断深入和发展，会风不正问题已经到了非改不行的时候了。

（一）提高会议效率

针对目前普遍存在的“会风”问题，我们必须寻找其产生的原因，对症下药。研究会议改革，主要应当从两个方面入手：一是会议该不该开；二是该开的会议怎么开。解决好这两个问题，会风才能端正，办事效率自然提高。

1. 健全会议制度，严格会议纪律

要彻底根除工作中存在的弊端，都必须从制度与纪律入手，会风问题的扭转与改革也不例外，单靠领导人员自身素质与舆论的监督和约束是远远不够的。

会议改革首先应当把好会议审批关。会议该不该开，不仅应当有人把关，更重要的是有制度把关，负责人按制度审批。要建立会议工作的相应程序，如会议方案报批制度，明确什么规模、什么级别、会议支出在什么范围内的会议，应当事先报送哪一级审批。

在会务工作中强调围绕目标设计方案，最好有几套方案可供领导选择。通过方案的合理性、经济性，来解决目前会议中成本不小、成效不大的现象。

2. 压缩会议支出，计算会议成本

针对会议费用越开越高的问题，有人提出了对会议费用的各种标准进行计算。讲究效率、讲究成本是办会中精简会议费用的根本。如果会议组织者心中有一本会议支出的经济账，精打细算，科学安排会议的投入与产出，会风必定大为好转。

会议在费用上升级、追求奢侈、大量浪费，主要是缺乏会议监督的机构。计算会议成本，就是按照参会人员会议工作量的情况计算会议期间人力、物力、财力等的开支，计算会议成本，明确会议费用，以提醒有关人员，减少没有必要的会议。

公布会议的支出，是使参会者清楚会议开支的去向，增强会费透明度，实现参会者对会议开支的监督。同时，公布会议支出，也避免了人们鲸吞会费、滥用开支、以个人的消费侵占会务费用，用会费来开支购物、娱乐，旅游等的不正之风。

3. 限制会议的时间、地点

目前，“会海”现象形成的原因是无人“督会”，没有人来检查监督这会是不是该开，有没有必要开，以及评价会议成果。目前有的地方已经开始建立会议的监督机制，比如明确规定不准在旅游旺季到旅游胜地组织会议。

对于会议的时间加以限制，也是很有必要的。为避免马拉松式会议、议而不决会议和以游玩为主的会议，必须科学地规划会议时间。为期几天的会，要科学紧凑地计算议程，不应将就近旅游算在会期之内。尤其有的会议，半日开会，半日旅游，晚上还有歌舞会或桑拿、保龄球，完全冲淡了人们开会的工作气氛。所以，限制会议时间也是加强会议质量、减少会议开支的一个方面。

4. 利用先进的技术设备使会议现代化

利用先进的技术设备，可以克服会议时间紧、场所限制、人员集中、资料准备工作紧张、交通不便等困难，大大减少财政开支，提高效率。比如目前比较通行的电话会议、闭路电视会议，在这类会议上，只要提前进行通知，检查视听线路，与会人员就可以在不同地点同时参加会议。

网络和计算机的广泛使用，还可以使会议简化。在计算机网络中，电子日程表可以在几分钟内安排好会议，并及时发出信号，提醒准时开会。会上，可以用计算机进行会议记录，编制会议简报，自动检索会议内容。与会者也可以进行相互间的信息传递、文件的起草、讨论、表决以及各种会议材料、内容的统计等。就现阶段而言，最有效的方式是利用现代科学技术设备召开远程会议，如电视会议、电话会议、计算机网络会议等，以节省时间和经费。

（二）精简会议，提高会议质量

从我国目前的状况来看，各地仍普遍存在着会议过多、会期过长、会议规模过大、会议质量不高等问题，因而造成会议泛滥成灾的局面。因此，现代文员必须为领导者精减会议、提高会议质量提供措施和建议。

1. 精减会议的措施

其一，实行岗位责任制。实行岗位责任制，各级领导者要明确自己的职责，对属于自己分工管理的职权范围内的事，要敢于做主、善于做主，勇于承担责任，大胆处理；不要事事请示、处处汇报；要能独立自主地开展工作，这样就必然可减少许多不必要的会议。

其二，领导者深入基层。领导干部只要改变高高在上、脱离群众的官僚主义作风，能深入基层，帮助下级协调处理工作中的矛盾，也必然可以减少一些不必要的会议。

其三，改进开会的办法。改进开会的办法主要有以下四种。

一是合并开会。一个部门、一个系统可以将内容相近、相似的会议合并在一起开，这样可以节省物力、财力，也可以减少会议出席人员来回开会的次数。

二是开短会。对于需要讨论的工作方案、法令、规定性文件，会前将讨论提纲印发给有关单位，使与会者在思想上有所准备，这样可以缩短开会时间，并能取得较好的效果。

三是砍掉“对口会”“中转会”。传达文件，不要层层开会，层层传达。完全可以简化程序，如在印发文件时，发一份贯彻性通知，提出具体要求，然后再检查文件传达贯彻的效果。这样，可以减少不必要的会议。

其四，开现场会。让领导者走出机关，在现场召开办公会议，直接接触实际，抓住问题的实质，准确、迅速提出解决的办法。同时还能避免基层人员往上跑而造成的人力、财力的浪费。

2. 提高会议质量

其一，深入调查研究，注意信息反馈工作。领导机关要随时了解下级部门的工作情况，深入调查研究，使每次会议研究的问题能抓住工作中的主要矛盾，讲究实效，真正做到对工作起推动作用。

其二，制定严密的会议议程。会议议程，就是会议进行的具体步骤的安排。会前制定了严密的会议议程，确定会议总的基调，能使会议按照原定计划，周全、严密、顺利地进行。

其三，掌握会议宗旨，善于把握时机。每个会议的主持者，都要牢牢掌握会议的主要目的和意图，要引导、启发与会人员发言，谈意见，要注意发扬民主，善于发现和发挥参会者的聪明才智，但也要注意发言人的发言内容是否离题，要用合适的方式适时予以控制。

同时，对会上提出的不同意见，要认真分析研究，吸收有益的内容、可取的建议，使会议的决定、决议成为集体智慧的结晶。这样，才能调动参会者的积极性，提高会议的效率。

第四节　会务组织工作举例

前几节我们就会议的含义、会议的分类、会务工作的流程及会议的目标和效率等作了较为全面的介绍。下面我们就应用较广泛、较典型的会议活动的会务组织工作内容做一些介绍。

一、选举与表决会议

现代社会大到国际组织或国家领导人的产生，小到一个公司或社会团体决定内部事务或产生代表，都常常需要运用选举和表决这两个程序。而选举与表决工作往往是在会议活动中进行的，所以也属于一种会议活动。文员的会务工作如下。

1. 准备工作

（1）拟写选举对象的材料。选举对象的材料主要是候选人简历。表决对象的材料包括表决对象简历、议案、决议草案、决策方案等。候选人（表决对象）简历是供选举人或表决人在酝酿和确定投票对象时参考的材料。候选人简历的内容包括标题、开头和主体三个部分。标题的形式一般为：对象姓名+简历。如“×××简历”；开头，主要写明对象的基本情况，包括姓名、性别、民族、出生年月、籍贯、党派及加入时间、参加工作时间、文化程度及毕业院校专业、职称等；主体，按时间顺序介绍具体经历和担任的职务，每一段经历的起止时间要连续，不能脱节。拟写候选人简历的要求是，材料介绍要客观、准确、清楚，要使用说明性语言，避免议论性、评价性语言，格式应当统一，字数应大体相当。

（2）制作选票和表决票。选票和表决票是书面投票时选举人和表决人表达意见的记录，具有保安性和法定性，起着凭证依据的作用。制作选票和表决票必须严肃认真，一丝不苟，准确无误。选票的格式一般包括：标题、候选人名单、注意事项和落款等。标题一般为：选举的目标职务+选票。候选人名单一般采用表格的形式，名单必须按一定的规则排列，一般以姓氏笔画为序。注意事项，包括说明选举的规则以及表达意见的方式及符号。落款，在选票的右下角注明负责印制的机构、选举日期，并盖上印制机构的公章。

例如：

×市第×届人代会委员选票

王××	何××	李××	丁××	钟××	梁××	张××	

注意事项：

1. 以上候选人名单按姓氏笔画排列；
2. 同意候选人当选的填“○”，反对填“×”，弃权不填任何符号；
3. 同意的人数不得超过 5 名；
4. 如另选他人，请在候选人名单右侧空格内填写姓名，并在下方填写“○”

中共××大学第×届代表大会主席团

2009 年××月××日

表决票的格式与选票的格式类似，主要包括标题、表决对象、注意事项和落款等。

例如：

××大学 2009 年科技成果一等奖表决

编　号	项 目 名 称	项目负责人	表 决 意 见		
			同　意	反　对	弃　权
1	××××	×××			
2	××××	×××			
3	××××	×××			
4	××××	×××			

注意事项：

1. 以上项目名称按项目负责人姓氏笔画排列；
2. 请在表决意见栏内选择你的意见，并统一画“○”；
3. 同意数不得超过 2 个。

××大学 2009 年科技成果鉴定委员会

2009 年××月××日

（3）其他需要准备的事项。一是准备投票箱，要考虑大小、数量、密封和开启。二是准备计票的用品。一般选举可以在黑板上公开唱票、计票，有条件的会场可采用计算机计票并用电子显示屏公布统计结果。

2. 选举和表决的程序

（1）会议执行主席宣布选举或表决会议开始，并向大会报告本次会议应到人数和实到人数。

（2）报告候选人产生的过程并介绍候选人的情况，必要时可安排候选人与代表见面或发表演说。

（3）通过选举或表决办法，通过总监票、计票、唱票人名单。一般采用举手或鼓掌通过的方式产生。

（4）监票人核查会议秘书处提交的选票或表决票。

（5）监票人当众检查投票箱，然后当众密封。

（6）工作人员分发选票并检查实发选票或表决权票与实到人数是否相同。

（7）总监票人宣读填写或表决票的注意事项以及投票的顺序、路线。

（8）正式填写选票或表决票。

（9）投票，先由主席团成员投票，再由监票人和计票工作人员中的正式代表投票，最后由其他正式代表投票。

（10）当场统计选票或表决票。

（11）总监票人宣读选票或表决票的统计结果。

（12）会议执行主席宣布选举或表决结果。

二、听证会

听证会一般是指行政执法主体在做出某些特定的决定前，给予当事人参与并发表意见的机会，允许当事人陈述、申辩、质证而进行的会议。

随着社会的发展、民主的进步，召开听证会逐渐成为社会生活中一件不可或缺的事情。听证会制度是一种让社会公共利益和公民私权得到有效保护、让妥协成为社会“润滑剂”的制度。它一方面通过吸纳各方利益和意志参与社会公共事务，使公共决策与社会治理更加规范；另一方面，可以缓和社会矛盾，减少社会冲突，保持社会稳定，协调各方力量，促进社会公共活动多元化、民主化。比如，公交部门在制定车票价格时，要在所在城市召开价格听证会，接受公众一定程度上的约束；房屋拆迁，政府职能部门要召开相关人员参与的听证会，广泛听取各方意见，扩大共识；政府要对个人所得税进行改革，也要召开听证会。文员在组织听证会时，应注意以下程序。

1. 准备阶段

（1）公布听证事项，产生听证代表。根据听证事项的性质、牵涉范围，在一定范围内通过公告栏、报纸、电视等媒体公布听证事项，公布举行公开听证会的时间、地点、议题和规则，公布听证代表的条件和报名方法。

（2）根据相关法律，接受个人或组织的报名，根据规定，产生一定数量的听证代表。
（3）准备有关材料。

2. 召开阶段

（1）根据相关法律或制度，确认与会者的身份；听证会要求达到法定人数才能召开。
（2）主席公开陈述，介绍听证会的目的、主题、意义。
（3）介绍听证人员，举行宣誓仪式。
（4）听证人阐述观点，时间为 10 分钟左右。
（5）听证人接受听证会委员会的提问。
（6）听证笔录须当事人审核签名。
整个听证会过程必须通过广播、电视等新闻媒体公开，除非听证会内容涉及国家安全。

3. 意见处理阶段

文员根据听证会发言和听证人向委员会提交论证的文字材料，形成听证报告。无论是听证人员提交的材料，还是听证笔录、听证报告，都为听证事项通过或废止提供重要依据。

听证会虽是一种制度化、规范化很强的会议，由于听证会的特殊性，要根据相关法律和规章制度作相应的调整和变通，才能把会务工作组织好。

三、记者招待会

记者招待会也称新闻发布会。一些企业、机关单位发生某项事件或有新产品开发、上市时，为了扩大宣传或解释某件事件，召集相关媒体记者开新闻发布会，向社会发布信息，扩大自身影响，澄清是非。

文员在组织记者招待会时，应从以下几个方面开展工作。

1. 准备工作

记者招待会的主要对象就是新闻工作者，所以在安排会议时间时，应尽量避开新闻活动的高峰时期，并提前与各新闻单位联系，以免出现时间上的冲突，保证招待会的预期效果。

（1）安排会议时间。

（2）落实会议地点。记者招待会主要以一种问答的形式进行，所以会议地点应选择在一个噪声干扰小、交通便利的地方。

（3）确定会议主题。记者招待会一般设一个主题，公布一项重要的信息，解释一件重大事件，切忌泛而杂。会议的主题要能切合较多观众的需求，具有一定的普遍意义。

（4）布置会议场地。布置会场时，空间的大小要适中，灯光的效果要好，配电设备要够用，通信设备要充足，尽量有利于记者工作。另外，要结合会议主题来安排会场，如果是“报喜”，当然要选择气派一点的地方作场地，如果是“报忧”“道歉”“检讨”，则最好选择朴实一点的地方作会场。

2. 会议内容

（1）选择主持人和发言人。主持人和发言人是记者招待会中不可缺少的，主持人在会议中起组织、协调、引导的作用，一般安排办公室或公关部负责人担任此任，发言人一般安排高层领导人担任。主持人和发言人都要善于应变，善于回避记者提出的尖锐问题，善于转移话题，避开难回答的问题。

（2）准备讲话提纲。文员要为发言人准备好讲话提纲，对于原则性问题以及能引起争议的问题，会前一定要让发言人统一认识，取得一致口径。

（3）准备辅助材料。要为会议准备一些利于发言人说明问题的辅助材料，如图片、表格、模型、文字材料等。

3. 会议流程

记者招待会一般遵循以下程序召开：迎宾、会议开始、发言人讲话、记者提问、会议总结、会议联谊。

（1）迎宾。记者与来宾到来时，文员要安排人员迎接，并让他们在签到簿留下签名纪念，然后让宾客去休息室稍作歇息。

（2）会议开始。会议由主持人宣布开始，主持人先介绍并欢迎各个新闻单位和记者，接着简要阐述此次会议召开的原因、目的以及发言人的姓名、职务、发言内容等。

（3）发言人讲话。发言人的讲话要言简意赅。同时有几个人发言时，先要安排好分工。

（4）记者提问。记者按照安排顺序逐个提问，也可自由提问。发言者在回答记者提问的时候，要求神态镇定、语气温和、实事求是、灵活应对。

（5）会议总结。在规定的时间内完成记者提问后，主持人应简单地评述会议内容，然后向来宾致谢，宣布会议结束。

（6）会议联谊。如举行一些大型的记者招待会，在会议结束后，可以举行一些联谊活动，如茶话会、宴会等，还可向来宾发放纪念品。

四、庆典

庆典是为工程项目开工和竣工、经营单位开张、机构挂牌或揭牌、各种纪念碑的落成揭碑等举行的隆重仪式。举办典礼活动，是宣传组织形象、强化沟通的有效途径。文员在策划、组织各种典礼活动时，应掌握以下程序与技巧。

1. 确定参加对象并发出邀请

庆典的参加对象包括：

（1）主办单位及其上级机关的领导人；

（2）协办单位、赞助单位的代表；

（3）与活动有关的机关、企事业单位的代表；

（4）群众代表；

（5）有关新闻单位。

文员在确定了参加对象和范围后，应及时以书面的形式发出邀请，同时用电话跟踪落实。

2. 现场布置

开幕式和庆典一般在活动现场举行，在布置庆典活动现场的时候，应掌握以下技巧。

（1）现场可摆放花卉、悬挂彩旗和标语。

（2）可根据内容需要播放音乐、表演舞蹈，以示隆重、喜庆。

（3）规模较大的典礼，可设主席台并摆设座位。

（4）规模较小的典礼，一般站立举行。

（5）主持人、剪彩人、致辞人和贵宾应面向群众代表。

（6）如场面较大，应安置扩音设备。

（7）会场颜色应与仪式活动的主题相适应。

（8）准备好剪彩的物品。

（9）涉外的重要典礼，还应悬挂有关国家的国旗。

3. 庆典活动的流程

（1）开始前可安排乐队奏乐、表演歌舞等。

（2）来宾签到留念，并由工作人员为其佩戴胸花和来宾证，然后引入主席台或贵宾区。陌生的来宾应由工作人员向主办单位领导介绍。

（3）主持人宣布典礼开始。

（4）致辞。先由主办单位代表致辞，然后由其他方面人士致辞。

（5）剪彩、揭幕。主持人先介绍剪彩或揭幕人员的身份和姓名。剪彩、揭幕时，播放音乐，参加人员鼓掌祝贺。

（6）参观。参观时，应让主办单位的领导人和贵宾走在前面，并由解说员介绍，如有外宾参加，需做好翻译。

（7）举行招待酒会。

以上是典礼的一般程序。实际上，在各种大型活动正式开始前的开幕式，例如运动会、展览会、电视节、艺术节等，都可以参照这个程序来举行。

思考题

1. 会议的含义是什么？会议有何重要作用？
2. 会务工作流程表现在哪些方面？
3. 现代文员如何协助领导者提高会议效率？

案例分析 1

珍贵的小册子

1997 年 7 月 1 日香港交接仪式上，每个领导人的座位上都有一本事先放置好的有关交接仪式程序的小册子。交接仪式在 12 分钟后圆满结束，江泽民、李鹏等国家领导人乘电梯上七楼贵宾室稍事休息后将要会见外国政要，并参加稍后举行的特区政府宣誓就职仪式。就在这时，领导同志发现那些小册子全都没有带上来。江泽民同志说，应该拿来做个纪念。这时，临时负责做江泽民联络员的同志急转身用最快的速度冲回五楼会议厅。这时的会议厅中人们都在兴奋地找最有纪念意义的位置摄影留念，主礼台上江泽民等领导同志的位置最好。联络员冲进人群，准确地找到各位领导人的席位，及时取到小册子，又以最快的速度折回七楼，将小册子一一送到江泽民、李鹏、钱其琛、张万年、罗干、董建华等人手上。领导们见到失而复得的小册子也很兴奋，纷纷相互在小册子上签名留念。联络员“抢回”来的小册子，成了领导同志们手中一件相当珍贵的历史纪念品。

案例讨论：上述案例对现代文员的工作有何启示？

案例分析2

拟议会议议程与日程

天地公司将举行销售团队会议，研究下一季度销售工作的目标，以及人员招聘、选拔等问题。秘书钟苗在编制议程前，先请总经理、销售总监等有关上司提出议题，再询问各位主管是否有在会上讨论的事情，并提请主管上司定夺，然后将要讨论的问题排上顺序。在设计具体的议程表时，钟苗把要在会上讨论的议题编排一下，便打印交给了上司。如图：

天地公司销售团队会议、议程表

公司销售团队会议将在5月25日星期一上午9:00在公司总部的三号会议室举行。

1. 销售二部经理的人选：
2. 东部地区销售活动的总结。
3. 上次会议记录。
4. 销售一部关于内部沟通问题的发言。
5. 下季度销售目标。
6. 公司销售人员的招聘和重组。

案例讨论：上司认为这份议程表有问题，请问该如何修改？

案例分析3

（会议经费预结算）

天地公司新产品发布会经费预算

公司定于2003年1月15日在金都大厦一楼会议室召开新产品发布会。与会人员预计200人，现就会议所需各项经费提出预算。

一、场地租用费

金都大厦一楼会议室租金一天5 000元，两天共计10 000元。

二、摄像设备租用费

拟租摄像机2台，每台每天租金2 000元，共计4 000元。

三、聘请专家咨询费

拟请专家2人，每人每天支付5 000元，共计10 000元。

四、宴请费用

10人一桌，每桌标准2 000元，共计40 000元。

五、交通费用

租用旅行车2辆，每辆每天500元，两天共计2 000元。

六、会议用品费

资料限制费：每份宣传资料成本为5元，需印制2 000份，共计10 000元。

七、纪念品

到会记者预计50人，每人一份纪念品价值500元，共计25 000元，此次会议经费总计101 000元。

此预算提交总经理办公会审查批准。

会议筹备小组

二OO四年一月三日

案例分析4

有备才能无患

一次某地党代表大会的开幕式上，会务人员未能按大会主持人宣布的程序播放国际歌，虽然得到补救，但终是一件憾事，并受到批评。

事情发生的经过是，会务组会前起草的“大会开幕式程序（送审稿）”中列有“奏（或播放）国际歌”一项。大会秘书处一位负责人审稿时，拟把此项放在大会闭幕式时进行，于是把此项目在开幕式的程序中删掉了。后来大会秘书处主要负责人定稿时，又把该项圈了回来。会务组的同志，凭印象只顾已经删掉了奏国际歌这项程序，而对后来又被圈了回来一事未加注意，因此对于在大会开幕式上“奏国际歌”一项事前未做准备，当主持人在大会上宣布“奏国际歌”时，无法奏出，一时形成了冷场。幸好会务组长急中生智，立即上台挥拍领唱，这样才圆了场。会后领导同志说，本来是一个事故，但在关键时刻能得到及时补救，这是好的，这一点值得表扬。

【简评】

每次会议，会前都应充分做好准备工作，以保证会议能顺利进行。上面提到的例子，事前如能做好以下几点，是可以避免事故发生的。

（1）统一领导，加强信息交流，做好上下协调。如会务组的同志会前能主动掌握大会程序的最后定稿，就可避免工作疏漏。

（2）会务工作，在会前应按会议议程、程序逐项做好准备。其中有的项目还要有两手准备，如会场的音响设备，应有现用的和备用的两套，万一现用的出了故障，备用的即可接上，确保工作正常进行。上面所提到的奏国际歌的问题是属会场音响的一部分，如能在会前准备好这首歌的唱片或录音带等，急需时就能保证不出失误。

（3）组织会务的同志，会前、会中都应加强对各项准备工作的督促检查，发现疏漏及时补救。

（资料来源：杨树森《秘书实务》，高等教育出版社，2003）

技能实训

会务管理工作——签字仪式

一、案例情境

中国新阳汽车有限公司坐落于苏州新加坡工业园区，是苏州地区唯一的汽车制造企业。占地面积 55 万平方米，建筑面积 23 万平方米，现有员工 5 000 余人。公司成立于 1997 年 6 月，从打下第一根桩到 1998 年 12 月第一辆吉尔茨下线仅用了 23 个月，创造了我国汽车工业建设史上的新速度。目前的产品包括家喻户晓的经济型——吉尔茨、时尚型——月舞、豪华型——爱思美拉达三大系列几十款车型，拥有 150 多家特约维修站。

公司目前共有冲压、车身、油漆、总装和动力总成五大车间。公司不但引进了国际上最先进的轿车产品、汽车制造工艺和设备，而且同时引进了国际上知名汽车公司先进的管理方法。公司自成立以来，始终把质量放在首位，一贯坚持“质量是生命”的方针，坚持严格的质量标准，形成了完善的质量保证体系和质量评估体系。在“以顾客为中心”的经营原则指导下，公司将不懈努力，继续推出新车型，以多元产品满足市场多元需求，并不断创造中国汽车工业新纪录。

成都朝安汽车有限责任公司是中国具有强大经济和技术实力的大型骨干企业，公司拥有员工 23 000 余人，占地 1 664 余万平方米，资产 39 亿元人民币，数年名列全国最大工业企业 500 强金榜，为国家批准的大轿车生产企业之一。朝安汽车公司以实现国人汽车梦为已任，经多年不懈努力，现已发展成为中国汽车工业最大的微型系列汽车和系列发动机生产基地。朝安汽车公司以汽车、发动机、民用猎枪及人工降雨弹为支柱产品，兼顾军品科研、制造、生产经营项目。为使朝安汽车不断进入国际市场，朝安汽车公司热忱希望与国内外同行加强合作，共创辉煌。

2006 年 7 月，中国新阳在国内轿车市场竞争中继续保持领先，发展前景广阔。此时，制造出集网络、多媒体为一体的材料轻型化、驾驶安全化、能源环保化智能型轿车，已成为国际汽车制造业发展的目标。随着国内市场用户结构中的私人用户比例不断提高，年轻的消费群体对轿车提出了时尚化和个性化的要求。为此，公司决定在“满足用户的一切需要”和“不断创新”这一工作理念下，开发新一代的时尚型轿车。为此，公司作了一系列的准备工作：公司准备与成都朝安汽车有限公司技术合作，同时拓展西部市场。公司决定于 2006 年 7 月 5 日，在上海希尔顿大酒店与朝安汽车有限公司举行签字仪式。朝安汽车有限公司赵总经理和秘书林小姐一行 6 人，在上海出席签字仪式。

二、实训设计

【实训内容】

知识传授（初步理解）→实训模拟（角色体验）→实训指导（规范提高）→实训评价（建档跟踪）→实训总结（深入指导）。

【实训方法】

启发研讨式教学，实行“知识讲解—案例分析—场景演练—师生研讨”相结合。实训环节在课堂上、实训室交叉进行，重点开展集中实训。

三、知识讲解

通常，国家与国家之间，组织与组织之间在会谈和谈判取得成果，达成协议，缔结条约、协定或公约时，一般都要举行签字仪式。一国领导人访问他国，经双方商定发表联合公报（或联合声明），有时也举行签字仪式。商务贸易组织之间在重要的合作和贸易活动取得进展时，也举行必要的签字仪式。秘书人员在筹划和组织签字仪式时要做好以下工作。

1. 确定签字人

就签字仪式而言，签字人的安排是很关键的，原则上是根据文件的性质由双方各自确认。有由国家领导人、政府有关部门负责签的，也有由董事长、总经理签的。但双方签字人工作性质应基本一致，身份亦大体对等。

2. 签字仪式的安排

首先应做好文本的准备工作，有关人员应及早做好文本的定稿、翻译、校对、印刷、装订、盖火漆等项工作。其次准备好签字用的文具、会标、国旗、香槟酒等。再次，商定双方助签人员，并安排双方助签人员洽谈有关细节。最后确定参加签字仪式的双方观礼人员，一般而言，双方参加签字仪式的观礼人员基本上是参加会谈的双方全体人员。如一方要求某些未参加会谈的人员出席，另一方应予同意。但双方出席人数最好大体相等。不少国家或社会组织为了表示对签订协议的重视，往往由更高或更多的领导人出席签字仪式，但他们不是主签人，在此情况下，就不应机械地坚持“对等”“相当”的要求。

3. 签字仪式的场景布置要求

（1）签字厅。一般安排在较有影响的、适于签字的、宽敞明亮的大厅内，亦可安排在谈判室内。

（2）签字桌的选择。签字桌可选择设在签字厅内的大方桌，桌上覆盖深颜色的台呢，究竟选择什么颜色，要视双方喜好而定并且不犯任何一方的忌讳。

（3）摆设。在选定的长方形谈判桌的后面摆放两把椅子，作为双方主签人员的座位，主左客右。谈判桌上摆放着各方保存的文本、签字用的文具。文具的前端中央摆一旗驾，悬挂签字双方的旗帜。所有这些摆设的摆放都遵循主左客右的原则。

4. 签字仪式的程序

（1）双方参加签字仪式的人员步入签字厅。

（2）主签人入座。

（3）双方观礼人员按身份、地位依次站在己方主签人之后。

（4）助签人员站在双方各自的主签人的外侧。

（5）签字仪式开始。开始签字时由双方助签人员协助主签人翻揭文本，指明签字处，由签字人员在自己所要保存的文本上签字，并由助签人员将此文本送给对方助签人员，再由双方签字人员分别在对方保存的文本上签字。然后由双方主签人将文本互换，相互握手庆贺，有时备有香槟酒，在双方握手庆贺后，礼仪小姐端上香槟酒，双方共同举杯以示祝贺。

四、场景演示

利用多媒体演示典型案例，并作简要评析。

五、实训要求

签字仪式的组织工作分 5 个场景。

2006 年 6 月 15 日，新阳公司总经理秘书江某走进了总经理李某的办公室，告诉他签字仪式将安排在下个月的五号，并向他请示有关工作。李总说董事长仇某很重视这次两家公司的合作，他让江秘书认真拟订这次签字仪式程序，整个仪式务必尽善尽美。请制定一份签字仪式程序。

6 月 17 日，江秘书将签字仪式程序给李总看过后，就着手准备签字仪式的文件。江秘书从技术执行经理周某那里拿到了已经起草好并经双方同意的《技术合作协议》，江秘书将协议书进行严格的校对，确认无误后，印制、装订成待签文本，文本包括正本两份、副本两份。请演示秘书准备待签文本的过程，并制定一份《技术合作协议》样本。

6 月 20 日，江秘书到希尔顿大酒店，与酒店大堂经理许先生共同布置签字仪式会场。江秘书告诉许先生，此次签字仪式双方共有 12 人参加，其中双方主签人各 1 名、助签人各 1 名、陪签人各 4 名，设长方桌，桌上放双方的国旗、席卡、文具，会标用红底金字，还要准备香槟酒和酒杯，四周要有鲜花装点。请演示布置签字仪式会场的过程。

6 月 22 日，签字仪式已准备就绪。为扩大宣传，江秘书特地给苏州有线电视台打电话，找到曲记者，请他来采访报道这次签字仪式。曲记者一口答应，并说要约《苏州日报》的记者朋友一起参与。江秘书表示十分感谢，并告知仪式的具体时间及安排。请演示秘书打电话的过程。

7 月 5 日上午 9:00，签字仪式正式开始，出席人有主方主签人仇董事长，助签人江秘书，陪签人总经理李某、商务执行经理顾某、人事行政执行经理何某以及技术执行经理周某。客方主签人为朝安汽车有限公司总经理赵某，助签人为杨秘书，陪签人为朝安汽车有限公司副总经理王某、技术部主任沈某、开发部主任钱某、销售部主任孙某。签字仪式由总经理李某主持，双方按预定位置入席，双方签字完毕，江秘书推出已经斟好的香槟酒，双方共同举杯庆贺。电视台曲记者和报社王记者在旁拍摄。请模拟签字仪式的完整过程。

六、实训组织

学生每 14 人为一组，教师为 14 名学生编上号数，即 1 至 14 号。实训在模拟公司——新阳公司进行。

学生可以先制作文稿，每位学生都必须制作两份文稿：签字仪式程序和《技术合作协议》样本。其中《技术合作协议》样本，只要有协议的结构样式即可，不必写具体内容，技术合作协议书的样本可以上网查找资料。两份文稿均需打印，完成时间不超过 40 分钟。

文稿完成后，再按场景顺序进行演示。5 个场景演示总过程不能超 80 分钟。

第一个场景，由 1 号扮演江秘书，3 号扮演李某。

第二个场景，由 2 号扮演江秘书，3 号扮演李某，6 号扮演周某。

第三个场景，由 3 号扮演江秘书，14 号扮演许先生。

第四个场景，由 4 号扮演江秘书，13 号扮演曲某。

第五个场景，由 5 号扮演江秘书，1 号扮演仇某，3 号扮演李某，2 号、4 号、6 号分别扮演顾某、何某、周某，7 号至 12 号分别扮演赵某、杨秘书、王某、沈某、钱某、孙某，13 号扮演曲记者，14 号扮演王记者。

每组在实训过程中必须制作四份材料：签妥的文本正本两份、副本两份。

七、实训模拟

各组根据分组各自轮流展开实训，教师与组长共同监督。

八、实训指导（对各组表现，请同学们发言评论，研讨式教学）

【指导提示】

签字仪式程序主要包括：引导双方签字人员就座；介绍主要来宾；宣布签字仪式开始；助签人为签字人员翻揭文本、指明签字处，双方在各自保存文本上签字后，由助签人员互换文本，签字人员再在对方保存文本上逐一签字；签字毕，双方签字人员起立，交换文本，相互握手致意；还可根据需要，举行小型酒会庆贺。

签字仪式文本主客方一式两份。签字笔、签字文具均应准备完备。场地布置需庄重、大方，会标需醒目并能反映签约双方的名称、签约内容。客方签字人员的座位应安排在主方的右边。助签人员应分别站在各自主签人的身后外侧，陪签人员按主左客右的惯例分成左右两边站立于签字人员的后面，按职位高低向两侧顺排。签字仪式结束后注意保存好文本。

九、实训总结（课堂集合，深入指导）

签字仪式必须处理好的四大情境。利用这些特殊情境讲解签字仪式中所要注意的事项。

Chapter 06
第六章

现代文员与会展管理

会展活动是人类经济文化交流发展到一定阶段的产物，被誉为当今世界的朝阳产业。近年，随着世界会展业如火如荼的发展，我国会展经济也取得了长足进步，有力地推动了国民经济的发展。会展经济的巨大效应已强烈辐射到各类社会组织的经营管理工作中，作为现代文员有必要认真学习和把握。通过本章的学习，着重了解会展的基本概念和会展组织的主要形式，掌握会展服务的基本原则、内容及其服务技巧等会展的基本知识。

第一节　会展工作概述

会展即会议和展览。怎样界定“会展”的定义？会展经济发展的态势如何？这些是着手开展会展工作必须弄清楚的基本问题。

一、会展的含义和分类

（一）会展的含义

对于“会展”一词，《辞源》的解释是：“[会]：①聚合、汇合。人、物汇集之地也称会。②会面，相见”。“[展]：陈列，展示。左传三十一年：‘百官之属，各展之物。’”可见“会展”含有“陈列展示，人物交汇”的意思。

会展就是指在特定的空间和时间内举行的公司会议、奖励旅游、协会与社团组织的会议、展览会和各种节事活动的总称，简称 MICEE。会议和展览会是核心，节事活动、奖励旅游是外延。这个定义包含着会展的五个方面内涵。

（1）特定空间。会展活动一般集中在特定的会展场所的空间内进行，通常在会展中心或展览馆内。

（2）特定时间。展览会一般都有特定的展览期限即展期，如世界博览会展期一般在每年的 6 月举行。

（3）集体性。会展凝聚着人气，是人类集体性的社会活动。如在展览会中，有人展示、演讲；有人观赏、听讲。

（4）特定主题。一个展览会通常总是围绕某一个确定主题，组织与该主题相关领域的参展商会聚于展览会；展览的主题种类繁多，可以是促进经济、弘扬文化、加强教育、发展体育等各类主题。一个会议总是围绕确定的目标议题进行讨论、交流的。

（5）交流。展览会的根本目的在于促进人们的交流，既包括精神交流，又包括物质交流。精神交流包括信息交流、思想观念交流、文化知识交流；物质交流包括商品交易、物品交易、货币交易等。

（二）会展的基本类型

会展的类型多种多样，本章主要讨论展览会的分类和会议的分类。

1. 展览会的分类

展览会种类繁多，当前，有博览会、展览会、展览、展销会、博览展销会、看样订货会、展览交流会、交易会、贸易洽谈会、展示会、展评会、样品陈列、庙会、集市、墟、场等，国际上还有一些“日、周、市场、中心”，也是各具特色的展览会。

依据不同分类标准可划分为不同类型。

其一，按照展览的性质可划分为贸易性展览会、消费性展览会和宣传性展览会三种。

贸易性质的展览通常是为产业如制造业、商业等行业办的展览。展览的主要目的是交流信息、洽谈贸易。展出者和参观者主体是商人。贸易展览会的展期多为 3～5 天，举办日期、地点相对稳定，有规律。这类展览会重视观众质量。贸易展览会通常禁止直接销售。

消费性展览会是面对公众消费者开放的展览会。这种展览会多具地方性、综合性，比如服装、名优产品展等，这类展览会重视观众的数量。消费展览会的展期比贸易展览会长。一般为 10～15 天。消费展览会在中国常被称作展销会。具有贸易和消费两种性质的展览被称为综合性展览。

宣传性展览会是以宣传展示为目的的展览会。如世界博览会就是以展示、宣传人类当世文明为目的的特大型展览会。

其二，按照展览的内容可划分为综合展览会和专业展览会两类。综合展览会指包括全行业或数个行业的展览会，也被称作横向型展览会。比如工业展、轻工业展。这类展览会既展出工业品，也展出消费品；既吸引工商界人士，也吸引消费者。它能比较全面地反映经济或工业的发展状况及实力，也有良好的展览经济效益和地方经济效益；专业展览会指展示某一行业甚至某一项产品的展览会，比如钟表展等。专业展览会的突出特点之一是常常同时举办讨论会、报告会，用以介绍新产品新技术等。

其三，按照展览的区域规模可划分为国际展、国家展、地区展、地方展，公司独家展。不同规模的展览有不同的特色和优势。

由两个以上国家参加的展览会都可以称作“国际展览会”（简称“国际展”），这是国际展览局在其公约中规定的。但是，在贸易展览业中，使用比较普通的标准是：20%以上的展出者来自国外，20%以上的观众来自国外，20%以上的广告宣传费使用在国外。

国家展中的参展商、观众来自会展举办地所在国的各地。

地区展中的参展商、观众来自会展举办地所在地区。

地方展一般规模不大，特征是参展商、观众以当地为主。

公司独家展是由单个公司为其产品或服务举办的展览会。公司独家展览会的好处是公司可自主选择并决定展览时间、地点和观众。公司还可以充分发挥设计能力，搞特殊展示效果，而不受常规的展览会的规定限制。独家展的费用只是常规展的 10%。主要以研讨会、报告会、年订货会等方式结合起来组织。独家展的一种特殊并且常见的形式是常设展厅。据统计，英国的独家展在 20 世纪 80 年代增长了 330%。

其四，按照展览间隔周期和展期的不同可划分为定期展和不定期展、长期展和短期展。

定期的有 1 年 4 次、1 年 2 次、1 年 1 次、2 年 1 次和 3 年 1 次等不同周期的展览会；不定期展视需要和条件举办。

长期展的展期比较长，可以是 3 个月、半年甚至常设；短期展的展期一般不超过 1 个月。在发达国家，专业贸易展览会一般是 3 天。

其五，按照展览场地可划分为室内场馆展、室外场馆展、巡回展、流动展。

室内场馆展多用于展示常规展品，比如纺织展、电子展等。

室外场馆展多用于展示超大超重展品，比如航空展、矿山设备展。

巡回展是指同一主题内容的展览在几个地方轮流举办。

流动展，即利用飞机、轮船、火车、汽车、组合房屋等作为展场，在不同地点、不同时间展出相同内容。

2. 会议的分类

会议的类型可根据会议的举办单位、会议规模、会议的性质和内容以及会议活动特征等进行划分。

其一，按照举办单位的性质不同，可将会议分为三大类。

（1）公司类会议。会议规模大小不一，小到几个人，大到上千人。公司管理者强调的是信息传递，而公司类会议就是最基本的方式之一。这类会议常以管理、协调和技术等为主题，如销售会议、技术会议、经销商会议、管理者会议及股东会议等。

（2）协会类会议。协会因人数和性质不同，其规模从小型地区性组织、省市级协会到全国性协会乃至国际性协会不等。行业协会被认为是会议业最值得争取的市场目标。

（3）其他组织的会议。如社会团体、军事机构、教育部门、宗教团体等组织会议。

其二，按照会议规模可将会议分为四大类。

（1）小型会议。出席人数少则几人，至多不超过 100 人。

（2）中型会议。出席人数为 100～1 000 人。

（3）大型会议。出席人数为 1 000～10 000 人。

（4）特大型会议。出席人数在 10 000 人以上，如大型节日聚会、庆祝大会等。

其三，按照会议的性质和内容可将会议分为规定性会议、日常性会议、专业性会议（专题学术讨论会、讲座、研讨会、培训会等）、纪念性大会、奖励会议等。

其四，按照会议活动的特征可将会议分为商务型会议、度假型会议、展销型会议、文化交流会议、专业学术会议、政治性会议和培训会议等。

二、会展经济的概念及其发展

（一）会展经济概念

关于会展经济的概念，我国学者刘大可是这样定义的：会展经济是指因会展活动的存在和会展产品的交易而引发的经济活动以及为促进会展业的发展和促成会展产品的交易而引发的经济活动（刘大可：《会展经济学》，中国商务出版社，2004 年 8 月）。他在《会展经济学》中进一步对会展经济的类别做出了划分。

第一类是由会展活动自身而带来的经济现象，包括会展组织者、会展参加者、会展中心、会展服务商、媒体等为了会展活动的举办而发生的各种经济关系，包括参与主体之间的费用支付、各类会展企业的工资、利润、税收等。

第二类是由会展活动衍生出来的经济现象。如会议和展览给酒店、餐饮、交通、电信、旅游等行业带来的商业机会，这些经济现象通常被称为会展的“经济带动效应”。

第三类是因展会而促成的经贸交易活动。如展览会、交易会带来的买家与卖家的成交，经贸洽谈会引来的外商投资等。

第四类是为促进会展业的发展而引发的经济活动。

（二）现代会展经济的发展

会展经济作为一种经济形态是从 19 世纪末 20 世纪初开始的，标志是 1928 年 11 月 22 日，由 31 个国家和地区在法国巴黎共同签署的《1928 年国际展览会巴黎公约》。在此之前的各种会展只能算作会展业态，而不能作为一种经济形态。现代会展经济的发展大致经历了三个阶段。

第一阶段是 19 世纪末至 20 世纪 70 年代的销售功能阶段。这一阶段会展的主要功能是将买卖双方有效地组织起来，达成供需见面的贸易成交的桥梁。

第二阶段是 20 世纪 70 年代至 90 年代的客户营销阶段。这一阶段世界经济出现了三大趋势：一是经济日益全球化，国际化的产业分工逐步形成，产业规模逐步放大；二是市场贸易日益自由化，这种贸易自由化的倾向导致国际市场的争夺。这一时期的会展经济也因内部管理的优化而得到蓬勃发展。这一阶段会展的主要功能是为参展商提供展示自己的舞台和寻找目标客户群的场所。

第三阶段会展经济进入一个崭新的发展阶段——20 世纪 90 年代至今的客户管理阶段。在这一阶段，会展的主要功能是强调更加专业化的中介服务，为客户管理提供全方位的支持。从目前会展经济的经营方式来看，专业化的会展就该是会展的主流，从地域分布上看，欧洲仍然是世界现代会展经济的中心，在这一地区，德国、意大利、英国和法国都是世界性的会展经济强国，其所办会展规模和水平都是世界一流的。除此之外，美国、日本、新加坡和中国香港地区的会展经济也有了长足的发展。与此同时，随着中国经济的高速发展和经济地位的日益提升，中国的会展也在大踏步地前进。

第二节　会展与现代文员服务工作

会展服务包括旅游、文书、通信、采访、接待、礼仪、交通、后勤、金融、展台设计与展具制作、展台搭建、运输等方面的服务。这种会展服务的内容包罗万象，工作人员可从以下几方面来把握。

一、会展服务的具体内容

1. 服务时间的会展服务

（1）会展前期服务。在会展活动正式开幕前提供的服务称为前期会展服务。会展服务前期的主要目的是为与会者、参展商和客商的参会参展提供条件，做好准备。如市场调研、拟订方案、招展、布展、预展等。

（2）会展期间服务。会展活动正式开幕到闭幕期间提供的服务称为会展期间服务。会展期间服务的主要目的是满足与会者、参展商和客商的吃、住、行、游、乐以及开展会展业务活动的需要，保证会议和展览活动的顺利进行。

（3）会展后期服务。会展活动结束后，还有大量的服务工作，如会议后期文件的印发、会议信息的反馈、会展文件的收集归档、撤展、商务考察、观光游览，等等。这类服务的主要目的是巩固会展成果，让参加对象满意而归。

2. 服务内容的会展服务

（1）观光考察类服务。如会展活动期间或结束后，结合会展活动的主题安排商务考察、文化考察、观光旅游等活动。

（2）体育娱乐类服务。如在会展活动期间安排观看文艺表演、体育比赛、电影录像，或者安排打高尔夫球、保龄球等体育活动。

（3）秘书礼仪类服务。如文案写作、会议记录、文印、资料分发、报到签到、会展模特、礼仪引导、庆典礼仪等方面的服务。

（4）设计安装类服务。如展台设计、展具展架定制、搭建面展、设备安装、撤展等方面的服务。

（5）设备租赁服务。如向参展商提供音视频会议系统、电视墙、视频数字投影仪、音响扩声系统、灯光表演系统、同声传译系统等设备的租赁、安装、调试服务。

（6）运输仓储类服务。如提供展品、展具、展架的包装、运输、通关搬运、仓储服务。

（7）信息咨询类服务。如提供会议简报或展会动态、处理提案和议案等服务。

（8）广告宣传类服务。如向参加对象派送会展活动的宣传品和服务手册，提供会展现场的招贴广告、证件背面广告、入场券广告等项服务。

（9）后勤保障类服务。如为参加对象提供票务联系、食宿安排、茶水供应、现场急求、会客室租赁、会议保安、展品保护等方面的服务。

二、会展管理的基本原则

（一）准备充分原则

成功的会展活动都是建立在充分准备基础上的，可从以下四方面着手。

一是思想准备。会展管理机构和会展工作人员在接到任务后，必须首先从思想上动员起来，认真学习相关的法律、法规及相关政策，明确会展管理的目标和要求，为投入紧张的会展管理工作做好思想上、心理上的充分准备。

二是信息准备。会展信息是决策的依据，要建立专门的机构或指定专人围绕会展的目的，进行深入细致的调查研究，在对信息进行系统收集和深入加工的基础上，向会展领导管理机构提交会场分析、情况简报，提出办好会展的建议和方案。具体包括：议题性信息、指导性信息、参考性信息、会务和展务管理方面的信息等。

三是物质准备。现代会展活动离不开物质的支持。

四是方案准备。会展活动的各项具体安排事先要有周密的计划和方案，包括实施方案、应急方案等。

（二）分工协调原则

为确保会展有序和高效率进行，会展工作要明确分工，统筹协调。具体要求做到：一是分工明确。会展活动每一项组织工作、会展管理的每一个环节都要落实到人，做到岗位职责明确、任务要求明确。二是统筹协调。会展管理涉及方方面面，统筹协调不可缺少。通过建立协调机制、明确协调责任、强化协调意识，使会展管理组织及其各个工作机构成为一个相互协调、相互配合的团队，促进管理效益的提高。

（三）服务周到原则

会展竞争从某种意义上说，是一种服务竞争。服务周到原则主要包括：一是服务全面性。凡参会、参展者以及客商的合理需要，主办方都要尽可能满足。二是服务的及时性。要及时准确地了解与会者、参展者以及客商的需求，尽快满足他们的愿望。三是服务的超前性。要求会展管理和服务人员想客人之所想，尽可能把各项服务做在客人提出之前。比如，事先做好接待安排以及其他各项服务的准备。四是服务的细致性。竭尽全力让参加对象处处放心、事事称心、件件暖心。

（四）确保安全原则

安全原则主要包括人身安全、信息安全和财产安全。人身安全是会展管理的重中之重，即要对有重要人物参加的活动做好现场安检等工作；大型活动的现场要配置足够的安全设施、安全门（通道），配备医护人员和救护设备；举行宴会和集体就餐，要有严格的卫生措施，确保饮食安全等。

（五）节能环保原则

贯彻节能环保原则，科学合理配置和最大限度地利用资源，采取切实有效的措施，厉行节约，反对铺张浪费，避免重复举办，争取用最少的资源换取最大的效益。

（六）依法规范原则

会展活动的主办者在会展活动的全过程中，必须依照相关的法律、法规和规章制定相应的管理制度和规则，做到有法必依；向与会者、参展者和观众提供优质服务，维持会展活动的良好秩序，维护与会者、参展者和观众的合法权益，从而树立会展品牌形象。

三、现代文员会展服务的技巧

现代会展活动愈来愈趋向于会中有展、展中有会的综合化形式，因而决定会展的方式和技巧也要讲究综合性，即会议服务和展览服务技巧相互交融与渗透。现代会展服务主要技巧如下。

（一）拟定会展方案的要领

（1）确定好会展名称或展览项目名称。会展的名称通常能够概括并显示会展的内容、性质、参加对象、主办者、承办者、协办者、赞助者、时间、届次、地点或地区、范围、规模等。

（2）会展名称必须用规范、确切的文字表达，以便于会前通知、会场使用和会后宣传。

（3）确定好会展时间。把握全体与会者方便的时间段；选择与会者中关键人物的最佳时间开会；时效性强的会议尽早安排，需要反复权衡的会议可以推迟召开。

（4）确定好会址。日常会展一般在本地召开。如国家政党的代表大会一般在首都举行；跨地区、全国性或国际性会议选址要考虑政治因素、经济因素和环境因素；确定会场的要点是远近适合，会场空间大小适中，会场附属设施齐全，环境适宜，费用适度。

（5）确定出席人员名单。会展主持人是会议过程中的主持者和引导者，通常由经验丰富、能力强、有相当地位、威望高的人担任；会展嘉宾通常是一些政界、娱乐界、商界的公众人物；会议、展览出席人员根据会议、会展的性质而定。

（6）确定会展日程。会展日程是对会展期间的所有活动作逐日的具体安排。日程安排一般包括时间、内容、地点等。

（二）招展要领

招展即招徕参展者。这是展览筹备阶段的关键性工作，直接决定参展商的数量和质量及展览会的成败。一是要制定历届展览会的参加者分析表，以了解目标客户的需求、类型、行业等。二是制作招展说明书，详细说明展览会的时间、地点、内容、性质、组织者的联系方式、参展手续、申请截止期限等，以便参展商了解情况和做出参展决定。三是建立潜在客户档案。四是要适时地开展招展宣传活动。招展宣传可通过新闻媒介、户外广告、直接发函等方式将有关会展的信息传递给参展者，以激发或引导参展兴趣和愿望。招展宣传还可以采取登门拜访、打电话、召开会议等方式进行。五是注意选择参展商，重点选择名家、名品参展商参展，以满足观众的需求和反映会展组织者的实力。

（三）预算和筹集会议经费要领

预算和筹集会议经费主要包括场地费、会场装饰费、设备费、交通费、人工费、茶水食宿费、文具资料费和其他费用。会议经费预算的原则是科学合理、总量控制、确保重点、精打细算、留有余地。会展经费的筹措办法是行政事业经费划拨、主办者分担、与会者分担、社会赞助、转让会议无形资产使用权等。一些大型会议的名称、会徽、吉祥物等，具有很高的潜在价值，是无形资产，可通过运作筹得数目可观的会议活动经费。

（四）印制会议文件和证件要领

会议文件的准备是开好会议的重要前提，必须按规范印制。

（1）会议文件分为主旨文书（如开幕词、闭幕词、主持词、大会报告、领导讲话等）、事务文书（如会议须知、会议细则、日程安排、选举办法等）、议案文书（议案、议案说明等）、决议文书（会议决议、公报等）和信息文书（会议记录、简报等）。

（2）会议证件是表明持证人在会议中的身份以及权利和义务的证据。会议证件主要有出席证、工作证两大类。出席证包括代表证、列席证、嘉宾证、旁听证等；工作证包括工作证、记者（采访）证。会议证件有利于会议管理，方便识别身份、统计会议人数，保证会议安全并维持会议秩序。

（3）不同种类证件应当用不同颜色和字体相区别，设计格调要与会议的性质和气氛相适应，涉外会议证件可用中文、英文两种字体，英文排在中文下方。

（五）接待报到要领

（1）组织接站，即会议接待人员在机场、码头、车站迎接与会者。接站服务的要点包括：确定迎接规格，掌握与会者抵达详情，树立接待标志，开设贵宾专用通道与休息室，组织欢迎队伍和安排鲜花，贵宾的免检或专检礼遇，迎送工具与陪车。

（2）安排住宿，即根据会议代表报名情况，会前仔细分析与会者基本情况，合理分配、合情照顾，制定住宿方案，会议住宿要相对集中，以利于会务联系、与会者之间的沟通等。

（3）迎领报到，即与会者凭会议通知书、本人证件、单位介绍信报到，在会议报到登记表上填写本人信息，并领取会议有关材料与物品（会议须知、会议资料、会议证件等）。

（六）会场组织与服务要领

一是会议签到。与会人员进入会场时，应在签到簿上签署姓名、职务、单位，以表示到会。会议签到方式有：会议工作人员代签到（用于小型会议）、证卡签到（用于中型会议，与会者事先在会议发放的签到卡上签好自己姓名，入场时交给工作人员）、簿式签到（用于富有纪念意义的会议）、电子计算机签到（用于大型会议，与会者在签到机上刷卡入场）等。

二是引导就座。可采取某种方式引导座位，以方便与会者尽快就座，保持会场秩序安静。

三是会议文件发放。会议前发会议通知、会议议程、日程安排等；签到时发放会议须知、讨论议题、领导讲话稿、参考资料等。会议期间分发简报，会议结束时发放会议决议、纪要文件。

四是安排会议发言，注意掌握发言人员组成结构的地区平衡、主要领导与基层领导的平衡，以及发言主题的平衡。

五是组织分组讨论，编组的基本方法有两种：按地区编组或按专业编组。

六是处理临时事项，如将会外紧急文件呈送领导批阅等。

（七）举行开幕式要领

为制造气氛，扩大影响，通常在会展的第一天举行开幕式。

（1）确定人员、时间、预算、地点和程序等事项，如工作人员、司仪、发言人、剪彩人、出席人等。要根据最重要人物的时间安排开幕式，对重要的邀请对象在寄送请柬后要用电话确认。

（2）安排好开幕式现场。布置大厅、贵宾室、签到台和租用鲜花盆景等；挂放横幅或背景，安排发言台、座椅、茶具饮料、座次名牌等；准备好剪彩用具，如彩带、剪刀、托盘手套等；调试好现场声像设备，并指派专人负责。

（3）开幕式的一般程序是：主持人宣布仪式开始、主宾按顺序发言致辞、剪彩等。

（八）安排会议后勤服务要领

（1）安排会议餐饮。餐饮安排通常有两种形式：自助餐和围桌餐。注意大型会议围桌式餐饮安排需要考虑要求、酒水种类及付款等；保证会场饮料、点心供应。

（2）会议安全和保密服务。重要会议的安全保密工作涉及治安、政保、防爆、消防、警卫、交通、通信等。特殊会议的召开，要制定必要的措施，做好保密工作，重点抓好文件运转、技术设备、会议记录、宣传报道和会场保密等几个环节的工作。

（3）会议医疗卫生服务。

（4）组织参观访问和文娱活动。会议期间的参观访问、文娱活动应列入会议日程；参观应该与会议内容相关，联系参观单位的工作提前做好；文娱活动包括电影、录像、文艺演出、棋牌、健身、游览等。

（5）编印通讯录和拍摄集体照。要注意确定摄影对象的规模和范围，事先联系好摄影师、摄影场地等。

（九）会展结束服务技巧

会议结束后的工作包括会场清理、返离服务、会议决算、会务总结和会后宣传等。

（1）会场清理。会议结束后，及时撤掉会场的临时布置（会标、旗帜、盆景等），一切会议用具、用品应予以清点、归位。

（2）返离服务。安排与会者离开会议地要热情、周到。及时和各位与会者清理结算账目；为与会者联系飞机、车、船票；安排送行车辆，必要时安排相关人员为与会者送行。

（3）会议决算。会议组织者与会议场馆、宾馆、酒店、景点等所有涉会单位进行会议经费结算。最后对照会议预算，进行会议决算。

（4）会务总结。一些重要会议结束后，应召开会务总结会，对整个会议的组织与服务工作进行全面总结，积累经验，发现不足，以提高今后会务工作水平。在会务总结会的基础上，形成会议书面总结报告。

（5）会后宣传。重要会议结束后，可以召开新闻发布会、记者招待会，或向有关媒体提供新闻通稿，并联系、督促媒体及时报道，以扩大会议的影响。

第三节 会展与现代文员的职责

会展活动的规模越大，组织、管理、服务工作就越多越复杂，只有通过严密的组织、管理和高效的服务，才能保证会展活动的有序进行。

一、会展组织委员会

会展组织委员会是对会展全过程进行管理的组织，是会展管理组织的主要形式之一。组织工作较为复杂的大中型会议或者规模较大的展览会，以主办单位为主体成立组织委员会（简称“组委会”）作为最高管理组织。这类管理组织既要负责领导会展活动前的各项筹备工作，又要管理和协调会展举办期间的各项服务工作及会展活动结束后的各项善后工作。

（一）组委会的人员组成

组委会由主办单位依据精干高效和有利工作的原则，从有关方面抽调精兵强将组成，避免机构庞大、重叠。在人员组成上，一般要包括主办单位人员、相关单位人员（如具体承办会展的单位、协办单位、支持单位、赞助单位等）、专家和知名人士。

（二）组委会的主要职责

各种会议、展览和综合性活动在内容和活动方式上差异较大，组委会的具体职责也各不相同，但其共同的职责主要体现在以下几方面。制定会展活动的目标、任务、主题、规划、规则、程序和各项具体实施方案，对有关重大问题做出决策；确定会展的举办时间和地点；组建会务和服务工作班子，任命工作人员，明确分工，做好各项筹备工作；负责新闻宣传和公关，扩大国内外的联络，吸引与会者、参展者和观众；开发会展资源，掌握和协调会展活动的进程，确保会展活动顺利进行和圆满结束；做好善后工作，总结会展工作经验；处理相应的法律事务，承担相关的法律责任。

（三）组委会的组织结构

（1）决策层。决策层包括主任（主席）、副主任（副主席）、秘书长等职务。主任由主办单位担任，副主任协助主任工作，必要时可设常务副主任或者专职副主任。秘书长参与决策并掌管和协调组委会的日常工作。

（2）名誉层。有时根据实际需要，组委会可设置名誉主任（主席）。名誉主任往往是上届组委会的领导人或德高望重的知名人士。一般只设 1 名，如有需要或设若干名，但不宜过多。

（3）顾问层。顾问层以知名度较高的专家或社会人士、领导干部组成，对会展活动进行信息咨询、技术指导。顾问层也可以是由若干单位组成，如第五届中国北京国际科技产业博览会的顾问层由中国科学院、中国工程院、中国企业联合会、中国科学技术协会 4 家单位组成。

（4）委员层。组委会设委员若干名，分别由主办单位、协办单位、承办单位以及其他专家和相关人员组成。委员的人数和职责的分工可根据会展活动组织工作涉及面来确定。委员可以兼任组委会下设的职能部门的负责人。

（5）执行层。执行层即组委会下设的执行机构，一般称为执行委员会（简称“执委会”）或秘书处，也有的叫办公室。其职责是在组委会的领导下，贯彻组委会的各项决策，具体落实和协调会展活动的各项组织工作，召开筹备工作会议，向组委会汇报组织工作的情况，控制筹备工作的进度以及经费预算。秘书处、办公室下面再设若干职能部门分工负责。

二、现代文员会展职责

在会展活动期间组委会各层次机构的工作人员务必在组委会的领导下完成会展准备、会展举行、会展善后三个阶段的组织、筹备、协调和善后各项工作，并为与会者、参展者、观众提供全面服务。

（一）会务工作的主要职责

会务工作职责主要有：提供信息和建议，为会议的领导管理系统确定会议的目标和议题起参谋作用；根据会议领导管理系统确定的议题、时间和形式，提出会议的议程草案，呈领导管理系统审批；根据会议领导管理系统的要求拟写会议的报告、讲话、最后文件的草案，审查与会单位或与会提交的会议发言材料；根据会议的要求安排会议的场地并布置会场；做好会议活动的接待工作；做好会议的各项记录；做好会议对内和对外的宣传工作；做好会议精神的传达和反馈工作；处理好代表的提案、议案和各项书面建议；总结会务工作的经验教训；收集会议文件，做好立卷归档工作；注意搞好会议活动的综合协调，及时处理各种突发性事件，保证会议顺利进行和圆满结束。

（二）展务工作的主要职责

根据展览活动领导管理机构确定的目标和主题拟订举办展览的详细方案，负责展馆的规划、设计，组织实施展馆形象策划和包装，策划展览的时间以及各项配套活动内容与形式等；负责制定招展及展务管理文书；策划并发动广告宣传攻势，开展招商招展活动，负责展馆内的广告发布；审核参展资格，接洽参展业务，确定展位编号，安排落实参展者的展位；负责指导协调运输、通关等展务保障工作；搞好整个展览期间的接待和后勤服务工作，为参展商进场布展提供必要的硬件和软件支持；加强展览现场的管理和调度，确保人流、物流的畅通、安全；及时向参展者和客商提供信息咨询服务，加强信息沟通；搞好综合协调，完成展览领导机构交办的其他工作，保证展览的顺利进行和圆满结束；认真总结本次展览的经验教训，收集展览文书，做好立卷归档工作。

思考题

1. 你对现代文员会展服务的职责是怎样理解的？
2. 现代会展服务包括哪些内容和技巧？
3. 试用不同的分类标准对会展进行分类。
4. 简述现代会展经济产生与发展的过程。

案例分析1

亚洲最大的啤酒盛会

第十六届青岛国际啤酒节于2006年8月12日至8月28日在我国青岛成功举行。

青岛国际啤酒节始创于1991年，每年在青岛的黄金旅游季节8月的第二个周末开幕，为期16天。节日由国家有关部委和青岛市人民政府共同主办，是融旅游、文化、体育、经贸于一体的国家级大型节庆活动。啤酒节的主题口号是："青岛与世界干杯！"经过十四届的举办，青岛国际啤酒节已逐渐成为青岛这座美丽海滨城市的一张亮丽的城市名片，在国内外具有了相当的知名度和影响力。

本届啤酒节由开幕式、啤酒品饮、文艺晚会、艺术巡游、文体娱乐、饮酒大赛、旅游休闲、经贸展览、闭幕式晚会等活动组成。节日期间，青岛的大街小巷装点一新，举城狂欢；占地近500亩、拥有近30项世界先进的大型娱乐设施的国际啤酒城内更是酒香四溢、激情荡漾。节日每年都吸引超过20多个世界知名啤酒厂商参节，也引来近300万海内外游客举杯相聚。

本届啤酒节吸引了来自德国、美国、英国、丹麦等九个国家的45个世界知名啤酒品牌欢聚一堂；德国科隆巴赫、美国百威、丹麦嘉士伯等世界啤酒十强中的九强参加了本届啤酒节。美国蓝带、德国科隆巴赫等13个啤酒厂商还精心为本届啤酒节酿造香醇的"特供酒"，使本届啤酒节俨然成为"世界啤酒博览会"。据初步统计，本届啤酒节开幕16天来，共吸引国内外游客428万人次参节，消费啤酒1 300吨，分别比上届增长了26%和30%。青岛国际啤酒节已成为国内外游客和青岛市民最喜爱的啤酒盛会。

（资料来源：新浪城市联盟、2006年8月29日）

案例讨论：

作为现代文员，青岛啤酒节成功举办的案例给你怎样的启示？

案例分析2

2008年北京奥运会获得赞助计划

一、赞助商层次

对北京2008年奥运会的赞助包括国际和国内两个方面：国际奥委会第六期全球合作伙伴计划在国际范围内对整个奥林匹克运动提供支持，包括支持北京奥运会。北京2008年奥运会赞助计划在主办国范围内对举办2008年奥运会提供支持。

北京2008年奥运会赞助计划包括三个层次：一是北京2008年奥运会合作伙伴；二是北京2008年赞助商；三是北京2008年奥运会供应商。

每个层次设定了赞助的基准价位。在同一层次中，不同类别的基准价位也会有所差异，以体现不同行业之间的差别。具体价位将在销售过程中向潜在赞助企业做出说明。

北京奥组委的各级赞助商将为奥林匹克运动在全国的发展做出贡献；通过在技术、产品和服务等方面的赞助，支持北京奥组委的筹办工作，支持2008年奥运会的举办，支持中国奥委会以及中国奥运代表团。不同层次的赞助商享有不同的市场营销权。赞助商在主办国地域范围内享受市场开发的排他权。

二、赞助商权益

赞助企业向北京奥组委、中国奥委会和中国奥运代表团直接提供有力的资金和实物支持。作为回报，赞助企业将享有相应的权益。以下是北京奥组委给予赞助企业的主要回报方式：

——使用北京奥组委或者中国奥委会的徽记和称谓进行广告和市场营销活动。

——享有特定产品/服务类别的排他权利。

——获得奥运会的接待权益，包括奥运会期间的住宿、证件、开闭幕式以及比赛门票，使用赞助商接待中心等。

——享有奥运会期间电视广告以及户外广告的优先购买权。

——享有赞助文化活动以及火炬接力等主题活动的优先选择权。

——参加北京奥组委组织的赞助商研讨考察活动。

——北京奥组委实施赞助商识别计划和鸣谢活动。

——北京奥组委实施防范隐形市场计划，保护赞助商权益。

根据对奥林匹克运动和北京奥运会贡献的价值不同，合作伙伴、赞助商和供应商享有不同的权益回报。

三、赞助销售

1. 销售方式

坚持公开、透明、公平的原则，根据行业的不同情况采取以下不同的销售方式。

公开销售：公告销售通知或公开征集企业赞助意向。

定向销售：向具备技术条件的企业发出征集赞助邀请。

个案销售：直接与符合技术条件的企业进行销售洽谈。

2. 销售步骤

主要采取以下步骤进行销售：

（1）北京奥组委将征集情况知会企业或向企业征集赞助意向；

（2）企业提交赞助意向书；

（3）北京奥组委销售机构进行企业资格评审；

（4）北京奥组委销售机构与企业洽谈赞助方案；

（5）企业提交正式的赞助方案；

（6）北京奥组委评估机构提出赞助商候选人；

（7）北京奥组委确定赞助企业，提交国际奥委会批准；

实际操作中，以上步骤可根据需要增加或减少。

3. 销售进度

鉴于不同层次的赞助商对奥运会贡献的价值不同，销售进度也将体现投资差异。首先开始合作伙伴的销售。但根据销售进程，有可能同时进行不同层次的销售。

具体安排：

合作伙伴：2003 年第四季度—2004 年第四季度；

赞助商：2004 年第二季度—2005 年第二季度；

独家供应商/供应商：2004 年第四季度—2007 年第二季度。

四、赞助商选择标准

选择赞助企业时，主要参照以下标准。

（1）资质因素。赞助企业必须是有实力的企业，是行业内的领先企业，发展前景良好，有充足的资金支付赞助费用。

（2）保障因素。能为举办奥运会提供充足、先进的、可靠的产品、技术或者服务。

（3）报价因素。企业所报的赞助价格是选择赞助企业最重要的考虑因素之一。

（4）品牌因素。企业具有良好的社会形象和企业信誉。企业的品牌和形象与奥林匹克理想和北京奥运会的理念相得益彰，产品符合环保标准。

（5）推广因素。企业在市场营销和广告推广方面投入足够的资金和做出其他努力，以充分利用奥运会平台进行市场销售，同时宣传和推广北京 2008 年奥运会。

案例讨论：

1. 2008 年奥运会赞助商将获得哪些权益？这体现了哪些赞助原则？
2. 2008 年奥运会赞助的销售方式有哪些？
3. 2008 年奥运会赞助销售的步骤怎么样？
4. 选择赞助商的基本标准有哪些？

（资料来源：http://cqihm.org/huizhan/UploadFiles/al.htm）

案例分析 3

2000 年悉尼奥运会之志愿者管理

奥运会的组织和服务借助志愿者始于 1912 年斯德哥尔摩奥运会，当时有 6 名志愿者，到 1936 年的柏林奥运会，青年志愿者已达 350 人，此后，志愿者成为奥运会的一个优良传统。2000 年悉尼奥运会的志愿者创下了历届之最，达到了 4.7 万人，加上残疾人奥运会，志愿者总数达到了 6.2 万人，占奥运会全部工作人员的将近半数，成为悉尼奥运会的点睛之笔。奥组委主席说：“如果没有这支志愿者大军，悉尼奥运会将无法举行，而奥运会的成功在很大程度上要归功于他们的努力。”

澳大利亚早就形成了志愿者的传统，他们活动在家庭、社区和社会的各个领域，非常有利于悉尼奥运会的志愿者招募。早在 1996 年，悉尼奥运会的组织者就制订了有关志愿者的计划，那时决定使用 5 万名志愿者。每个报名参加志愿者工作的都要填写自己的专长和选择，经过核选决定，从事专门业务的志愿者如医生、翻译、司机等都要出示有效证件，然后要经过测试和面试，再经过警察局的审查，证实没有犯罪记录后才够资格。

四分之一的志愿者在 18 岁到 25 岁之间，四分之一在 55 岁以上。四分之三的志愿者来自新南威尔士州，其余的来自外地甚至国外。志愿者之中大学生很多，也有公司职员、家庭妇女、教师等。其中，一半人从未干过志愿者的工作。志愿者要经过从十几小时到几十周时间不等的训练，志愿者的培训工作由政府出资 3 600 万澳元，通过招标，由新南威尔士州成人职业学院承担，在全州 129 个教学点，提供总计 100 万个小时的培训。培训的内容主要分为三个部分：一是奥运会知识培训，要求志愿者熟悉奥运历史、理想和精神，悉尼奥运会的特点，会标、吉祥物的含义等等；二是场馆知识，熟悉场馆的位置、竞赛项目、时间与地点，自己的位置与职责，报告与责任系统等；三是专业技能培训，如赛事口译、安检程序、救护知识等等。

志愿者要经过行为守则和职业道德教育的培训。如规定：从穿上志愿者服装时起，便不准在公众面前吃东西、嚼口香糖、吸烟和喝酒；不准随意坐在观众的位置上；不得要求与运动员合影；不准使用粗俗的语言；不准开不适当的玩笑；不准为比赛的输赢打赌；收受小礼物要报告，不得收受贵重的礼品；在岗位上不得打私人电话，不得作个人交易；与残疾人讲话要俯身倾听，不要去注意对方的残疾之处，而是特别关注他的困难与要求，帮忙前要先礼貌地征得对方同意，以避免伤害对方的自尊心，等等。

志愿者的专业服装亮丽醒目，设计突出了澳大利亚潇洒随意、热爱运动的民族性格。上衣右袖印成不同颜色以区分职责：橙黄色是赛场服务人员，豆绿色为保安人员，橘红色为医护人员，紫色为交通运输人员，深绿色为技术保障人员，等等。

志愿者以 8 人编组，组长还负责管理和安全。志愿者与组委会签订长短不等的合同，有的只干半个月，有的已经干了几年，有的人在奥运会结束后，还要为残疾人奥运会继续服务。有时他们上下午上不同的班，上午收门票，下午在场地为观众指路。这样的安排是为了减少工作的单调乏味。组委会对志愿者的工作条件很注意，规定一周工作 5 天，每天不超过 10 小时，供应两顿饭。志愿者没有收入，只提供一整套制服，包括色彩斑斓的风雨衣和运动衫、袜子、帽子以及长裤。当陪同的则是西装上衣代替了花花绿绿的制服。

奥运会闭幕后，新南威尔士州政府和悉尼市议会为所有志愿者举行了一次庆功大游行。这次游行是近年来规模最大的一次。那天，志愿者的交通都免费。这些坚守在各个不同岗位的无名英雄们，身穿制服、身佩证件在市中心的公园集合，然后列队经过市政府，走过几条热闹的市区大街，参加了一个感谢音乐会。

悉尼奥运会志愿者工作的总时数为 545 万小时，如果将其折合成货币，价值可高达 1.1 亿澳元。志愿者不仅为奥运会提供了大量的人力资源、降低举办奥运会的成本，更为重要的是，志愿者热心公益、无私奉献的行为对主办城市乃至主办国的民众有强烈的示范作用，从而启发社会良知、鼓励人们多为他人考虑，为社会着想，有利于社会风气的改善，加强社会的亲和力和凝聚力。志愿者是国家的代表，展示一个国家民众的道德水平。

案例讨论：

1. 志愿者在会展项目中的作用是什么？
2. 在会展项目中应该按照什么标准选择志愿者？
3. 志愿者如何进行管理？

技能 实训1

开 业 庆 典

（一）实训目标

（1）了解庆典活动的类型，理解庆典活动的整体策划、组织，并能熟练应用与庆典活动相关的技能。

（2）掌握庆典筹备方式、议程安排及庆典的规范服务。

（二）实训内容

（1）开业庆典的准备。

（2）开业庆典的程序。

（3）开业庆典会场的布置。

（三）知识点

（1）庆典是各种庆祝仪式的统称，是有目的地利用企业内部的重大节日或纪念日、社会生活中的传统节日等时机，通过各种形式的庆祝活动来营造一种喜庆气氛，以亲和企业内部的人际关系，改善企业外部的社会舆论与关系环境。

（2）庆典活动前，应精心选择对象，发出邀请，确定来宾，邀请上级领导、社会名流、大众传媒、合作伙伴、同行业代表、消费者代表等参加。

（3）常见的庆典活动程序：

主持人宣布开始→介绍来宾→本公司负责人致辞→领导或来宾致辞→宣读贺电、贺信→剪彩→安排文艺演出→参观活动→酒会。

（四）项目情景

成功职业中学创建于 1955 年，原来是一所农业类学校，起初只有 200 多名学生，20 余名教职工和 50 万元固定资产。建校以来，历经 3 次撤并后，学校将培养第三产业的初中级技术人才作为办学新的目标，逐步减少“农字号”专业，陆续开设了公共关系、文秘、礼仪服务、市场营销、美容美发等新兴专业。经过几年的发展，学校的文秘专业被评为省级示范性专业，学校被升格为国家级重点职业学校，目前学校拥有近 3 000 名在校生、200 余名专任教师，固定资产近亿元。“成功”办学走过了 50 年，是一部“成功人”自力更生、开拓进取、励精图治、艰苦创业的创业史。

今年是学校建校 50 周年，学校领导经过研究，决定举办 50 周年校庆活动，并确定了“以成功人为荣，做成功者”的活动宗旨。学校对内增强全体师生员工对学校的自豪感和荣誉感，对外显示学校的实力和发展前景。学校早在一年前就成立了校庆筹备委员会，下设秘书组、新闻组、接待组、信息组、联络组，每组的组长都由学校的中层以上干部担任，筹委会给予他们充分的权力和空间，自主设置校庆项目及相关事宜，重大项目须由校庆筹备委员会讨论审核。

秘书组主要负责庆典仪式活动的筹划，制定议程，拟定邀请重要来宾的名单，并撰写相关文书，直接接受筹委会领导、协调、监督。

新闻组负责庆典活动新闻发布会的筹划及新闻采访活动安排。

接待组的主要工作由该校的文秘教师负责筹划，具体工作由文秘专业的学生承担，要求统一着装，负责迎接宾客、来宾签到、赠送纪念品、茶水服务、活动迎导、参观解说，并要求在大门口列队迎送客人。

信息组负责组织编写校史、校友录及学校宣传册。

联络组主要负责联络各界校友，组织校友会。

对于 50 周年校庆，学校领导非常重视，制定了一整套方案，专门拿出 80 万元经费用于筹划庆典。在庆典仪式上安排了剪彩活动，校庆日晚上还将举行盛大的庆祝晚会。同时，为使校庆活动更具学术气氛，校庆期间还将举行“学校发展战略研讨会”和“职业教育学术报告会”，既体现隆重热烈，又让人觉得意蕴深刻，更能展现“成功人”气度非凡。

（五）任务与要求

（1）假如你是情景中成功职业中学 50 周年校庆的秘书组成员，请拟出参与校庆活动的重要领导和来宾名单。

（2）编制一份校庆活动庆典仪式的程序。

（3）模拟演示庆典仪式的大会场景。

（六）实训说明

（1）重要领导和来宾名单的单位、职务、姓名可由学生自己拟定。

（2）校庆活动庆典仪式的程序应结合情景内容，但不包括庆祝晚会、学术报告会、学校战略研讨会等内容。完成后，由全班学生集体讨论。

（3）庆典仪式场景模拟由全班学生完成。实训拟分组进行，每组学生分别扮演校方领导、接待人员、重要领导、来宾，要求各司其职，轮流模拟演示。

（4）本项目可选择模拟会议室、教室、学校大礼堂及其他空旷场地进行，并准备一定的庆典用品，如彩带、彩旗、横幅等。

技能实训 2

新闻发布会

（一）实训目标

（1）掌握新闻发布会的礼仪和程序。

（2）熟悉新闻发布会的筹划及准备工作，并能在新闻发布会中运用相关技能。

（二）实训内容

（1）新闻发布会的筹划。

（2）新闻发布会的程序。

（3）新闻发布会的礼仪。

（4）新闻发布会的布置。

（5）新闻发布会的实施。

（三）知识点

（1）新闻发布会又称记者招待会，它是政府、企业、社会团体或个人把新闻机构的记者召集在一起，宣布某一消息，并就这一消息让记者提问，由专人回答问题的一种活动。新闻发布会是组织与公众沟通的例行方式，也是一种传播信息以求新闻界客观报道的行之有效的手段。

（2）新闻发布会大致有发布某一消息、说明某一活动、解释某一事件等类型。

（3）新闻发布会十分强调礼仪规范，其核心是诚，真诚地面对新闻记者，坦诚地公布与组织机构相关的信息。

（4）新闻发布会的程序是：

宣布开始→发布新闻或消息→答记者问→宣布结束→提示会后安排。

（四）项目情景

北国商品城坐落在经济强市 M 市繁华商业街上。该商城总投资 2 亿元，总建筑面积 20 万平方米，拥有 1 000 多间铺位，是一个集物流、小商品批发、生活娱乐、电子商务等各项功能为一体的大型批发市场，年交易额 50 亿元以上，现已成为 M 市的采购中心、物流中心、商贸中心。

为了进一步打响北国商品城的品牌，商城邀请五圣 CI 策划公司进行策划设计。五圣 CI 策划公司为其设计了“热情、豪放、超越”的企业理念，并形成了系统的 CI 规划体系，充分体现了商品城领导的高瞻远瞩和策划大手笔。

2004 年 12 月 25 日，北国商品城在名都大酒店举办新闻发布会，向社会隆重推出 CI 识别系统。到会有市、局级主管商业的领导、社会知名人士、业主代表。在新闻发布会上，北国商品城的吴总经理介绍了商城的情况及今后的经营规划，公关部经理孔丽小姐向与会人员宣读了 CI 宣言，并展示了部分 VI 设计，M 市程副市长到会祝贺，他对北国商品城所取得的成就充分地予以肯定，五圣 CI 策划公司首席设计师张娜对设计意图进行了说明。新闻发布会上，记者提问十分活跃，就商城 CI 导入和前景发展进行了采访。本次新闻发布会由北国商品城行政部经理洪瑶主持。

与会人员相信，随着商城 CI 的导入，北国商品城将更具知名度，而且能为更多的业主带来“钱景”，达到“共赢”的目的。

（五）任务与要求

（1）请列出该商城新闻发布会的程序。

（2）根据项目情景提示的资料模拟演示新闻发布会的场景。

（六）实训说明

（1）本项目可选择模拟会议室、教室等场所进行，但应对环境做适当的布置。

（2）将全班学生进行分工，分别扮演主持人、程副市长、吴总经理、孔经理、张娜设计师及记者。

（3）要求每位发言人都以相应身份角色发言，每位记者都应提问。

（4）新闻媒体的名称由同学自拟，采访用的话筒、身份牌由学生自行准备。

（5）发言材料及提问根据情景材料设计，允许在此基础上做适当的延伸和扩展。

（6）将新闻发布会录像，待实训结束后，在班里播放，进行评价。

Chapter 07
第七章 公文的撰制与处理

现代文员的公文工作包括公文的撰制与收发文处理工作。公文工作是文职人员日常工作中占比重较大的工作，有的甚至办公室的事务性工作、会务管理工作、信息处理工作中都有文字资料的整理。本章主要讲述公文的定义及文种，行政类公文的写法及注意事项，文书的收发处理流程等。

第一节 公文的基础知识

一、公文的定义

公文是公务文书的简称，是公务活动中所形成和使用的文字材料，是方针、政策、法规、政令和信息、情况的表现者、运载者，是机关实施管理的基本手段和重要工具，发挥着上令下达、下情上报和信息沟通的重要作用。公文有广狭之分。广义的公文除了公务文书之外，还包括图书、音像、影像资料等载体，人们一般称其为“白头文件”，或曰“非法定性公文”；狭义的公文，是党和国家通过发布法规性文件予以规定的文书。

党政机关公文是党政机关实施领导、履行职能、处理公务的具有特定效力和规范体式的文书，是传达贯彻党和国家的方针政策，公布法规和规章，指导、布置和商洽工作，请示和答复问题，报告、通报和交流情况等的重要工具。

党政机关（包括其他国家机关、社会团体、企事业单位的行政部门）的公文是具有法定效力和规范体式，依法实施领导、处理公务和进行各级各类公务活动的重要文字工具与手段，它的一系列法的规定性，维系着国家机器有秩序地运转。公文贯穿机关管理工作的始终。

二、公文的特点

1. 鲜明的政策性

公文是政党、政府实现其政治目的、进行行政管理的重要工具，它是社会政治的产物，是决策者意志的体现，是其制发机关处理公文的依据。作为公文政治性的具体体现，它必须忠实反映其意志，维护其根本利益，它既要传达又要贯彻执行党和政府的方针、政策，因而，每一份公文都烙上了鲜明的政策性的印痕。

2. 法定的权威性

公文是法定的作者在法定范围内行使职权的产物，它体现了制发机关的意志与权力。

国家以法律手段和行政手段保证它的权威性。另外，它对受文单位在法定的时间和空间范围内产生强制性作用，如强制予以贯彻、执行、传达；强制予以阅读、办理、复文等。

3. 作者的法定性

法定的作者指的是发文的名义，它是依法成立，能以自己的名义行使法定职能权力和承担一定的任务、义务的机关、组织或代表机关组织的领导人。凡是依据法律、章程、条例等规定建立和存在的机关、团体、企事业单位，都是法定的作者。法定的作者才能根据自己的职能和权限制发公文。公文作者的法定性，是国家授予的，并受国家法律的保护。

4. 体式的规范性

公文的体式由国家专门行文以法规的形式予以规定，由此形成了统一规范的体式。不规范的体式，直接影响公文的撰拟、运转和处理，直接影响公文法定的权威性和其作用的发挥。公文体式中的纸张尺寸、规格、要求以及格式的要素、要素排列规定，甚至字体、字号，国家都作了明确而具体的规定，以保证公文的庄重、严肃、有序、统一，保证公文的严肃性、权威性、准确性和时效性。体式的规范性，也是公文科学化、规范化、制度化、标准化、自动化的要求。

三、公文的分类

按照制文机关的种类划分可分为党务机关公文、行政机关公文、司法机关公文、军事机关公文、企事业单位公文、社会团体公文。本章主要是介绍行政机关公文。

按照行文方向划分可分为上行公文、平行公文、下行公文。草拟公文前，必须弄清楚行文方向，才能确定文种、内容、措辞等。

按照保密程度划分可分为绝密公文、机密公文、秘密公文、内部材料、普通公文 5 种。我们在起草或者管理公文时，必须按照该公文的秘密等级来处理，涉及秘密问题的，不能泄密。

按照紧急程度划分可分为特提公文、特急公文、加急公文、平急公文、普通公文 5 种。

按照使用范围划分可分为通用公文和专用公文。决定、通知、通报、报告、请示、批复、意见、函、纪要等全是通用公文；司法类的公文、经济类的公文、任免类公文、议案、提案、建议等等，属专用公文。本章主要介绍通用公文。

按照规范性和颁发程序的规范程度、行政约束力的强弱划分可分为规范性公文和非规范性公文。

按公文内容划分可分为单一性公文、综合性公文。

按公文发送目的划分可分为主送公文、抄送公文、批转公文、转发公文。

按公文处理要求划分可分为需办公文、参阅（需知）公文。

四、公文的稿本

公文的稿本指公文的文稿和文本的总称。在公文形成过程中，有多种文稿、文本产生，它们在内容、外观形式，特别是在效用方面有很大不同。

1. 草稿

（1）草稿是供讨论、征求意见、修改审核、审批用的原始的非正式文稿，内容未正式确定，不具备正式公文的效用。

（2）草稿的外观特点是没有生效标志（签发、用印等），文面上常见“讨论稿”“征求意见稿”“送审稿”“草案”“初稿”“二稿”“三稿”等稿本标记，标记大都位于标题下方或右侧加括号。

2. 定稿

（1）定稿是内容已确定，已履行法定生效程序的最后完成稿，具备正式公文的效用，是制作公文正本的标准依据。定稿一经确立，如不经法定责任者（如签发人、讨论通过该公文的会议等）的认可，任何人不得再对其予以修改，否则无效。

（2）定稿的外形特征是有法定的生效标志（签发等）；有的还标明“定稿”“最后完成稿”等稿本标记。

3. 正本

（1）正本是根据定稿制作的供主要受文者（主送机关）使用的具有法定效用的正式文体，其内容必须是对定稿的完整再现。

（2）正本的外形特征是格式正规并有印章或签署等表明真实性、权威性、有效性的标志，在一些特殊公文上还标有“正本”字样的标记。

4. 试行本

（1）试行本是规范性公文正本的一种特殊形式，即试验推行本，在规定的试验推行期间具有正式公文的法定效用。试行本主要适用于发文机关认为公文内容待一段时间的实践检验后可能将予修订的情况下使用的文本。

（2）试行本的外形特征主要是在公文标题中加注稿本标记，一般是在文种后用括号注明“试行”字样。

5. 暂行本

（1）暂行本也是规范性公文正本的一种特殊形式，即暂时推行本，在规定的暂行期间具有正式公文的法定效用。暂行本常用于发文机关认为因时间紧迫公文中的有关内容可能存在不够详细周密等缺欠，不长的一段时间之后可能将予修订的情况。

（2）暂行本的外形特征是在公文标题的文种之前加注“暂行”字样，如《行政法规制定程序暂行条例》。

6. 副本

（1）副本是指再现公文正本内容及全部或部分外形特征的公文复制本或正本的复份。副本供存查、知照用。

（2）作为正本复份（与正本同时印刷）的副本与正本在外形上基本上没有区别，这种副本只在送达对象和使用目的上与正本有所不同，正本送达主送机关，供对方直接办理，副本送抄送机关了解内容或由本机关留存备查、归档等，在效用方面均具备正式公文的法定效用。

（3）作为复制件的公文副本（如抄本、复印本等）因不能再现公文的全部特征（如印章或签署者的亲笔签名等），公文的真实性无切实保障，因此不具备正式公文的法定效用，只能供参考、备查。此类副本常需加注“副本”字样的标记。

7. 修订本

（1）修订本是规范性公文正本的另外一种特殊形式，是已发布生效的公文经实践检验重新予以修正补充后再发布的文本。自修订本生效之日起，原文本即行废止。

（2）修订本的外形特征除与其他正本相同之外，需要做稿本标记，可在标题结尾处标“(修订本)”，也可在标题下做题注，在圆括号内注明“某年某月修订”。

8. 不同文字稿本

同一公文在形成过程中需要用两种或两种以上文字撰写和制作时，会形成不同文字的文稿或文本。在我国，以汉文和其他兄弟民族文字撰制的同一公文的不同文字的文稿、文本的效力完全等同。在涉外场合，公文中应对使用何种不同国家和民族文字撰制，以及它们是否具有同等效力作出明确的规定，并应指明在理解上产生纠纷时以何种文字的文本为准。

第二节　公文的格式

公文的格式主要分为印制格式和写作格式两种。

一、公文印制格式

根据2012年国务院办公厅发布的《党政机关公文处理办法》及《党政机关公文格式》中规定公文中各要素标识规则，公文格式各要素划分为版头、主体、版记三部分。公文首页红色分隔线以上的部分称为版头；公文首页红色分隔线（不含）以下、公文末页首条分隔线（不含）以上的部分称为主体；公文末页首条分隔线以下、末条分隔线以上的部分称为版记。页码位于版心外。

（一）版头

1. 份号

如需标注份号，一般用6位3号阿拉伯数字，顶格编排在版心左上角第一行。

2. 密级和保密期限

如需标注密级和保密期限，一般用3号黑体字，顶格编排在版心左上角第二行；保密期限中的数字用阿拉伯数字标注。

3. 紧急程度

如需标注紧急程度，一般用3号黑体字，顶格编排在版心左上角；如需同时标注份号、密级和保密期限、紧急程度，按照份号、密级和保密期限、紧急程度的顺序自上而下分行排列。

4. 发文机关标志

发文机关标志由发文机关全称或者规范化简称加“文件”二字组成，也可以使用发文机关全称或者规范化简称。

发文机关标志居中排布，上边缘至版心上边缘为 35 mm，推荐使用小标宋体字，颜色为红色，以醒目、美观、庄重为原则。

联合行文时，如需同时标注联署发文机关名称，一般应当将主办机关名称排列在前；如有“文件”二字，应当置于发文机关名称右侧，以联署发文机关名称为准上下居中排布。

5. 发文字号

编排在发文机关标志下空两行位置，居中排布。年份、发文顺序号用阿拉伯数字标注；年份应标全称，用六角括号“〔 〕”括入；发文顺序号不加“第”字，不编虚位（即 1 不编为 01），在阿拉伯数字后加“号”字。

上行文的发文字号居左空一字编排，与最后一个签发人姓名处在同一行。

6. 签发人

由“签发人”三字加全角冒号和签发人姓名组成，居右空一字，编排在发文机关标志下空二行位置。“签发人”三字用 3 号仿宋体字，签发人姓名用 3 号楷体字。

如有多个签发人，签发人姓名按照发文机关的排列顺序从左到右、自上而下依次均匀编排，一般每行排两个姓名，回行时与上一行第一个签发人姓名对齐。

7. 版头中的分隔线

发文字号之下 4 mm 处居中印一条与版心等宽的红色分隔线。

（二）主体

1. 标题

标题一般用 2 号小标宋体字，编排于红色分隔线下空两行位置，分一行或多行居中排布；回行时，要做到词意完整，排列对称，长短适宜，间距恰当，标题排列应当使用梯形或菱形。

2. 主送机关

主送机关编排于标题下空一行位置，居左顶格，回行时仍顶格，最后一个机关名称后标全角冒号。如主送机关名称过多导致公文首页不能显示正文时，应当将主送机关名称移至版记，标注方法见 7.4.2。

3. 正文

公文首页必须显示正文。正文一般用 3 号仿宋体字，编排于主送机关名称下一行，每个自然段左空二字，回行顶格。文中结构层次序数依次可以用“一、”“（一）”“1.”“（1）”

标注；一般第一层用黑体字、第二层用楷体字、第三层和第四层用仿宋体字标注。

4. 附件说明

如有附件，在正文下空一行，左空二字编排“附件”二字，后标全角冒号和附件名称。如有多个附件，使用阿拉伯数字标注附件顺序号（如“附件：1.××××××”）；附件名称后不加标点符号。附件名称较长需回行时，应当与上一行附件名称的首字对齐。

5. 发文机关署名、成文日期和印章

1）加盖印章的公文

成文日期一般右空四字编排，印章用红色，不得出现空白印章。

单一机关行文时，一般在成文日期之上、以成文日期为准居中编排发文机关署名，印章端正、居中下压发文机关署名和成文日期，使发文机关署名和成文日期居印章中心偏下位置，印章顶端应当上距正文（或附件说明）一行之内。

联合行文时，一般将各发文机关署名按照发文机关顺序整齐排列在相应位置，并将印章一一对应、端正、居中下压发文机关署名，最后一个印章端正、居中下压发文机关署名和成文日期，印章之间排列整齐、互不相交或相切，每排印章两端不得超出版心，首排印章顶端应当上距正文（或附件说明）一行之内。

2）不加盖印章的公文

单一机关行文时，在正文（或附件说明）下空一行右空二字编排发文机关署名，在发文机关署名下一行编排成文日期，首字比发文机关署名首字右移二字，如成文日期长于发文机关署名，应当使成文日期右空二字编排，并相应增加发文机关署名右空字数。

联合行文时，应当先编排主办机关署名，其余发文机关署名依次向下编排。

3）加盖签发人签名章的公文

单一机关制发的公文加盖签发人签名章时，在正文（或附件说明）下空二行右空四字加盖签发人签名章，签名章左空二字标注签发人职务，以签名章为准上下居中排布。在签发人签名章下空一行右空四字编排成文日期。

联合行文时，应当先编排主办机关签发人职务、签名章，其余机关签发人职务、签名章依次向下编排，与主办机关签发人职务、签名章上下对齐；每行只编排一个机关的签发人职务、签名章；签发人职务应当标注全称。签名章一般用红色。

4）成文日期中的数字

用阿拉伯数字将年、月、日标全，年份应标全称，月、日不编虚位（即 1 不编为 01）。

5）特殊情况说明

当公文排版后所剩空白处不能容下印章或签发人签名章、成文日期时，可以采取调整行距、字距的措施解决。

6. 附注

如有附注，居左空二字加圆括号编排在成文日期下一行。

7. 附件

附件应当另面编排，并在版记之前，与公文正文一起装订。“附件”二字及附件顺序号用 3 号黑体字顶格编排在版心左上角第一行。附件标题居中编排在版心第三行。附件顺序号和附件标题应当与附件说明的表述一致。附件格式要求同正文。

如附件与正文不能一起装订，应当在附件左上角第一行顶格编排公文的发文字号并在其后标注“附件”二字及附件顺序号。

（三）版记

1. 版记中的分隔线

版记中的分隔线与版心等宽，首条分隔线和末条分隔线用粗线（推荐高度为 0.35 mm），中间的分隔线用细线（推荐高度为 0.25 mm）。首条分隔线位于版记中第一个要素之上，末条分隔线与公文最后一面的版心下边缘重合。

2. 抄送机关

如有抄送机关，一般用 4 号仿宋体字，在印发机关和印发日期之上一行、左右各空一字编排。“抄送”二字后加全角冒号和抄送机关名称，回行时与冒号后的首字对齐，最后一个抄送机关名称后标句号。

如需把主送机关移至版记，除将“抄送”二字改为“主送”外，编排方法同抄送机关。既有主送机关又有抄送机关时，应当将主送机关置于抄送机关之上一行，之间不加分隔线。

3. 印发机关和印发日期

印发机关和印发日期一般用 4 号仿宋体字，编排在末条分隔线之上，印发机关左空一字，印发日期右空一字，用阿拉伯数字将年、月、日标全，年份应标全称，月、日不编虚位（即 1 不编为 01），后加“印发”二字。

版记中如有其他要素，应当将其与印发机关和印发日期用一条细分隔线隔开。

（四）页码

页码一般用 4 号半角宋体阿拉伯数字，编排在公文版心下边缘之下，数字左右各放一条一字线；一字线上距版心下边缘 7 mm。单页码居右空一字，双页码居左空一字。公文的版记页前有空白页的，空白页和版记页均不编排页码。公文的附件与正文一起装订时，页码应当连续编排。

二、公文写作格式

公文的写作格式是指文章格式规范，写作格式包括标题、正文、结尾三个部分。

1. 标题

公文标题的写法一般是“发文机关+事由+文种”。

例如：县国土局要向市国土局写一个请求帮助解决地质灾害防治经费的请示，标题就是《绥江县国土资源局关于请求帮助解决地质灾害防治经费的请示》；××乡人民政府要向县政府报告一个煤矿安全事故的调查报告，则标题就要写成《××乡人民政府关于××煤矿安全事故的调查报告》。

2. 主送机关的写法

一是只写受文机关的名称，不写领导个人名字（领导特别要求的除外）。

二是只能写一个主送机关。例如，市委、市政府，其他需要送达的受文机关采取抄送方式（调查报告因为是知阅性公文，受文单位不特别确定，除了要求有主送机关的，可以不写主送机关）。

三是用统称或者规范的简称，不能随意写，如市政府、市人民政府都是规范的简称，但不能写成市府。

四是行文关系，只能逐级行文，一般不能越级行文（如要上报省政府的文件，一般只能市政府转报），某些经费请示属特殊情况。

3. 正文的写法

正文是主送机关以下、结束语之前的部分。正文是一篇公文用笔最多、最重要的部分。一般是在主送机关之后，先写一段或几句导语，说明写这篇公文的原因、根据或者目的，导入正文。正文要做到逻辑层次清楚有序，说理简洁准确并力求深刻，用语符合规范。各类行政公文的具体写法在下一节详细讲解。

4. 结尾

正文写完后，一般要提出希望和号召（一般针对下行文），或者表决心、态度的话（上行文）。《请示》要说“妥否，请批示”；《意见》要说“以上意见若无不妥，请批转执行”；《通知》和《报告》可以不要结尾，说完就落款结束；讲话稿类的一般有鼓劲、号召的话语；汇报材料一般有表示感谢和今后打算、态度的话语。

三、公文中的特定格式

国务院办公厅发布的《党政机关公文格式》一文中规定特殊公文的格式如下。

1. 信函格式

发文机关标志使用发文机关全称或者规范化简称，居中排布，上边缘至上页边为 30 mm，推荐使用红色小标宋体字。联合行文时，使用主办机关标志。

发文机关标志下 4 mm 处印一条红色双线（上粗下细），距下页边 20 mm 处印一条红色双线（上细下粗），线长均为 170 mm，居中排布。

如需标注份号、密级、保密期限、紧急程度，应当顶格居版心左边缘编排在第一条红色双线下，按照份号、密级、保密期限、紧急程度的顺序自上而下分行排列，第一个要素与该线的距离为 3 号汉字高度的 7/8。

发文字号顶格居版心右边缘编排在第一条红色双线下，与该线的距离为 3 号汉字高度的 7/8。

标题居中编排，与其上最后一个要素相距二行。

第二条红色双线上一行如有文字，与该线的距离为 3 号汉字高度的 7/8。

首页不显示页码。

版记不加印发机关和印发日期、分隔线，位于公文最后一面版心内最下方。

2. 命令（令）格式

发文机关标志由发文机关全称加“命令”或“令”字组成，居中排布，上边缘至版心上边缘为 20 mm，推荐使用红色小标宋体字。

发文机关标志下空二行居中编排令号，令号下空二行编排正文。

签发人职务、签名章和成文日期的编排见附 2 中的 7.3.5.3。

3. 纪要格式

纪要标志由“×××××纪要”组成，居中排布，上边缘至版心上边缘为 35 mm，推荐使用红色小标宋体字。

标注出席人员名单，一般用 3 号黑体字，在正文或附件说明下空一行左空二字编排“出席”二字，后标全角冒号，冒号后用 3 号仿宋体字标注出席人单位、姓名，回行时与冒号后的首字对齐。

标注请假和列席人员名单，除依次另起一行并将“出席”二字改为“请假”或“列席”外，编排方法同出席人员名单。

纪要格式可以根据实际制定。

第三节　公文的撰制

文职人员在日常工作中根据需要，按一定的规范要求撰写公文。下面介绍几种常见公文的写作格式要求。

一、公文的写法

（一）命令（令）

1. 命令（令）的适用范围

命令（令）适用于公布行政法规和规章、宣布施行重大强制性措施、批准授予和晋升衔级、嘉奖有关单位和人员。

2. 命令（令）的特点

命令（令）是下行公文，具有领导性、权威性、强制性、指令性和严肃性的特点。该公文是最具强制性、发文机关级别高、用途严格受限的文种。

3. 命令（令）的种类

按其内容和作用划分，有公布令、行政令、任免令、嘉奖令等。

4. 命令（令）的写作

命令（令）的标题有三种写法：其一，三项式，即“机关名称+事由+文种”，如《××省人民政府关于对××同志的嘉奖令》；其二，采用“职务+文种”的形式，如《中华人民共和国主席令》；其三，采用“行文机关名称+文种”的形式，如《中华人民共和国令》。

命令（令）的主送机关，有的可以省略，有的则需要标明；命令（令）的正文，有的采用篇段合一式，有的分段陈述。

公布令的正文，一般由公布对象、公布依据和施行日期组成；行政令的正文，一般由命令缘由、命令事项和执行要求组成；嘉奖令的正文，一般由事迹介绍、嘉奖内容和提出希望组成。

命令（令）的结束用语，一般予以省略，需要时可用“此令”。

命令的落款，一般要在成文日期的上方签署发令机关名称或领导人的职务、姓名，标注行文机关生效标识。

（二）决定

1. 决定的适用范围

决定适用于对重要事项作出决策和部署、奖惩有关单位和人员、变更或者撤销下级机关不适当的决定事项。

2. 决定的特点

决定是下行公文。对重要事项、重大问题、重大行动进行安排、部署，都能用“决定”。它具有领导性、指挥性、法规性、指导性和约束力。它既可以用于“奖”，又可以用于“惩”。

3. 决定的种类

按其适用范围划分，决定可分为部署性决定、奖惩性决定和变更性决定三类。

4. 决定的写作

（1）标题的写法：其一，采用三项式，如《教育部关于授予×××同学“舍己救人的优秀大学生”荣誉称号的决定》；其二，采用二项式“事由+文种名称”，如《关于开除×××公职的决定》。

在标题正下方居中写决定通过的日期，会议通过的决定，还要写上会议的名称。决定的主送机关，一般可以省略，有的则需要标明。

（2）正文的写法，因种类的不同而有别。其一，部署性决定的正文，一般分为决定依据、决定事项两个部分；其二，奖惩性决定的正文，一般分为奖惩原因、奖惩意义、奖惩事项和号召或提醒四个部分；其三，变更性决定的正文，一般由决定缘由或根据、决定事项两个部分组成。

（3）决定的结束用语，一般用“特此决定”，有的可以省略。

（4）决定的署名，成文日期+行文机关生效标识。

（三）公告

1. 公告的适用范围

公告适用于向国内外宣布重要事项或者法定事项。

2. 公告的特点

公告是一种认知公文，起宣告作用，没有部署功能，是 13 种公文文种中唯一可以走出国门的公文，具有告知性、严肃性和权威性等特点。公告没有密级规定，与读者也没有隶属关系。公告内容单一，篇幅简短，表述庄重。

3. 公告的种类

按其用途划分，公告主要有由国家领导人或机关向国内外宣布重要事项的公告、依法向特定对象宣布法定事项的公告。

4. 公告的写作

公告的标题有两类：一类是规范化的完全式标题；一类是规范化的不完全式标题，其中有“行文机关+文种名称”和“文种名称”两种形式。

公告的正文，由公告缘由或依据、公告事项组成。

公告的结束惯用语，用“现予公告”或“特此公告”作结。

公告的落款：成文日期+公章。

（四）通告

1. 通告的适用范围

通告适用于在一定范围内公布应当遵守或者周知的事项。

2. 通告的特点

行文机关广泛，内容具体单一，公布的范围限于国内或某一个具体的地域，公布的事项是周知性的，对行文对象具有强制性和约束力，可以张贴，可以通过媒体发布。

3. 通告的种类

通告可分为规范性通告和事务性通告。规范性通告用来宣布有关法规，具有强制性。事务性通告向具有辖属关系的组织、公众公布有关事项，要求遵照执行。

4. 通告的写作

法规性通告带有强制性，多采用条款式写法。而事务性通告具有事情简单的特点，多采用篇段合一的写法。

通告的标题，可写“文种名称”，也可采取三项式（发文机关+事由+文种）。

通告的正文由通告的依据、通告的内容组成。

通告的结束用语，一般用“特此通告”或“此告”表述。

通告的落款：成文日期+公章。

（五）通知

1. 通知的适用范围

通知适用于发布、传达要求下级机关执行和有关单位周知或者执行的事项，批转、转发公文。

2. 通知的特点

通知的使用频率最高、使用范围最广、使用种类最多。通知具有执行性、指导性、告知性等特点。

3. 通知的种类

通知主要有批转性的、转发性的、发布性的、布置性的、知照性的、会议性的等种类。

4. 通知的写作

通知的标题有三类：①行文机关批转或转发特定机关的报告、意见或通知的标题；②规范化完全式的标题；③规范化不完全式的标题。

通知的主送机关有两类：①普发性的，受文单位一般按惯例排列；②专指性的，受文单位是负有承办或答复责任的对象。

通知的正文：①批转性与转发性的通知，多采用篇段合一的写法；②依次按发文依据、具体事项和执行要求的逻辑关系来写；③采用条文式，分条列项撰拟。

通知的结束用语多采用“特此通知”的写法。

通知的附件多出现在批转性或转发性的通知中，附件与通知本身构成一个完整的整体。

通知的落款：成文日期+公章。

（六）通报

1. 通报的适用范围

通报适用于表彰先进，批评错误，传达重要精神和告知重要情况。

2. 通报的特点

通报用来沟通情况、交流信息，使有关单位和下级认清形势、统一认识，具有教育性、周知性和时效性特点。

3. 通报的种类

按其用途划分，通报可以分为表彰性、批评性和情况通报三种类型。

4. 通报的写作

通报的标题一般采用三要素齐全即规范化完全式的写法。通报是普发性的，主送机关可以省略。

通报正文的写作要领如下。

① 表彰、批评性通报，主要由通报缘由、事实评析、决定事项、提出经验教训或提出希望和要求四个部分组成。表彰、批评性通报要特别注意选用典型事例。

② 情况通报，主要由情况介绍、情况分析、提出对策或要求三个部分组成。单一性的情况通报，要写清楚人物、时间、地点、过程、结果、性质等要素；综合性的情况通报，要注意情况的覆盖面。表述的内容要核实、要真实，典型事例要有代表性、有普遍意义。

通报的结束语一般为“特此通报”。

通报的落款：成文日期+公章。

（七）议案

1. 议案的适用范围

议案适用于各级人民政府按照法律程序向同级人民代表大会或人民代表大会常务委员

会提请审议事项。

2. 议案的特点

提请审议的内容，行政机关的政府机关无权决定；作者为同级人民政府；受理机关是同级人大或人大常委会；报送的时间在规定的截止日期之前。

3. 议案的种类

按其作用和内容划分，议案主要有立法议案、外交议案、重大建设项目议案、任免议案四种类型。

4. 议案的写作

议案的标题，除了使用规范化完全式标题以外，还可使用“会议全称+文种名称”的撰拟方法。

议案的主送机关只有一个，即同级的人大或人大常委会。

议案的正文由议案提出的缘由、议案提出的审议要求和提请审议的事项组成。立法议案的正文要说明提请审议的法规名称和由谁来审定该法规；重大建设项目议案的正文要说明提请审议事项的解决途径和方法；任免议案的正文要说明提请审议的被任免人的姓名和职务。

议案的结语选用“请审议”“请审议决定”“现提请审议”等专用术语。各级人民政府提出的议案由各级行政首长签署。

议案的落款：成文日期以行政首长签发的日期为生效日期。

（八）报告

1. 报告的适用范围

报告适用于向上级机关汇报工作，反映情况，回复上级机关的询问。

2. 报告的特点

汇报性、陈述性及向上运行的方向性是其主要特点。

3. 报告的种类

按报告内容划分，报告主要有情况报告、工作报告、检查报告、答复报告、会议报告；按性质划分，报告主要有呈报性报告、呈转性报告；按内容含量划分，报告主要有综合性报告和专题性报告。

4. 报告的写作

报告的标题一般使用三要素齐备的模式。

报告的主送机关是专指性的上级。

报告的正文，大体分为以下两种。

（1）综合性报告，开头交代发文背景、缘由或概述工作情况，然后将所要汇报的工作，用条文式的结构安排，综合性报告中的综合陈述，分为基本情况、成绩经验、存在问题、意见建议等几个部分，在每个部分中，分出一些条目，以突出其重点。

（2）专题性的报告，一般按报告起因（背景、依据、目的）和报告内容两个方面分别叙述。

报告的结尾用语，因内容的不同，分别选用“以上报告，请审阅”“以上报告如无不妥，请指正”“以上报告如无不妥，请批转有关部门（贯彻执行）”等结语。

报告的落款为“成文日期+公章”。

（九）请示

1. 请示的适用范围

请示适用于向上级机关请求指示、批准。

2. 请示的特点

一文一事一请，有“请”必有“复”，事前行文。请示的理由必须充分，请示的事项必须具体。一般按隶属关系逐级请示，请示不能与报告错用、混用、并用。

3. 请示的种类

按用途划分，请示主要分为请求指示的请示和请求批准的请示两种。需要撰拟请示的情况有以下三种。

（1）涉及有关方针、政策、法令、规定等方面的内容，需上级机关明确指示方可采取行动的问题。

（2）在工作中遇到财力、物力和人力等方面的问题，自己无力解决需要上级给予帮助才能解决的问题。

（3）机关、单位决定的事项需向上级机关请示才能实施的问题。

4. 请示的写作

请示的标题原则上采用三项式（发文机关+事由+文种）的形式。

请示的主送机关，应为负有承办或答复责任的机关，不能多头主送，不能写尊称、职务、姓名。

请示的正文，由请示的缘由和请示的事项两部分组成。

请示的结语，用“以上请示（意见）如无不妥，请审批（批准、批示等）”或“妥否，请批准”等征询用语与期请用语相结合的结语。

请示的附注，要注明联系人的姓名和联系方式。

请示的落款为“成文日期+公章”。

（十）批复

1. 批复的适用范围

批复适用于答复下级机关的请示事项。

2. 批复的特点

回复的针对性、行文的被动性和效用的权威性是批复的主要特点。

3. 批复的种类

按其同意与否划分，主要有同意性的、原则同意性的和不同意性的三种批复。

4. 批复的写作

1）批复的标题

必须在标题中明确写出“同意”“原则同意”或“不同意”的字样。具体有以下三种模式。

（1）行文机关+关于+同意（原则同意、不同意）+被行文机关+被行文机关请示的内容+文种名称。

（2）行文机关+关于+同意（原则同意、不同意）+被行文机关请示的内容+给+被行文机关+文种名称。

（3）要素齐全的常式标题，批复的主送机关，即请示的行文机关。

2）批复的正文

写作时，由批复的依据、批复的意见和批复的希望三部分组成。具体有三种写法：一是同意的，明确同意意见即可；二是原则同意的，既要说明同意什么，又要说明不同意什么；三是不同意的，要明确表态“不同意”，然后要说明不同意的原因和理由。

批复的结语，多用“此复”或“特此批复”作结。

批复的落款为“成文日期+公章”。

（十一）意见

1. 意见的适用范围

意见适用于对重要问题提出见解和处理办法。

2. 意见的特点

意见适用范围广，行文方向多，反映便捷。

3. 意见的种类

按其内容与行文方向划分，意见主要有请示性的、指导性的和参考性的三种。

4. 意见的写作

意见的标题，一般为常式结构的形式，有时在文种名称前加上“若干”或“处理”或“实施”等字样。

意见正文的写法如下。

（1）请示性的意见要提出明确的建设性意见和处理方法，请上级决定。

（2）指导性的意见则要对下级反映的问题给予正面的回答，提出具体要求、处理办法和执行意见。

（3）参考性的意见仅就某项重要问题提出切实可行的建设性意见和可行性方法，以供受文者参考。

意见的缘由和意见的内容，是意见正文的两个内容要素，有的正文在结尾处有相关的要求。意见的内容是其核心部分，要字斟句酌，要区别对待不同行文方向、不同行文关系、不同行文级别，措词、语气应不同。

（十二）函

1. 函的适用范围

函适用于不相隶属机关之间商洽工作、询问和答复问题，请求批准和答复审批事项。

2. 函的特点

行文机关与主送机关之间的关系特殊，一般在无隶属关系的机关、单位之间行文与复文。函使用范围广，书写简便，有去函和复函之分，具有公文的法定效用。

3. 函的种类

按其使用范围划分，函主要有商洽性的、问复性的和请准性的三种。按其行文方向划分，函主要有去函和复函两种。按其行文内容划分，函主要有联系性的、报请性的和知照性的三种。

4. 函的写作

函的标题要规范，要在规范化的完全式和不完全式中灵活选用。

函的正文应根据不同的撰拟目的、行文对象来确定，具体如下。

（1）去函。说明去函的缘由、目的，阐述、介绍的情况、事项要详细、具体，要求要诚恳。

（2）复函。要针对来函的要求、事项，提出明确的意见。

函的结尾用语，因方向不同而有区别。去函要用“特此函告”“以上意见，请即函复”等用语。复函则常用“特此函复”“此复”“专此函复”之类的用语。也可以用“此致、敬礼”的表述。

（十三）纪要

1. 纪要的适用范围

纪要适用于记载会议主要情况和议定事项。

2. 纪要的特点

纪要具有纪实性、纪要性、概括性、指导性特点，是对会议成果的如实记录和集中整理。

3. 纪要的种类

纪要大体上分为决策性纪要、协调性纪要和研讨性纪要三种类型。

4. 纪要的写作

纪要的标题有两种写法：一是用单标题，由会议名称和文种名称两部分组合而成；二是双标题，正题提示会议的主要内容，副标题由会议名称和文种名称组成。

纪要的正文：决策性纪要分为两个方面，一是会议概况，二是会议讨论事项和议定事项；协调性的纪要先写会议概况，然后写议定事项；研讨性纪要的正文由会议概况和研讨结论两部分组成。

纪要的结束语，多写会议形成的意见、要求、希望或号召。

二、公文写作注意事项

公文不同于其他文字作品，它的写作、制发、处理必须按照固有的规定、特定的体例格式来进行。

（一）选择确定文种

根据写作的背景、目的、受文对象，确定采取哪种文种。

（1）要对重要事项或者重大行动做出安排，奖惩有关单位及人员，变更或者撤销下级机关不适当的决定事项，选择《决定》文种。比如：党中央决定在全党（特别是党员领导干部）开展讲政治、讲正气、讲团结的“三讲”活动，这对党的建设来说，是件大事，所以用决定文种。

（2）要向社会公众或者广大行政管理相对人宣布重要事项或决定，适用《公告》。比如，要在县城取缔三轮车，或者实行三轮车分单双号进城运营，这涉及广大三轮车从业人员的切身利益，我们就要事先以各种方式发出公告，告知社会各界。联合执法队、建设局、交警大队。要公布社会各有关方面应该遵守或者周知的事项，比如停水停电，适宜采用《通告》文种。

（3）我们要将上级的文件批转给下级执行，或者要求下级从哪些方面作好哪件工作时，一般印发《通知》。

（4）向上级机关汇报工作、反映情况、答复上级机关的询问时，选用《报告》类文种，如工作报告、情况汇报等等（在其中，政府工作报告是一个有特指内容的文种，政府工作报告是政府向同级人大或人大常委会报告工作情况）。

（5）向上级机关反映并请求帮助解决困难和问题，选用《请示》。

（6）回复下级机关的请求事项，用《批复》。

（7）我们要对某项重要工作或者某个重要问题提出见解和处理办法，一般选用《意见》。

（8）不相隶属的机关之间，也就是说不存在直接的行政管理关系的机关之间，比如绥江县与三峡公司，与市财政、审计、国土等政府部门商洽问题、询问或答复问题，一般用《函》。

（9）明确通过会议形式决定的事项、记录会议精神，选用《纪要》。

（10）还有一种《命令》文种，主要适用于依照有关法律公布行政法规和规章（如主席令、国务院令），宣布施行重大强制性行政措施（如通缉令），这些法规、规章要省级以上的国家机关才能制定和通过，因此，在市、县两级，一般不涉及《命令》文种。

以上讲的是一般原则，具体采用哪类文种，要根据具体情况来确定。

（二）公文写作规范

1. 主题规范

主题是文章所要表达的中心思想。任何文章都要有主题，公文也不例外。公文主题的提炼标准，就是集中单一、鲜明显露。要求一文一事，一个主题，主题鲜明突出。主张什么，反对什么，要鲜明直接，不能含糊，不能让人产生歧义。

2. 使用材料规范

公文材料的选用标准必须是真实典型、新鲜有力。所谓真实，就是实实在在存在的、反映当前事物本质规律的材料。公文的选材标准与文学作品不同：文学作品的核心和灵魂是想象，而公文强调真实，摒弃想象。

3. 印制规范

印制规范包括印制格式、排版、用纸规格、紧急程度、发文机关、发文字号、印制份数、发送单位、印制机关等要素标识。

4. 文字表述规范

公文的用语用字要求简明、准确、朴实、得体、通俗、易懂，体现字面意义而非联想意义，讲求陈述性、写实性，而非描绘性、虚拟性。公文用语一般以概述为主，据事说理，言之有物。

5. 标点符号使用规范

该用逗号用逗号，该用句号用句号，需要慢慢积累琢磨。要注意：转发上级或下级文件时，标题一般不用标点符号（有书名号的，取消书名号）；此外，标题中不要过多出现“通知”两个字，比如省、市层层转发国务院一个文件的通知，到县级，可直接说转发国务院×××文件的通知。

6. 数字和计量单位使用规范

公文一般使用阿拉伯数字，前后要统一。

第四节　公 文 处 理

一、发文处理流程

发文办理指以本机关名义制发公文的过程，包括草拟、审核、签发、复核、缮印、登记、分发等程序。

1. 草拟公文

草拟公文有如下要求。

（1）符合国家的法律法规及其他有关规定。如提出新的政策、规定等，要切实可行并加以说明。

（2）情况确实，观点明确，表述准确，结构严谨，条理清楚，直陈其事，字词规范，标点正确，篇幅力求简短。

（3）公文的文种应当根据行文目的、发文机关的职权和与主送机关的行文关系确定。

（4）拟制紧急公文，应当体现紧急的原因，并根据实际需要确定紧急程度。

（5）人名、地名、数字、引文要准确。引用公文应当先引标题，后引发文字号。引用外文应当注明中文含义。日期应当写明具体的年、月、日。

（6）结构层次序数，第一层为“一”，第二层为“（一）”，第三层为“1”，第四层为“（1）”。

（7）应当使用国家法定计量单位。

（8）文内使用非规范化简称，应当先用全称并注明简称。使用国际组织外文名称或其缩写形式，应当在第一次出现时注明准确的中文译名。

（9）公文中的数字，除成文日期、部分结构层次序数和名词、词组、惯用语、缩略语和具有修辞色彩语句中作为词素的数字必须使用汉字外，应当使用阿拉伯数字。

（10）拟制公文，对涉及其他部门职权范围内的事项，主办部门应当主动与有关部门协商，取得一致意见后方可行文。如有分歧，主办部门的主要负责人应当出面协调。仍不能取得一致时，主办部门会签后报请上级机关协调或裁定。

2. 审核公文

公文送负责人签发前，应当由办公厅（室）进行审核。审核的重点是：是否确需行文，行文方式是否妥当，是否符合行文规则和拟制公文的有关要求，公文格式是否符合规定。

审核公文的内容可以概括为六点：一查矛盾抵触，即查草拟的公文与党和国家的政策法规、上级的规定、本机关的有关规定是否有矛盾抵触；二查政策界限是否明确；三查措施是否切实可行；四查程序手续是否符合法规；五查文字表达是否准确；六查公文体式是否符合规定。

对于不符合要求的文稿，可根据不同情况采取退、补、改三种方法处理。对完全不符要求的文稿可退回拟稿单位；对程序不合、手续不全的文稿，可退回原拟稿单位补充；对问题不大的文稿，可由文稿部门自行修改。

3. 签发公文

以本机关名义制发的上行文，由主要负责人或者主持工作的负责人签发；以本机关名义制发的下行文或平行文由主要负责人或主要负责人授权的其他负责人签发。

4. 复核公文

公文正式印制前，文秘部门应当进行复核，重点是：审批、签发手续是否完备，附件材料是否齐全，格式是否统一、规范等。经复核需要对文稿进行实质性修改的，应按程序复审。

5. 缮印、用印，公文的登记与分发

经领导签发的公文，要立即缮印。在印刷前要认真做好校对工作，确保准确无误。印刷好的公文要及时用印、登记和分发。机关印章由专人保管。

二、收文办理流程

收文办理指对收到公文的办理过程，包括签收、登记、审核、拟办、批办、承办、催

办等程序。

1. 签收与登记

公文签收、登记与分发由文秘部门收发人员负责。收发人员对文件要仔细清点、接收、登记。绝密件、特急件一般不要拆封，应直接送办公部门负责人处理，亲启件直接送收件人，要办理登记与签收手续。收发人员收文登记后，迅速交文秘部门负责人审核或拟办。

2. 审核与拟办

一是对上行文要审核、拟办。收到下级机关上报的需要办理的公文，文书部门应当审核。

审核的重点包括：①是否应由本机关办理；②是否符合行文规则；③内容是否符合国家法律、法规及其他有关规定；④涉及其他部门或地区职权的事项是否已协商、会签；⑤文种使用、公文格式是否规范。

经审核，对符合规定的公文，文秘部门应当及时提出拟办意见送负责人批示或者交有关部门办理，需要两个以上部门办理的应当明确主办部门。

紧急公文，应当明确办理时限。对不符合本办法规定的公文，经办公厅（室）负责人批准后，可以退回呈报单位并说明理由。

对下行文要拟办。收到上级机关下发或交办的公文，由文书部门提出拟办意见，送负责人批示后办理。

3. 收文批办

批办是指机关负责人对拟办文件阅读后提出的处理意见。批办公文时，对有具体请示事项的，主批人应当明确签署意见、姓名和审批日期，其他审批人圈阅视为同意；没有请示事项的，圈阅表示已阅知。

4. 收文承办

承办部门收到交办的公文后，应当及时办理，不得延误、推诿。紧急公文应当按时限要求办理，确有困难的，应当及时予以说明。对不属于本单位职权范围或者不宜由本单位办理的，应当及时退回交办的文秘部门并说明理由。公文办理中遇有涉及其他部门职权的事项，主办部门应当主动与有关部门协商。如有分歧，主办部门主要负责人要出面协调。如仍不能取得一致，可以报请上级机关协调或裁定。

5. 收文催办

送负责人批示或者交有关部门办理的公文，文秘部门要负责催办，做到紧急公文跟踪催办，重要公文重点催办，一般公文定期催办。

三、文书的特殊处理

（一）急件的办理

急件是指那些必须在短时间内迅速办理完毕的文件。如果延误将会给党和政府工作造成损失。急件的办理应该遵循准确、及时的原则。对急件办理指发文收文两个方面的工作。

1. 对于发文单位的要求

（1）文件的决策者或签发人，应当实事求是地从发文内容和性质去考虑，严肃慎重地决定应否列入急件。要合理适度地决定文件的缓急程度。否则，急件过多，不仅会加重送文和办文的工作量，更重要的是会影响真正需紧急办理的文件的及时处理。为此，最好在交拟前就做出决定，如要归入“限时办理件”，还要预计好送文和办文的时间，并交代给各个环节的承办人员。

（2）一旦确定为急件，拟稿人须加速撰写，签发人须加速审核，其他环节的工作人员也必须加速缮印、校对、封发等。即时送达件办理还要按规定填写好封皮，这些都不能有丝毫的懈怠。对待急件必须保证质量，不能因为事情紧急就可以潦草从事。

（3）要根据文件内容需要和送达时间，仔细地安排确定递送渠道和方式，即分别采用加急电报（电传）、机要部门投递或专人递送（即一定不要邮送）。

2. 对送文人员和收文部门的要求

（1）做好急件的一切交接工作，即做好签收、签送、注办和各种登记（含发文登记）工作。要手续严密、连环配套，不能强调是急件就疏忽。各部门各环节都应单置专册、单独登记急件，以备检查、寻找、统计和总结汇报。表格的设计印刷要完备、科学、适用。收文单位的内外收发还必须有专用文件夹，以免与普通件混用。

（2）一切递送人员对急件都要做到随收随送。收文机关的有关人员要做到随收随办，也就是即刻收文、批办、分发、办文，无论是下行文还是上行文，是需要研究办复或传达贯彻，还是传阅翻印，都必须从速进行。有的还应指派专人专办。凡在收文中提出了办文时间要求的，要在规定时间内办结。

（3）加强催办。应将急件的办理放在检查督促的重要位置。事后要定期或不定期地做好总结汇报，要将急件办理作为其专项和重要的内容。重要的急件要随时办理随时汇报。最后各部门各环节还要注意急件的保密规定，因为很多急件同时又都是密件，出自于各式各样的动机使这方面的工作又一向成为人们注意的焦点之一，所以要百倍加强警惕性。

总之，各机关单位都应根据自己的特点专门或综合订立关于急件办理的各项规章制度，力求使急件做到既高速运转又不出任何纰漏。

（二）机要的管理和密件的办理

机要的管理指机密、重要文件的管理，包括对这项工作的领导和对机密文件的制作、印制、使用等环节的管理。密件是指那些在一定时间内不宜公开，泄露以后会给党和国家造成重大损失的文件。密件一般有秘密、机密、绝密三个等级。机要的管理和密件的办理事关重大，应该按照国家《保密法》来执行。

1. 对于机要的管理

（1）提高保密意识。要经常对全体人员（含各级领导干部）进行保密教育，要求大家都严格遵守保密纪律，理解支持和配合机要部门的工作。要防患于未然，一旦出现问题，要采取各种断然措施，以保护党和国家的机密。

（2）尊重保密部门的意见。严格挑选机要人员，并加强对他们的管理，保护他们的安全，保证他们的工作和生活（含组织生活）适合于保密要求。各级领导和工作人员都要服从保密人员的指导、安排和检查。机密文件资料档案和机密会议的准备与召开，都应做到专人专项办理和管理（含保卫工作和人员）。

（3）加强对机要工作的环境、设备（如传真机等通信器械）与用具（如专用纸、笔等）的管理。应该固定密件存放的地点和容器，如建立保密室、机要档案专柜等（含阅文的场所和文件存放）。不准私自携带、存放密件，尤其不准携带至公共场所。因公携带外出，要与保密部门配合好。

（4）控制密件发行和阅读范围。目前的限级发文、限人发文和阅文的制度要严格遵守，任何人都不得擅处扩大范围，更不得把密件作为人情或交换条件送给他人，更不准以此来谋取私利，否则要受党纪国法制裁。控制印刷权限，严格遵守密件印刷的各种有关规定，不经上级机关领导批准，不准翻印或复制上级机关下发的任何密件。

（5）采取各种措施以保证密件在传递中的绝对安全。任何部门、任何环节一旦出现失密和被窃密，要按有关法律法规对失职和犯罪人员进行处理、制裁。

2. 对机密会议和其他涉及机密的活动（含商业洽谈、经济交往等）的管理

《保密法》第二十一、二十二条规定：在对外交往与合作中需要提供国家秘密事项的，应当按照规定的程序事先经过批准；具有属于国家秘密内容的会议和其他活动，主办单位应当采取保密措施，并对参加人员进行保密教育，规定具体要求。要做好保卫工作，非经批准，任何人（包括秘书、警卫、服务人员）不得进入会场或其他活动场所。

非经批准不得向外泄露有关机密会议和活动的举办情况（如时间、地点、出席人和议题、议程、发言情况等）和内容。对极其机密的会议会谈内容不许印刷成文，有的更不准记录或录音录像。不准私自印发或抄录负责同志的讲话、谈话记录，即使是一般内容也不允许。机密会议上会谈的有关设备（含记录本和参与人员的笔记本）本身也属于保密范围。

3. 密件的办理

（1）密件和秘密会议范围的确定要慎重。不能因为强调保密就不敢让文件和会议发挥更大的作用，也不能强调利用而把党和国家的秘密扩散出去。

（2）密件的制作要谨慎。一般密件由机要秘书拟稿，特别机密的文件由领导人或文秘部门负责人拟稿。

密级的标注要加圆括弧。通常在文件标题的左上方，或者在发文字号中置于它的左侧。有的发文也可不标注密级只在文件显要位置写明属密件，即在文件首尾写明阅文范围或要求（例如“此件请先在省委常委中讨论，并将意见于×月×日前报中胥”“此件在××（范围）内传达”或“此件口头向党内领导传达”等）。起草的废稿不得与普通文稿用同一废纸篓，无用时要随时注意销毁。

（3）缮印的件数要严格控制。采取机密的印刷方式，审慎地做好密件的签发工作。如要回收，签注回收日期。

（4）要严格按领导批示缮印密件。为调版试印的废件要当时仔细销毁。销毁废稿、废件、废版要“足不出户”，不得在公共庭院进行。而且要用专门的器械，如采用烧毁方式，纸灰要搅烂。

（5）封发时要在封皮正面用专用章标明密级。回收件注明回收月日，也可写上收文机关单位领导人亲启，以标明是密件。

（6）《保密法》第十七规定：属于国家秘密的文件、资料和其他物品的制作、收发、传递、使用、复制、摘抄、保存和销毁，由国家保密工作部门制定保密办法。采用电子信息等技术存取、处理、传递国家秘密的办法，由国家保密工作部门会同中央有关机关规定。对绝密级的国家秘密文件、资料和其他物品，必须采取以下保密措施：一是非经原确定密级的机关、单位或者其上级机关批准，不得复制和摘抄；二是收发、传递和外出携带，由指定人员担任，并采取必要的安全措施；三是在设备完善的保险装置中保存。经批准复制、摘抄的绝密级的国家秘密文件、资料和其他物品，依照前款规定采取保密措施。要严格执行各种登记制度，如缮印、用印、外发、传递和收文、送文、分发、阅读（传阅）及使用、复制、清退、移交、存档转移等。有的要造专册（如移交、转移）或按页张进行登记（如存档、发文、收文）和清点。严格执行签收制度，登记和签收包括一切密件，即包含机密刊物、简报信息、信函、密电、传真等各种资料。

（7）任何密件都不许邮寄。专人投递要做好保护工作。

（8）送文要用专用文件夹（包）。按密件收阅权限，每位领导人单设一存放密件的抽屉或橱柜，由领导人和机要文书各持一把钥匙（钥匙也要注意保密和保管），领导人不在时由文书人员将文件直接放入后锁好。但绝密件、密电（传真）要面交本人。

（9）不经批准，不经清点登记不得销毁密件。登记时要用专册和合适的栏目（登记册本身也属密件）。销毁登记和销毁密件时要有专人监督，以保证不丢失，不漏销，并且要用合乎保密要求的方式或机械（如纸张粉碎机）。

（10）谨慎确定密级、保密期限及变更和解密时间。《保密法》第十四条规定：机关、单位对国家秘密事项确定密级时，应当根据情况确定保密期限。确定保密期限的具体办法由国家保密工作部门规定。密级和保密期的确定是项十分慎重的工作，是需要各机关单位的领导和各级保密部门周密考虑反复协商才能确定的。

密级和保密期限也不是一成不变的，因此《保密法》第十五条规定：国家秘密事项的密级和保密期限，应当根据情况变化及时变更。密级和保密期限的变更，由原确定密级和保密期限的机关、单位决定，也可以由其上级机关决定。秘密事项保密期限届满，或在保密期限内确定不再需要保密的叫解密。解密还不属于变更。变更是指销密（原确定为秘密的事项不再属保密范围）、降密（原确定的密级有所降低或原期限有所缩短）和升密（原确定的密级有所增加或原期限有所延长）。这些都由原确定的机关、单位或者其上级机关研究决定。作为文书办理人员对于这些要求应严格遵照办理，如果未接到通知，要按原规定执行；已接到通知后，有些能标明的要“及时在有关文件、资料和其他物品上标明”。

思考题

1. 公文是一种什么文体，为什么？
2. 公文由哪些部分组成，各自有何作用？
3. 公文格式的特点是什么，为什么会有这样的特点？
4. 公文的各种文稿、文本间有何区别和联系？
5. 如何理解“法定的作者”？
6. 如何理解公文办理程序和要求？

案例分析

公文标题病例分析

一、格式不规范文例

①《通知》

②《××县人民政府决定》

③《××县教育局关于要求拨款抢修中小学危房的请示报告》

④《××乡人民政府关于召开春耕生产会议的有关事宜》

⑤《××县人民政府税收财务物价大检查情况通报》

⑥《××市环保局关于要求拨付全市环保工作会议经费的请示》（市环保局向市财政局行文）。

解：《中国共产党机关公文处理条例》和《国家行政机关公文处理办法》在公文格式中都规定：公文标题由发文机关名称、公文主题和文种组成。

例①无发文机关名称和公文主题。

例②无公文主题。

例③是请示与报告不分，应删去“请示”。

例④“有关事宜”不是文种，应改为“通知”。

例⑤“税收”前少“关于”二字，“通报”前少“的”字，不符合公文标题拟制的语法要求。

例⑥应把“请示”改为“函”，因为不相隶属机关之间商洽工作、询问和答复问题，向无隶属关系的有关主管部门请求批准等应用“函”，而不能用“请示”。

二、表达不清文例

①《中共××乡委员会关于×××同志先进事迹的通知》

②《××县物价局关于农村化肥问题调查情况的报告》

③《××镇人民政府关于粮食问题的通知》

解：

例①应在“关于”之后加上“学习宣传”四字。

例②应在“化肥”之后加上“价格”二字。

例③应注明是粮食的价格、收购、供应，还是储运等问题，让人一目了然。

三、语言不简练文例

①《××市教育局关于认真贯彻落实中共中央纪委检查委员会关于不准干扰大学毕业生分配工作的通报精神，做好我市应届大学毕业生分配工作的通知》

②《中共××县委，××县人民政府关于印发×××同志在全县计划生育工作会议上的讲话、×××同志在全县计划生育工作会议上的总结发言和×××同志关于全县计划生育工作情况的报告等三个文件的通知》

③《××县民政局转发××市民政局转发自治区民政厅关于认真做好拥军优属工作的通知的通知的通知》

解：

例①公文主题不简明扼要，应改为《××市教育局关于认真贯彻中纪委×号通报精神做好应届大学毕业生分配工作的通知》。

例②标题显得十分臃肿冗长，可改为《中共××县委、××县人民政府关于印发全县计划生育工作会议三个文件的通知》。

例③标题显得非常繁杂啰唆，可改为《××县民政局转发自治区民政厅关于认真做好拥军优属工作的通知》。

四、标点不准确文例

①《××市人民政府关于转发“××市安全防火工作管理规定”的通知》。

②《关于贯彻《中共中央关于转发《中共全国人大常委会党组关于〈八届全国人大常委会立法规划〉的请示》的通知》的意见》。

解：按照《国家行政机关公文处理办法》的规定，除批转、转发法规性文件外，一般不加书名号。

例①该用书名号的而未用。

例②公文标题中含有两个以上标题时，一般只用两个书名号，从外到内，第一个用双书名号，第二个用单书名号，第三个以后可不再用书名号。应改为：关于贯彻《中共中央关于转发〈中共全国人大常委会党组关于八届全国人大常委会立法规划的请示〉的通知》的意见。

【写作训练】

请你分析下面这篇公文存在的错误，并将其修改成一篇规范公文。

关于要求拨给赴粤参观学习所需经费的报告

县政府××副县长：

根据××检察分院××年四月二十日下发的《关于组织县（市）院检察长赴粤参观学习的通知》中的要求：“参观时间拟定五月下旬，经费由单位承担，每人预交3 000元，在五月初将此经费汇分院办公室。”为解决此经费，我院研究预交罚没款3 000元。请财政局给予拨回3 000元。

妥否，请批示。

××县人民检察院（公章）

××年×月×日

技能实训1

制作文件格式

（一）目的与要求

通过该项实训，使学生了解文件体式的一般特点，掌握通用文件的结构、格式方面的规范性要求，并能熟练制作出各种公文格式。

（二）实训内容

国家技术监督局发布的中华人民共和国国家标准《国家机关公文格式》中的上行文格

式、下行文格式、发文稿纸格式以及××省人民政府文件格式、××省人民政府批件格式、××省人民政府办公厅文件格式、××省人民政府令的格式、××省人民政府与政府办公厅函的格式、××省人民政府协调纪要的格式、内部情况通报的格式等。

（三）实训步骤

（1）教师讲解展示各种文件格式的特点、使用范围、制作要求等；

（2）学生根据老师的指导分批制作各种文件格式；

（3）同学之间互相交流、修改文件格式；

（4）抽查学生文件格式制作情况，并进行评比。

（四）实验所需用品

复印纸（A4、B5、16开）、铅笔、工艺笔、软笔、碳素笔、红墨水、碳素墨水、格尺、涂改液、文件夹、订书机、书钉等。

（五）实验结果

通过实验与检查评比，每位同学都能够熟练掌握国家行政机关及黑龙江省政府各种文件格式的制作，并能应用于实际工作中去。

技能实训2

文书处理

（一）实训目标

（1）收启文件的程序与方法。

（2）收文登记的程序与方法。

（3）处理来文办理事务能力。

（二）实训内容

（1）收文处理程序。

（2）收文登记程序。

（三）知识点

（1）文书的办理程序与方法。

（2）收文登记的内容、程序与方法。

（四）项目情景

中国维行保险公司是一家全国性、综合性保险公司，经营范围包括各类财产保险、人身保险、信托业务等。公司总部设在广州，主要股东包括广州市投资管理公司、招商局佛山工业区有限公司、中国远洋运输集团公司、摩根亚洲投资有限公司、广盛有限合伙集团公司等。

中国维行保险有限公司在自身发展的历程中，坚持管理创新和技术创新的发展策略，十分注重学习、借鉴外国经验，积极引进技术人才和管理经验，先后与国外多家知名保险公司建立了合作关系。为了适应经济全球化和知识经济时代的挑战，增强公司的国际竞争力，公司聘请了国外著名专业顾问公司担任专业管理顾问，借以提高自身经营管理水平。中国维行保险有限公司将继续勇于开拓，提升公司的核心竞争力，力争在两年内业务规模进入世界 500 强，业务品质进入全球 400 优。

为响应总公司号召，早日实现维行进入“规模 500 强，品质 400 优”的目标，该公司准备开展“扎实基础、提升品质”的活动，主要形式是主题演讲会、合理化建议征文。各部门必须在近期内上报活动开展情况。按照活动方案要求，演讲会每月一个主题，全体员工必须参加，合理化建议活动每月评选出三篇优秀征文上报，定期上报活动组织和进行情况。

（五）任务与要求

根据上述内容，制发一份通知。发文工作分 4 个场景。

（1）公司经理将秘书刘某叫到办公室，对她说明了此次活动的目的和要求，让她们马上写一份通知。刘某将经理的话记录下来，回到自己的办公室，开始拟写通知。

要求：演示领导交拟和秘书撰写通知的过程，并制作出通知的初稿。

（2）初稿完成后，刘秘书将此通知写在统一的发文稿纸上，拿给经理看，经理经审核签字同意发出。

要求：演示领导审核签字的过程。

（3）刘秘书将此份通知编上发文字号，写在发文稿纸相应的栏目中，然后检查拿到文印室，交给打字员小郭打印成正稿，打印份数为 30 份。

要求：演示秘书编号印制文件的过程。

（4）第二天上午，刘秘书将打印好的通知从文印室取回，逐一盖章，并在发文登记表上填写好有关内容，再分别封好。

要求：演示秘书发文登记的过程。

（六）实训说明

（1）实训可分组进行，每组学生分别扮演不同的角色。

（2）本项目可在一间模拟公司办公室或教室进行。

（3）教师应在实训前准备所需的文书材料、表格及办公用具。

（4）必备的文件资料。

Chapter 08 第八章

文书立卷与归档管理

本章重点阐述文书立卷与归档管理工作，具体包括文件立卷工作、档案管理工作、档案的业务管理的诸环节（收集、整理、鉴定、保管、检索、利用）等。文书立卷与归档管理工作是行政管理工作的一个重要范畴，也是现代文员辅助工作职能的一个重要体现。快捷有效的办文管理是单位整体功能高效发挥的有力保证。

第一节　文书立卷

将本公司在工作办理完毕的文件材料挑选出有查阅、保存价值的部分，按照它们形成过程中的联系和规律，组成案卷，叫文书立卷。文书立卷是本公司有关人员完成和处理他们工作的情况的反映，一般由秘书负责文件的收发、登记、立卷等工作，既要保证案卷质量，又要便于本公司有关人员需要时快速查找。

一、文件立卷

1. 立卷概述

文件立卷是指文书部门将已经办理完毕的、具有一定利用价值的文件材料，按照它们在形成过程中的联系和一定的规律组成案卷。它与案卷既有联系又有区别。通过立卷所组成的案卷是文书档案的基本保管单位和统计单位。立卷工作对档案工作具有重要的意义。

2. 立卷的原则

按照文件形成的自然规律，保持它们之间的联系，使案卷正确反映企业活动的本来面貌。立卷要分门别类，便于保管和利用。

3. 立卷的要求

文书立卷时，最好准确地划分保管期限。避免将需永久或长期保存的文件材料同短期保管的文件材料相互混杂，给档案的保管、统计、利用工作带来不便，甚至影响重要档案的完整性。

4. 立卷的准备工作

立卷的准备工作：一是事先编制好立卷类目，二是坚持做好平时归卷工作。编制立卷类目是指文书部门在一年的实际文件没有形成以前，根据本机关工作活动的规律，预测该年可能形成的文件，按照立卷的原则要求和方法，事先拟制出来的归卷条目。平时归卷工作是指公文立卷人员根据已经编好的立卷类目，将已经处理完毕的文件，随时按类目上的有关条款归入卷内。

5. 立卷的方法

立卷方法正确与否，关系到能否保持文件联系。文件的联系是多方面的，不同文件具有相同的特征，都可看作文件之间的相互联系。把若干具有相同特征的文件组合在一个案卷内，这就是按文件的特征立卷，是一种比较科学的方法。一般情况下，可根据文件的六个特征进行立卷。

（1）按主题特征立卷。就是将各文件中主题性质相同的文件组成卷宗。主题可以概括，也可以具体，这要根据文件的多少来确定。例如，一年中业务工作方面的文件，就可按其属什么性质的业务来分类立成一卷；如这方面的文件数量较多，则又可细分若干卷。

（2）按时间特征立卷。就是按文件形成的时间或文件内容所针对的时间立卷。一般来说，案卷多数具有时间特征。因此，在组卷时，只有对那些时间针对性强的文件才以时间特征为主组卷。如年度预决算、季度计划、统计报表、期刊、简报等。

（3）按作者特征立卷。作者是指制发文件部门或个人。同一作者或部门的文件材料组合成为案卷，就是按作者特征立卷。对各部门文件应分别立卷，但要注意文件的整体、密不可分性。

（4）按文件名称特征立卷。就是将同一名称的文件、材料组成案卷。如总结、请示、报告、计划、批复、简报、通知等分别立卷。一般情况下，这种立卷方法往往同按作者、按主题特征立卷方法相结合，一般不单独采用。

（5）按通讯者特征立卷。就是将针对一个或几个具体双方来往文件组合成立案卷。

上述特征在立卷工作中，运用得最多最广的是按主题特征立卷的方法。但同时还应与其他立卷特征结合起来应用。特别是主题、作者、名称三个特征，经常结合运用。

（6）按地区特征立卷。以文书的地区、地点和部位因素为标准组合立卷，将涉及同一地区的文书组成案卷，可以反映该地区的工作情况和有关地区问题的处理。其作者往往是领导一个区域的单位对下属机构来文的组卷。如“某公司广东地区销售情况表”。

立卷的六个特征的运用，是文书之间联系的具体体现。文书之间的联系是多方面的，不可能只采用一种固定的模式组卷。因此，在运用六个特征立卷时，需要运用两个或两个以上的特征组合每一个案卷。以上几种方法立卷时，应仔细研究比较，选择其中最好的一两种相结合来立卷，以确保案卷的质量。

二、文件立卷归档要注意的事项

1. 立卷时应考虑每一个案卷内的文件数量

一个案卷一般 200 页左右为宜。个别案卷的文件数量确实达不到这么多时，一般也不能少于 40 页。否则，则应考虑与其他类案卷合并。避免“一柜子档案，半柜子卷皮”。

2. 坚持做好平时立卷工作

应根据案卷类目及时把文件归入按条款设置的卷内，就是平时立卷。做好平时立卷工作要注意以下两点。

（1）编好案卷类目。案卷类目就是按照立卷的原则和方法，为便于立卷而编出的案卷名册。案卷类目是由类目和条款组成的。案卷类目对平时立卷工作是十分重要的，可以保证文件的完整，便于平时查找利用文件。

（2）准确确定立卷归档的范围。一个单位每年经过文书处理的文件、材料是大量的，但不能将所有的文件、材料，都立卷归档。

立卷归档的重点，应以本公司形成的文件、材料为主，同时，还应包括能够反映和记述本单位主要职能活动的具有保存价值的文件。具体有以下几个主要方面：本公司工作、生产、社会活动中形成的具有查考价值的各种文件、材料、传真、电报（包括一些应归档而往往平时收集不够的材料，如汇报材料，调查报告，以个人名义向报刊、电台发表反映本公司工作的文章稿件；组织、人事工作活动中形成的文件材料；各种统计数字、报表、规章制度，等等）。各部门报送重要统计、报告及其他有重要查考价值的文件。重要的来信、来访材料。

3. 调整定卷和归档

调整定卷工作是在平时立卷的基础上，对案卷进行全面的复查、调整、最终确定案卷内容，并做好归档前的各项工作。

（1）复查案卷工作，确定保管期限。复查案卷文件，就是要根据立卷原则、要求和特征，对卷内文件进行复查，剔除不需立卷归档的文件，纠正分类不准确的文件。然后根据档案材料保管期限来确定案卷保管期。

（2）排列卷内文件。卷内文件的排列可按照时间、主题、地区、作者、名称等排列。排列时要注意正文在前，附件在后；请示在前，附文在后；最后的定稿在前，讨论修改稿在后；发文时间早的在前，发文时间晚的在后。

（3）编写卷内文件。凡列为永久和定期保管的案卷，都必须编写张号。编写张号应注意：依次为文件的每一张编一个号，而不是为每一页编号；空白纸不编张号。卷内的小册子与其他文件合在一起编张号。折叠的文件两页编一个张号。左侧装订的在右上角编张号，右侧装订的在左上角编号。张号编写工作必须做到准确无误。

（4）填写卷内目录和备考表。案卷经过复查调整，在装订前，应及时填写卷内目录。填写卷内目录时一般每一份文件分别填写。如几份文件的内容完全是针对着某一个具体问题的，也可以综合起来填写。永久、定期保管的案卷填写卷内目录，保管期限短的案卷可不填写卷内目录。卷内目录一般可填写相同的两份，其中一份附在卷首，不编张号，另一份留以备查。

永久、定期保存的案卷还要填写备考表，主要是为说明卷内文件的某些缺点或问题，并注明立卷人姓名，以备查考。备考表附在卷末，不编张号，应在装订前填好。

（5）装订案卷的要求。装订案卷时，要注意修整文件，去掉文件上的所有金属物。不装订的一侧和下边要取齐，使案卷整齐美观。装订侧线外要留有一定的余地，避免翻阅时掉页，但又要注意不要把文件的字句订住。一般横排横写的文件在左侧装订，竖排竖写的在右侧装订。

（6）填写案卷封面。案卷封面应工整地填写，填写的项目为：企业名称（如按问题分类，应填写类的名称）、案卷标题、卷内文件起止日期、卷内文件张数、保管期限、文书处理号。标题要反映出卷内文件的内容、作者和名称，如文件的作者和名称较多，可只标明主要作者和名称。

4. 案卷的排列和编号

调卷工作结束后，要根据文件之间的联系和分类原则，对案卷进行系统的排列，将类目相同和保管期限相同的案卷依次排列。并逐个编上案卷顺序号。顺序号可以从第一卷到最后一个卷连续流水填写，也可分类编号。

5. 编制案卷目录

将已经排列、编号的案卷，按卷号顺序登记在统一印制的案卷目录上，就是编制案卷目录。案卷目录是最基本的检索工具。

6. 归档

完成了全部立卷工作，编好案卷目录后，按照档案管理的规定，将全部案卷和案卷目录移向归档案室。归档时，档案室就根据案卷目录逐卷进行检查接收。如有不符合要求的地方，可进行改正。

第二节 档案及档案管理原则

档案，是机关团体、企事业单位和个人在社会活动中形成的，作为原始记录保存起来以备查考利用的文字、图表、声像资料以及以其他以各种方式和载体出现的文件材料。集中保存起来的文件材料，才能成为档案；而对文件材料进行必要的管理，就形成了档案管理工作。

一、档案的定义与特点

（一）档案的定义

《中华人民共和国档案法》第二条规定：“档案，是指过去和现在国家机构、社会组织以及个人从事政治、军事、经济、科学、技术、文化、宗教等活动直接形成对国家和社会有保存价值的各种文字、图表、声像等不同形式的历史记录。”

（二）档案的特点

1. 档案具有原始记录性特点

档案独有的特性就是原始记录性，这是档案所具有的最本质的特性。文件是国家机关、社会组织和个人在其社会实践活动中，阐明意图、联系工作、汇报情况、处理事务中自然形成的。这些文件有的日后需要查考的就整理保存下来，转化为档案。档案是历史的真迹，必须保持它的特性，才能充分发挥它的效益，后人不能为了迎合现今的某种潮流，或按照自己的观点和需要去篡改档案。

2. 档案具有信息传承性特点

档案作为一种信息资源，它与人们的各项社会实践活动同步产生，并随着人们社会实践活动内容的丰富与日俱增，它能使人、物、事的历史原貌重现，能源源不断地为人们提供依据性、凭证性的信息。档案信息的传承性还体现在它积淀着一个国家文化、科技、政治、经济等各个方面的信息精华。

3. 档案具有价值效益性特点

档案价值的效益性，主要体现在两个方面：一是当文件转化为档案之后，文件内所包含的信息具有重要的凭证作用和广泛的参考作用；二是通过档案信息的深层次开发利用，可以向更宽泛的范围传播，发挥其借鉴价值。

二、档案管理原则

我国档案管理工作的基本原则是随着档案事业的不断发展而逐渐形成和完善的。《中华人民共和国档案法》提出：“档案工作实行统一领导、分级管理的原则，维护档案完整与安全，便于社会各方面的利用。”这是用国家法律形式确定的档案业务管理工作。这一总体原则包含以下四个方面的内容。

1. 依照法律、严格管理

依照法律、法规将档案管理工作纳入法制的轨道，是档案管理工作的首要任务。为此，国家有关部门制定了一系列档案管理的法律法规，例如，《中华人民共和国档案法》《机关档案工作条例》等，这些法律法规是做好档案管理工作的法律保证和工作准则，也是档案管理工作者的行为规范。

2. 统一领导、分级管理

这一原则意味着机关的档案管理工作必须在党和国家的统一领导下，在各级档案行政管理部门的分级负责的监督指导下，集中保管本单位形成的全部档案。

3. 完整安全、规范管理

这是档案管理最基本的要求。档案的完整与安全意味着：从数量上要做到按收集范围应收集的档案与实际保存的档案一致；从质量上，要维护档案的有机联系和原始记录性，从而保证档案管理的物质安全和政治安全。

4. 开发利用、高效管理

开发利用档案是档案管理的终极目标。档案管理的过程始终是围绕这一出发点服务的，因此检验档案管理工作的优劣与否，也主要是从这个角度加以衡量和评价。

总体而言，上述四个方面的内容具有辩证统一性，前三者是手段，后者是目的。所以，必须完整地理解档案管理工作的基本原则，在实践中贯彻执行。

第三节　文书档案的业务环节

文书档案管理也称文书档案工作，系指用科学的原则和方法管理文书档案，从而为党和国家服务的一项工作。从广义上说，其工作内容是指档案事业所包括的档案馆（室）工作、档案事业管理工作、档案教育、档案科学研究、档案的宣传、档案出版等工作。从狭义上说，是指文书档案本身的业务工作，即文书档案的收集、整理、鉴定、保管、检索、开发利用等环节。这里涉及的文书档案管理主要是指狭义的文书档案业务管理。

一、文书档案的收集工作

文书档案收集是指将分散在单位各部门的有保存价值的文件材料向单位档案室或负责管理档案的人员移交、集中的工作。档案收集的标准应包括“全”和“好”。“全”，就是收集的档案要完整；“好”，就是收集的档案在保证完整的基础上，组卷、装订、编目等要符合规格和要求。其中，立卷归档工作步骤如下。

1. 立卷归档文件范围

按有关规定，凡是单位办理完毕并具有保存利用价值的文件都应该作为档案保存。如需要贯彻执行的上级重要会议文件；上级业务主管部门的法规性文件；上级视察工作形成的文件资料；代上级草拟并被采用的文件；上级单位转发本单位的文件；下级单位报送的重要的工作计划、报告、总结、典型材料、统计报表、财务预算、决算等文件；下级单位报送的法规性备案文件等。按其载体形式划分有文字、图片、声像等档案材料。

2. 确定归档时间

归档时间是指文书处理部门或有关业务部门将需要归档的文件向档案部门移交的时间。可以根据各种文件的形成特点和规律，具体规定其归档时间。如管理文件，一般在形成的第二年上半年内向档案部门移交归档。

3. 明确归档份数

凡是需要归档的文件一般归档一份，重要的、使用频繁的则需归档若干份。归档份数的可视具体情况而定。

4. 履行收集手续

履行收集手续便于对文书档案的统计，更便于日后查考利用。具体包括清点和立据两项工作。清点要核对案卷标题，一卷一卷进行，以防有误。清点之后，都要开具备有简要说明的收据，并留存根。

二、文书档案的整理工作

档案整理工作就是把零散的和需要进一步条理化的档案，经过分类、组合、排列和编目，使之系统化，便于保管和利用。这项工作主要包括：档案的分类、档号的编制、档案的排列与上架等。

（一）档案分类工作

档案的分类是指按照档案的来源、时间、内容和形式上的异同，把全宗内的档案分成若干类别，构成一个有机的档案体系。档案经过分类整理后，才能为立卷、排列和编目等档案整理工作环节创造条件。

1. 常用分类法

常用分类方法有年度分类法、组织机构分类法、问题分类法和保管期限分类法。年度分类法即按照档案形成的不同年代进行分类。组织机构分类法即根据单位内部设置的组织机构来划分档案的类目。问题分类法即按档案内容所反映的问题性质来划分档案的类目。保管期限分类法，即按档案鉴定的保管期限来划分档案的类目。

2. 复式分类法

在实际工作中，单纯采用一种分类方法比较少，多是两种分类法结合使用，即采用复式分类法。通常情况下，由年度与组织机构或问题相组配，构成四种复式分类法。

（1）年度—组织机构—保管期限分类法。这种分类方法是先将归档文件按年度分类，每个年度下按机构分类，再在组织机构下按保管期限分类。这种分类方法适用于内部机构虽有变化但不复杂的立档单位。

（2）组织机构—年度分类法。这种分类方法是指先将归档文件按组织机构分类，然后在组织机构下面再按年度分类。这种分类方法适用于内部机构较固定的立档单位。

现行机关采用组织机构—年度分类法，在档案排列时，需要在各类档案的后面预留排放位置，倒架工作量大，一般不宜采用。

（3）年度—问题分类法。这种分类方法是指先将归档文件按年度分类，然后在年度下面再分问题。这种方法适用于内部机构变动频繁，档案无法按组织机构分类的立档单位。

（4）问题—年度分类法。这种分类方法是指先将归档文件按问题分类，然后在问题下再按年度设置类别。这种方法适用于撤销机关档案和历史档案。

3. 电子档案的分类

随着办公自动化程度的提高，文件处理的网络化、数字化的发展，电子档案的数量逐年增多。电子档案的分类也有不同的划分标准，目前主要有以下几种划分方法。

（1）按电子档案的信息存在形式分类，可分为文本文件（Text）、数据文件（Data）、图形文件（Graphic）、图像文件（Image）、影像文件（Video）、声音文件（Video）、命令文件（Program）等。

（2）按文件的功能分类，可分为主文件、支持性文件、辅助性文件、工具性文件等。

（3）按文件的生成方式分类，可分为计算机系统中直接生成的原始文件、将纸质或其他载体文件重新录入生成的转换文件。

（二）制定分类方案

在充分掌握了全宗内档案及其立档单位的基本情况的条件下，就可以拟定分类方案。

1. 类目体系力求简明，合乎逻辑

所设类目、概念要明确，层次要清晰。一个全宗内档案的分类层次，应根据档案的具体情况而定。一般来说，分类层次不宜太多、太复杂。

2. 分类标准力求统一

就是要依据档案的某种属性、特征或关系来进行分类。虽然分类的标准是多样的，但是对一个全宗内的档案进行分类，标准应当力求一致。

（三）档号的编制

档号是在档案整理和管理中，对每份档案的编号。档号反映了档案的分类和排列次序，是存取档案的唯一标记。在案卷封面、卷脊、档案检索工具中都需要用它来指定档案的顺序和位置。档号的结构分为三种：①全宗号—案卷目录号—案卷号—件、页（张）号；②全宗号—类别号—案卷号—件、页（张）号；③全宗号—项目号—案卷号—件、页（张）号。

全宗号由上级档案部门编制，一经确定不易变动。案卷目录号是档案立卷归档时编制的案卷目录的序号。案卷号即案卷目录中每个案卷的顺序号；项目号是档案内容所反映的产品或工程或课题的代号。件、页（张）号即案卷中每份文件的编号。档号一般标注为全宗号—案卷目录号—案卷号—件、页（张）号。例如，档号标注“28—16—18—9”，表示该档案属于 28 号全宗的第 16 本案卷目录，位于第 18 卷的第 9 页（或第 9 件）。

（四）档案的排列与上架

档案文件经过区分全宗、分类、立卷之后，就可以按照一定的方法来确定案卷在各类中的位置，顺序地排列起来，归入档案架（柜）集中存放，使得全宗内档案条理化和系统化。案卷排列的方法通常有以下三种：①按案卷内容的重要程度和相互联系进行排列；②按案卷内文件的作者或案卷内容反映的地区进行排列；按案卷的起止日期顺序排列。以上方法可以单独使用，也可以综合使用。值得注意的是一个全宗内不同类别的案卷排列方法可以不一致，但是，一个类别的案卷排列方法必须统一。

三、文书档案的鉴定工作

鉴定就是审定档案的保存价值，是档案管理工作中一项重要工作。经过对档案价值的鉴定，避免鱼目混珠，便于按价值大小分别保管。

（一）档案鉴定工作的内容

1. 分析档案价值

分析和判定档案的价值应以反映单位基本职能活动为出发点，以分析档案内容为中心，

结合考虑档案的来源、时间、形式等其他因素。

（1）分析档案的内容。分析档案内容是鉴定档案价值的一个最重要的方面，因为档案的价值往往是通过档案内容体现出来的。分析档案的内容应着重分析档案内容的重要性、档案内容的独特性及档案内容的时效性。

（2）分析档案的来源。分析档案来源就是从考察档案的形成者和文件的责任人入手来分析档案价值。一般来说，上级机关、重要单位、著名人物形成的档案价值相对较大；本单位文件价值大于外单位；以单位本身名义形成的文件的保存价值大于单位内部组织机构形成的文件。

（3）分析档案产生的时间。一般情况下，档案形成的时间越早，保存下来的越少，也就越显得珍贵，正如德国档案学家迈斯奈尔所言："高龄档案应受重视。"

（4）分析档案的名称、稿本和外形特征。档案的名称表示档案的不同作用，其价值也不同。如决议、命令等一般比通知、简报等文种重要；成果报告、部件图、竣工图比零件图、施工图价值要大。档案的外形特点也影响档案的价值，如有些档案上有著名人物的批注等，这些档案的价值自然就大。

（5）分析档案的技术因素。影响档案价值的技术因素，主要是档案内容的技术水平或其所反映的对象的技术价值。水平越高，档案的价值也就越大，保管期限也越长。

（6）分析档案的功能因素。档案所具有的不同功能作用对它的价值大小和保管期限长短具有一定的影响和制约作用。比如建筑设计图和基建竣工图功能的不同，是设计蓝图和使用、维修、改扩建的依据之间的不同，因此其价值也不同。

（7）分析档案内容的作者因素。作者因素对科技文件的价值量有较大影响，如由著名学者、专家进行的设计，绘制的图纸，演算的公式数据等，除技术水平因素外，作者因素将赋予其额外的附加值。

2. 全面估计和预测档案的社会利用需要

衡量档案价值的另一个因素是社会的利用价值，有的文件也许并不被人们看好，但在社会工作中经常需要查找，那么对它的价值鉴定就需要重新进行。主要体现在以下两个方面。

（1）从档案发挥作用的规律性入手，分析判断档案的价值。档案作用的发挥取决于特定的规律，其中包括机关作用和社会作用的双重性、机密程度的递减性、科学文化价值的递减性以及发挥作用的条件性。

（2）研究和分析社会发展的趋势及其对档案价值的影响。档案是社会的产物，其价值也只能在社会工作中体现出来，人类社会发展直接影响着档案作用的发挥。

（二）确定档案保管期限

根据国家档案局2006年第8号令《机关文件材料归档范例和文书档案保管期限规定》，文书档案保管期限定为永久、定期两种。定期一般又分为30年、10年。

1. 永久保存

永久保存就是将档案无期限地永远保存下去。凡是那些能反映本单位的主要职能活动和历史面貌，对本单位和社会各个方面科学研究、历史研究具有长远的利用价值的档案均应列为永久保存。如本单位制定的法规政策性文件；处理重要问题形成的文件；重要会议的主要文件材料；重要的请示、报告、总结、综合统计报表；机构演变、机关领导人任免的文件材料；直属上级颁发的属于本机关主管业务并要贯彻执行的重要文件。

2. 定期档案

主要是反映本单位的一般工作活动，在一定时间内对本单位工作有查考利用价值的文件材料。如本单位一般工作问题的文件材料；一般会议的主要文件材料；人事管理工作中形成的一般文件材料；上级机关颁发的属于本机关主管业务并要贯彻执行的一般文件材料；下级机关报送的重要总结、报告和统计报表；本单位的一般事务性文件材料；上级机关和同级机关颁发的非本单位主管业务但要贯彻执行的文件材料；下级机关报送的一般工作总结、报告和统计报表。

保管期限通常是从文件产生和形成后的第二年算起。

四、文书档案的保管工作

（一）档案保管工作的内容

档案保管主要涉及档案的存放管理和维护档案完整与安全活动，具体内容包括以下两个方面。

（1）凭借柜具或库房对档案实施的日常管理，主要包括档案库房的使用和安排，档案及其柜具的有序摆放和与档案检索、提供、利用等环节密切相关的档案移出、收进等。

（2）对一切可能损毁档案的社会的、自然的因素采取必要的措施，防止档案的损坏，延长档案的寿命，维护档案的安全。

（二）档案保管的具体措施

1. 档案库房管理

档案库房管理包括以下内容。

（1）合理安排库房布局。库房布局是指对库房的使用安排及对库区房间和保管区段的划分。库房区域应尽可能集中，同一基本大类的档案应尽量安排在一个房间或几个相邻的房间中；办公室、阅览室等应靠近库房门口楼梯间，业务技术用房应尽量布置在库房的一楼；利用频率较高的档案应放在靠近办公室的房间里。库房房间较多的档案部门，应编制库位号及库位索引，进行定位管理。库位号一般由房间号、柜架号及搁板号构成。其中，柜架号自房间入口处计，从左到右依次编排；搁板号自上而下依次排序。库位号确定后，应在此基础上制成库位索引。

（2）档案架柜排放规范化。各种不同形状、不同质地、不同规格的柜架应分类集中使用。柜架的两端应与墙壁保持一定的距离，排列方向应与窗户垂直，以防强烈光线直射，注意通风。

2. 档案的日常管理

档案的日常管理包括以下内容。

（1）建立库房日常管理制度，包括安全制度、档案进出库房登记制度、库藏档案定期检查制度、设备管理制度以及清洁卫生制度。

（2）控制温湿度。根据有关规定，保管一般纸质的温度为14～20℃，相对湿度在50%～65%，昼夜允许变化范围温度为±2℃，湿度变化为±5%。声像档案中照片底片保管温度为13～15℃，相对湿度在35%～45%；照片的保管温度为14～24℃，相对湿度在40%～60%，昼夜温度变化范围为±3℃，湿度变化不能大于±5%。库房门窗应封闭良好，采用机械通风时应加防尘罩。磁记录载体周围的温度应控制在14～24℃，温度波动在±5℃，使用磁带时周围的温度不超过50℃，湿度最好控制在45%～50%，波动小于±10%，不适当的温湿度都会使磁带上的磁粉脱落，带基老化。光盘保存的温湿度与计算机房类似，温度在20℃左右，湿度在45%左右。

（3）档案流动中的保护。在日常工作中，借阅、退还以及必要的再整理、重排架、复制、展览等都要移动档案，搬运档案时要轻拿轻放，运输工具以轻便、牢固、无震荡为宜。档案存放方式要有利于存取，如竖放不可太挤，平放不宜过高。存取档案应连同包装材料一同取出、放回。复制档案时方法应安全，不能损坏档案。

（4）进行安全检查。定期和不定期地对档案进行安全检查，是库房管理工作的一项重要内容。安全检查的内容主要有：检查档案有无被盗、泄密和受损等情况，及时发现不安全因素，以便及时防治；检查档案有无发黄、变脆、字迹褪色、潮湿发霉、鼠害等自然损毁现象，以便及时防治；检查档案有无火灾、水灾等隐患，用电设备是否完好，消防器材是否齐全，门窗是否牢固，防止意外事故发生。检查可采用定期和不定期相结合，定期检查一般是一年一次，不定期检查一般是在保管人员变动、发生意外事故或结合重大节日活动时进行。

五、文书档案的检索工作

档案检索工作是把档案材料的内容和形式特征著录下来，存储在各种检索工具中，根据利用者的实际需要，及时介绍和报道所需档案的内容，提供查找线索，为档案的开发利用做直接准备的一项工作。常用的检索工具如下。

1. 案卷文件目录

案卷文件目录，它是将案卷目录和卷内文件目录汇集在一起而形成的检索工具。案卷文件目录系统全面地反映了全宗内案卷文件的体系结构，案卷文件以“件”为单位，包括件号、责任人、文号、题名、日期、页数和备注等项目。

2. 分类目录

分类目录是以逻辑分类体系组织起来的目录形式，它不受全宗的界限和全宗内档案分类体系的限制，按照档案内容的逻辑联系加以科学的分门别类，使同一类别的档案信息集中在一起。其主要特点是系统性和集中性强，便于检索，使利用者易于获得有关某类专题的全部档案材料。分类目录一般采用卡片式，一文一卡或一卷一卡。卡片排列应按分类号的顺序逐级集中。

3. 人名索引

人名索引是将档案内容中涉及的人名及其简要情况著录下来，集中排列而成的检索工具。人名索引一般由人名和档号两部分组成，按姓氏笔画、汉语拼音字母顺序或四角号码等方法排列。

4. 全宗指南

全宗指南是以文章叙述的方式介绍和揭示档案室所保存的某一个全宗档案内容及其利用价值的一种文本式检索工具。其内容一般包括立档单位和全宗的历史概况、全宗内档案概况、档案的内容和成分等几个方面。

5. 主题目录

主题目录是用主题词揭示档案文件或案卷的主题内容，然后按字顺编制的目录，它打破全宗界限和库藏排架顺序，能够集中揭示有关同一事物的档案的内容，具有良好的特性检索功能。

6. 文号索引

文号索引是以文号为查找线索，揭示档案文件内容的一种检索工具。文号目录形式简单、编制方便、查找迅速、效果明显，是一种非常实用的检索工具。

除以上各类外，各单位还可以根据自己的实际情况选择“案卷总目录”“底图目录”“非纸质档案目录”“专题指南”“重要文件目录”“联合目录”“网络数据库”等检索工具。

六、文书档案的开发利用

档案开发利用工作，是指单位档案部门根据本单位工作的需要，以单位档案室现存档案为基础，运用一定的方法和形式开发档案信息，向本单位乃至全社会的利用者提供档案信息的一项服务性工作。

（一）档案的直接利用工作

1. 阅览服务

设立阅览室方便利用者直接查阅档案资料，是档案直接利用工作最主要的方式和途径。这种方式可以减少档案原件外借次数，既有利于档案的保护和保密，又可扩大利用范围，缩短利用周期，提高档案的利用率。设置阅览室，要求明亮、宽敞、安静、舒适、清洁和方便。一般应有服务台、借阅桌和存物处等设施。另外阅览室还应配备必要的检索工具、参考资料。同时还必须完善有关借阅制度，力求阅览室阅览服务规范化。

2. 外借服务

档案外借是指按照一定的制度和手续，将档案携出档案馆或档案室阅览、使用。档案一般不得外借，如工作需要外借时，必须依据严格的借阅制度办理借阅手续，借出期不宜过长，数量也应有所限制。凡借阅的单位或个人，必须保证档案的完整与安全，不得擅自拆散或变更次序，不得转借、转抄、损坏、遗失、制作、翻印和油污档案材料，并保证按期交回。

3. 复制服务

档案复制服务是指根据档案原件制成各种复制本进行利用。档案复制件分为副本和摘录两种。复制方法主要有复印、手抄、打字、印刷和摄影等。复制服务既可以提高档案利用率，缓和供需矛盾，又便于保护档案原件。但要注意档案保密和维护知识产权等方面的问题，为此，必须对档案复制件制发范围和批准权限作严格管理规定，文员在有关事务中要切实负起责任。

4. 咨询服务

这种服务形式是档案人员以档案为依据，以自己所掌握的业务知识和专业技术知识为基础，对查询者提出的问题进行解答，或指导利用者获得某一方面档案的线索。咨询服务的主要形式有一般性咨询、专门性咨询、事实性咨询、专题研究性咨询和情报性咨询等。

5. 档案证明

档案证明是档案保管单位根据所藏档案中有关记载，向申请询问、核查某种事实的个人或单位出具的书面证明材料。在社会生活中，有些机关、企事业单位或个人，为办理和解决问题往往需要档案部门提供证明材料。比如司法机关审理案件、个人确认工龄、学历、职称、财产证明方面需要证明材料等。

制发档案证明是一项政治性、政策性很强的工作，因此，必须认真审查制发档案证明申请书，申请书应写明要求出具证明的目的以及所查证问题的发生地点、时间和经过。档案证明必须根据档案正本或可靠的副本来编写，主要采取引述、复印、节录档案原件的方式。无论采取何种方式，都必须在档案证明上注明材料的出处和根据，文字表述要准确、明了，切不可擅自对档案内容进行解释。经审查核实后，加盖公章方才有效。

（二）档案信息的间接利用工作

档案信息的间接利用工作的途径和方式很多，主要是专项性参考资料。常用参考资料的种类可分为两种：一种是档案文献报道型资料，包括全宗指南、专题指南、档案文摘等；另一种是档案文摘撰述型资料，包括大事记、组织沿革等。

1. 大事记

大事记，是按照时间顺序，简明地记载和反映一定历史时期发生的重要史实的一种参考资料。它可以向利用者提供某一问题的历史梗概，便于人们研究史实的演变及其规律性，是总结工作、编写资料、考证历史的重要依据。

文员编写的大事记主要是持续反映本单位情况的单位大事记。大事记的编写要求有三：①观点正确，用材真实；②大事突出，要事不漏，小事不要；③系统条理，简明扼要。

大事记的内容，主要由大事记述和大事时间两部分组成。

（1）大事记述。它是大事记的核心部分。通过许多重大事件的记述，反映历史发展的概况和规律。撰写大事记述的关键在于大事的合理选择，因此要考虑如下三方面的因素：要立足于本单位自身的工作活动；要根据本单位的工作性质、任务及其主要职能活动来选择大事、要事；要突出本单位的特点，注意选择反映一定时期的中心工作和任务的大事、要事。

（2）大事时间。大事时间，一般要求记载准确的日期，不用或少用“最近”“近日”“月初”“上旬”等不确定的日期来记述。而且，对每件大事均须写明某年、某月、某日，并按照大事发生的先后顺序排列，以便反映事件发生、发展的进程。对时间不确切的事件，应尽力进行考证。先排有确切日期的大事，后排接近准确日期的大事，日期不清者附于月末，月份不清者附于年末。

2. 组织沿革

组织沿革是系统记载一个单位或专业系统的体制、组织机构和人员编制变革情况的一种文字材料。

组织沿革的内容大致包括单位概况，机构名称演变，地址迁移，成立、撤销或合并时间，隶属关系，性质和任务，职权范围，领导人员变动，编制扩大或缩小以及内部结构设置等方面的变化情况。

组织沿革可采用文字叙述或图表的形式，也可图文并茂，根据组织发展特点，选择不同的编写体例。其一是编年法，即按照年度依次列出组织结构的演变发展；其二是阶段法，即按照组织机构重大变革的若干历史阶段，分别记述各历史阶段组织机构的演变发展；其三是系列法，即按照组织机构变化的主要内容，分别记述演变发展情况。

3. 文件汇编

文件汇编又称“现行文件汇编”，即将现行文件按照一定的特征（或按作者、或按专题、或按重要程度、或按时间等）组成题目，编选成册，内部印行或公开出版提供利用。文件汇编具有便于工作查考、提高政策业务水平、进行宣传教育等作用。其主要形式有重要文件汇编、专题文件汇编、会议文件汇编、发文汇集、法规汇集等。

4. 基础数字汇集

基础数字汇集是反映一个单位、系统或某一方面基本情况的一种数字材料，是了解情况、研究问题、制订计划、指导工作和总结经验的不可缺少的依据和参考。基础数字汇集从内容上分有综合性和专题性两种。综合性数字汇集是记载和反映一个单位或系统全面情况的资料，包容性强，篇幅比较大。专题性的数字汇集则是记载一个单位或系统在某个方面的基本情况的资料。

5. 企业年鉴

企业年鉴是记录和汇集一个企业一年间的生产、经营、基本建设、科学研究等各类大事的有关文献、照片和统计数据等的综合性参考资料。其特点是利用年度的各种文字总结、数据、报表、照片和文字说明等，记述和反映一个企业的综合发展状况。一年编制一个卷册，年年记录汇集，保持前后连贯性。

企业年鉴对于了解企业的综合情况和数据，进行工作总结、预测未来、计划决策，以及进行科学研究和编史修志等，可以提供比较系统和全面的档案资料，因此，被誉为办公桌上的档案数据库。

思考题

1. 简析档案的复式分类法的种类及其运用条件。
2. 档案价值鉴定的内容有哪些？
3. 什么是档案检索工具，其种类有哪些？
4. 现代文员应如何做好档案信息的开发利用工作？

案例分析1

李蔚和王夕大学毕业后先后被同一公司录用为档案保管员，虽说工作性质相同，两人的境遇却有很大的不同。原因何在？事情是这样的，李蔚和王夕两人平时工作都很用心，所不同的是李蔚是刚接触这项工作，业务上还很不熟练。虽说她平时也是勤勤恳恳，任劳任怨，收集的档案装得满箱满柜，可是上司几次要求调档查阅几份重要文件，她都没有及时找到，有一次差点误了大事，为此，挨了上司的一顿狠批。而王夕就不同了，她收集的档案从数量上讲，比李蔚的还多，但同事或上司要找什么文件，她很快就能提供，上司对她的工作很满意，准备提拔她做部门主管。

（资料来源：向阳，杨重燕：《现代秘书知识应用与实训》，武汉，湖北人民出版社，2003）

案例讨论：如果你是李蔚，准备如何着手改进你的工作？

案例分析2

丢失国有文书档案

1997 年，云和县某机关新办公楼正式落成，3 月份开始，该机关陆续从原办公楼搬迁到新办公楼内，而档案却在老办公楼内没有搬运。随后，该机关开始实施干部职工聘任工作，原档案员沈某调离原工作岗位，办公室负责人及新档案员叶某也刚到位。1997 年 9 月，办公室一行数人及原档案员沈某到老办公楼搬运档案，在搬运装车时，由于档案及有关装具数量过多，局机关一辆小型工具车装运不下，故雇了几辆人力三轮车帮助装运，但未派工作人员押车。档案运到新办公楼后，直接存放在现在的档案室内。原档案员沈某也未对档案及时进行清点。1997 年 10 月，新档案员叶某拿到档案室钥匙后，未与沈某办理档案移交手续，也未对库存档案进行清点及清理。直到 1998 年 5 月档案员叶某在查阅利用档案时，才发现有 3 个年度档案遗失，当时也未引起高度重视，直到县档案局立案查处。

立案后，云和县档案局向该机关发出了《档案执法监督检查通知书》，要求他们找回丢失的 1992 年、1993 年、1994 年度文书档案。但丢失档案已无法找回。浙江省档案局得知情况后会同省主管部门进行调查，并提出健全制度、调整档案管理人员、追究分管领导责任的三点处理意见，并在全省范围内进行了案件通报。后经研究决定，该机关对老档案员沈某给予行政警告处分，县档案局就该案予以全县通报。

【简评】

这是一起严重的档案违法案件。一个单位丢失三个年度的全部文书档案，这在云和县甚至是全地区、全省都是少有发生的。虽然该机关在事后积极采取补救措施，但其后果和造成的社会影响还是十分严重的，教训是十分深刻的。从这个案例中，我们可以发现一些问题，而这些，也正是以后改进档案工作的方向。首先，要解决档案意识淡薄的问题。整个机关三年的文书档案全部丢失，却等到档案局立案才引起重视，甚至某些领导根本不知道这件事，这是不能容忍的。其次，新旧档案员交接过程中没有认真清点，也没有办理移交手续，到如今这三年档案在何地丢失还是一个谜。这已经不只是业务能力水平的问题，应该说是档案工作制度的执行以及档案员工作责任心不强的问题。最后，应当严格执法，加大查处违法行为的力度。这一点云和县档案局较好地执行了档案法规，不仅依法查处，由有关机关给予违法责任人行政处分，而且又在职权范围内，就本案全县通报，起到了很好的宣传教育作用。此外依据《档案法实施办法》还可以对有关责任人责令赔偿损失。

（资料来源：《浙江档案》2003 年第 2 期）

技能实训

文书立卷与归档文件整理

（一）目的与要求

正确理解文书立卷的原则，学会正确划分文件的立卷范围，掌握文书立卷与归档文件整理的方法，初步学会编制立卷类目、文件分类、组卷、装订案卷及归档文件整理等简单程序。

（二）实训内容

分析某单位立卷类目或分类大纲的结构、内容，模仿编制立卷类目，就备份文件练习分类、组卷及整理等方法。

（三）实训步骤

（1）教师分析立卷类目的结构、内容；

（2）学生模仿编制立卷类目；

（3）针对一些文件，根据立卷范围练习分类、组卷等方法；

（4）教师演示档案装订方法（一线三孔装订法）及归档文件整理方法。

（四）实训所需用品

备份立卷类目、文件、卷内文件目录、备考表、卷皮、线绳、装订机等。

（五）实训结果

学生初步掌握文书立卷方法及归档文件整理方法。

Chapter 09 第九章

网络办公系统

网络办公是信息化管理的必然结果。现代文员作为信息化管理的节点，实行网络办公将极大提高办公事务处理的效率，这是现代文员工作模式的重大变革。网络将一个单位内部的所有办公室连接起来，然后连接一个城市的众多的办公室，而后连接因特网上无数个办公室，这就是目前文员办公环境最大的变化，谁都无法忽视这样一种热衷的行为，那就是“上网办公”。手机和电脑将合二为一，无线移动通信和无线网络数据传输服务为人们提供移动办公平台，文员务必关注这种技术的发展，并掌握其技术的操作使用技能。

第一节 在线网络办公基础

一、计算机网络与办公

计算机网络是指将多个独立的计算机系统通过通信设备和通信线路连接起来，并在网络软件的支持下实现数据通信和资源共享的集合。无论是局域网或广域网，都已经成为现代秘书办公的重要平台。一个公司所有办公室用网络连接起来，就形成局域网。然后连接一个城市的众多的办公室，而后连接互联网上无数个办公室，这就是目前文员办公环境最大的变化。谁都无法忽视办公室里的新的工作方式，那就是“上网”处理办公室事务。

二、OA网络办公系统

（一）OA概念及其发展

办公自动化（OA）是指办公信息处理的自动化。人们利用先进的技术，将各种办公业务活动逐步由各种设备、各种人机信息系统来协助完成，从而达到充分利用信息、提高工作效率和工作质量、提高生产率的目的。

办公自动化的内涵是随着时间不断丰富起来的。办公自动化由 20 世纪 70 年代末 80 年代初在我国提出，到现在已超过二十年的发展历史了。最早的办公自动化指的是传真机、打字机、复印机等办公设备的使用。接着，办公自动化指的是用电脑进行文书存储、排版及输出工作，用电脑对人事、财务等进行管理。

现代的办公自动化系统观点认为：办公自动化实际上是人与人、人与部门、部门之间信息的共享、交换、组织、分类、传递、处理及其活动的协调，从而达到一个组织整体目标的过程。

传统的办公自动化多指字处理系统、轻印刷系统、文档管理系统，无法实现信息的共享、交换、组织、分类、传递，无法实现单位、企业内部的协调，难以对非文本的如声频、视频、图形、扫描图像等多媒体信息、超文本信息进行有效的处理。

同时，传统的电子邮件系统没有对办公过程中的工作流提供良好的支持，难以根据不同的情况、不同的工作状态采取不同的措施、更好地跟踪事务的处理过程。因此，现代办公自动化系统更着重于提供办公信息的共享、交换、组织、传递、监控功能，提供协同工作的环境。

从这个意义上说，现代的办公自动化系统的作用相当于动物或人类的神经系统。目前成熟的基于客户机/服务器结构的电子邮件系统和协作系统，较先进的 Intranet/Internet（Web）方式的办公自动化系统，都是企业数字神经系统的重要组成部分。

（二）OA 网络的建设

1. OA 硬件购置

OA 硬件主要包括：①办公信息的输入、输出设备，如打印机、扫描仪、麦克风、音箱、手写笔、键盘等；②信息处理设备，指各种个人计算机、工作站或服务器等；③信息复制设备，指复印机、磁盘、光盘刻录机等；④信息传输设备，指电话、传真机、计算机局域网、广域网等；⑤信息存储设备，如硬盘、ZIP、光盘存储系统等；其他辅助设备，如交通工具、空调、碎纸机等。

现在办公自动化软硬件的品种越来越多，功能越来越强，性能越来越先进，如信息输入可以实现语音输入，扫描仪可以实现实物的扫描，它们为实现最终的无纸办公创造了条件。此外，国内 INTERNET、CHINANET、邮电通信网如 DDN 等的建设与发展，都为办公自动化的发展创造了前所未有的条件，使网络化的办公自动化成为可能。

企业可以结合实际进行硬件的选择。先进的设备只是办公自动化的物质基础，我们还需要功能全面的办公自动化软件。

2. OA 软件购置

我们可以将办公自动化软件分为工具与平台软件以及系统级应用软件两大类。

OA 工具及平台软件主要包括：WPS 文字处理软件、现在的 Office 套装软件、IBM 的中文语音识别录入软件、OCR 汉字识别软件、汉王等手写输入系统以及 MS Exchange 的消息系统等。这些软件作为办公自动化应用平台或工具，解决个体的办公自动化是不成问题的，但要实现全员的信息交流、交换，工作的协同，则还不够，还需办公自动化系统级应用软件。

办公自动化系统级应用软件是一种大型的综合型办公自动化软件系统，需要由办公自动化方案提供商在确定的平台上，按用户的具体情况量身开发。而现在，市面上已经逐渐出现了通用的商品化办公自动化软件产品，用户只需要购买回来就可以实施，这样可以节省大量的时间及开发成本，并避免开发风险。

3. OA 对办公人员的素质要求

系统的实施最终还是要以人为核心，OA 对办公人员的素质有一定的要求。以往的办公自动化是个体工作的自动化，不要求所有的办公人员都要懂得办公设备的使用，懂得电脑的操作，懂得电脑打字。这些工作，由秘书或文员来完成就可以了。那时，要全员学会电脑的操作，学会汉字输入，还真不容易，这就使得许多人被拒之于办公自动化大门之外。

现代的办公自动化系统则通过计算机网络将所有员工联系起来，通过网络来完成大部分的办公工作，是一种全员化的办公自动化。这就要求所有人员都会使用电脑，否则，办公自动化就无法进行。庆幸的是，随着计算机技术的发展，现代办公自动化系统功能越来越先进，但使用起来越来越简单。尤其是最先进的Web应付所有的计算机应用了。汉字输入的问题，可借助准确、快速的笔试、声音、扫描录入设备来解决。但是，为了彻底保障办公自动化的成功实施，对全体员工计算机相关培训的工作仍然需要列入办公自动化的实训计划中。

第二节　在线网络办公资源和管理界面

一、在线网络办公资源

Office Anywhere网络智能办公系统是专为中小型企业定制的网络办公软件，采用领先的B/S（浏览器/服务器）操作方式，使得网络办公不受地域限制。

它集成了包括内部电子邮件、短信息、公告通知、公文流转、业务管理、日程安排、工作日志、通讯簿、考勤管理、工作计划、工资上报、会议管理、车辆管理、网络会议、讨论区、聊天室、文件柜、系统日志、列车时刻查询、电话区号查询、邮政编码查询、法律法规查询等20余个极具价值的功能模块。

Office Anywhere在功能上媲美售价数万元的网络办公系统，在安装维护上更提供了采用独有技术开发的傻瓜型安装工具、配置工具和数据库管理工具，用户可在30秒内自行安装完毕，无需专业人员即可自行维护。

Office Anywhere采用基于Web的企业计算，主Http服务器采用了世界上最先进的Apache服务器，性能稳定可靠。

数据存取集中控制，避免了数据泄漏的可能。完善的密码验证与登录验证机制更加强了系统安全性，并且所有页面均进行身份验证和权限验证。

基于工作流的公文流转和业务管理，使得业务表单、流程步骤和权限都可以由用户灵活定制。公文流转支持使用Word等附件。

（一）平台架构

Office Anywhere采用基于Web的企业计算平台，如图9.1所示：

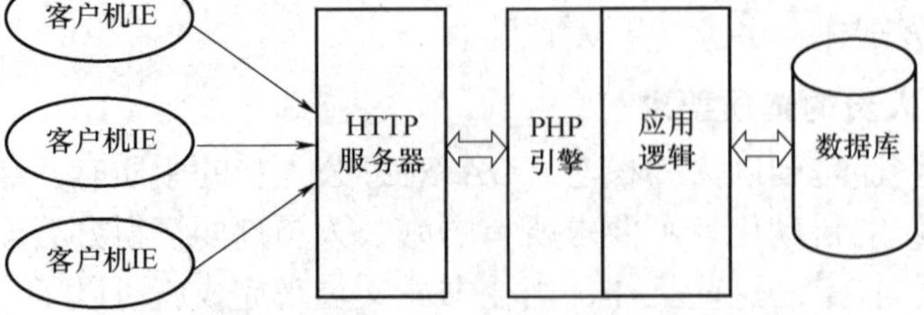

图9.1

（二）管理层次

Office Anywhere 采用用户自己设置的权限管理机制，更贴近用户的需求。管理者可以根据本单位的需要自行设计工作角色和职务、部门以及本单位每个员工所担当的角色拥有的权限。管理层次均由管理者自行控制。

二、在线网络办公管理界面

（一）系统登录

在服务器上安装了 Office Anywhere 之后，局域网上的其他机器（也可以是在 Internet 上）只需打开浏览器（IE5.0 以上），输入服务器的网址，形如：

http://主机名（也可以是 Internet 域名）或 http://IP 地址，即可进入网络办公系统。

如果服务配置为使用非 80 端口，只需在输入网址后面加入：端口号。例如：

http://200.100.221.1:8080

进入登录界面如图 9.2 所示。

图 9.2　登录界面

输入管理员所给的用户名和密码，单击登录按钮即可进入办公系统主接口。

主接口及组成如图 9.3 所示，不同角色的用户进入系统后可使用的功能是不同的。菜单中显示的功能也不同。

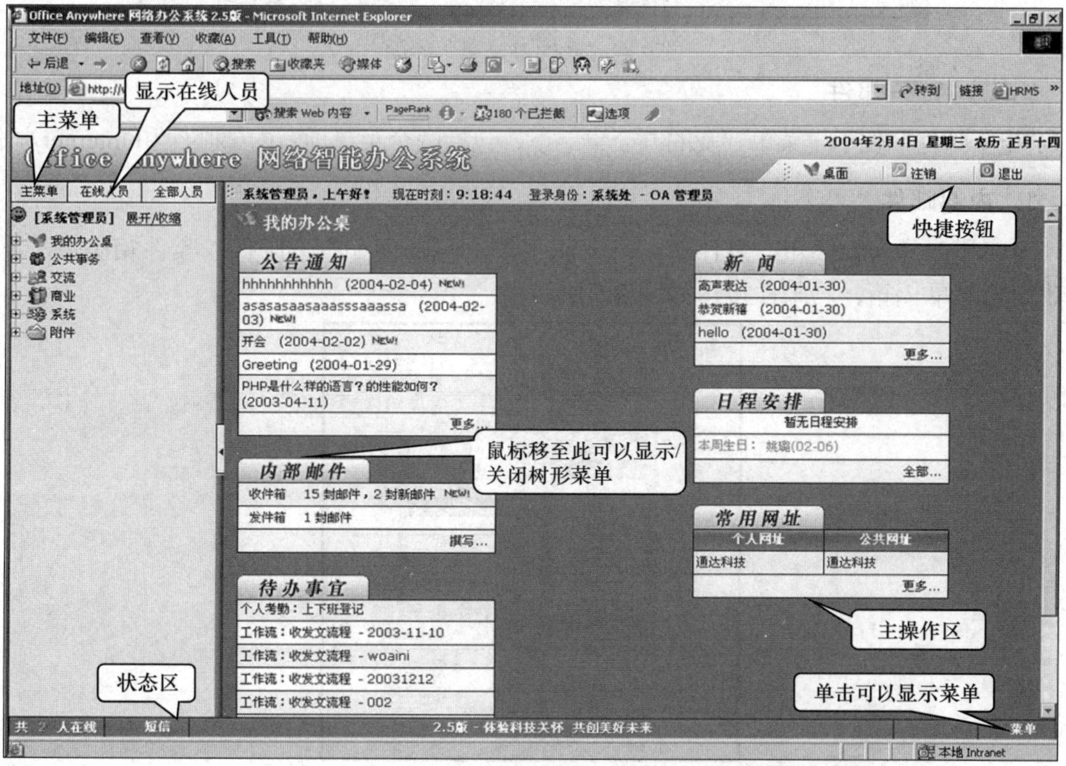

图 9.3　主接口及组成

菜单有两种显示的方式：一是窗口左边树形菜单，二是状态区右下角菜单。

主菜单主要由 6 大部分组成，分别是我的办公桌、公共事务、交流、商业、系统、附件。所有用户权限和角色设置均由系统管理员登录系统后设置。

（二）我的办公桌

“我的办公桌”是把菜单中几项比较常用的功能醒目地列在操作区上，方便用户操作。用户登录进来之后，主操作区上默认显示“我的办公桌”的内容，如图 9.4 所示。具体操作说明详见相应的模块说明。

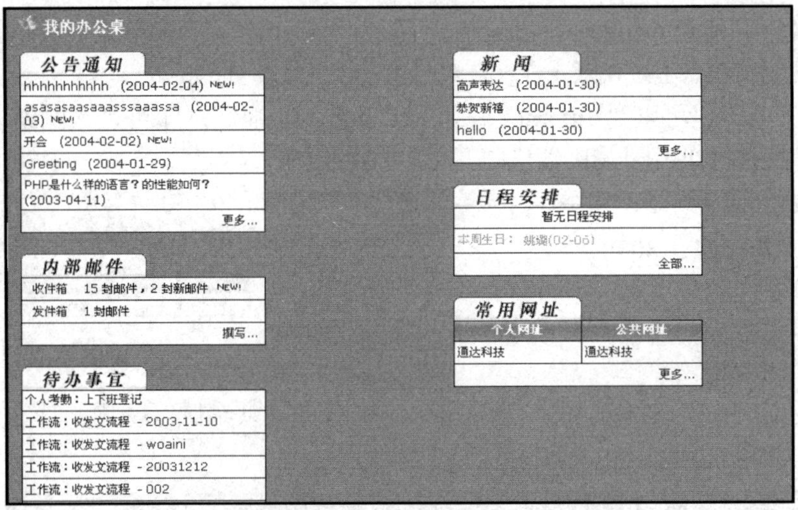

图 9.4 “我的办公桌”界面

（三）电子邮件

“电子邮件”位于主菜单“我的办公桌”下，包括两个菜单项：内部邮件和 Internet 邮件。

1. 内部邮件

内部邮件分为收件箱、发件箱、已发送邮件、写邮件和查询邮件。收件箱类似于网上多数信箱的草稿箱，写邮件接口如图 9.5 所示。

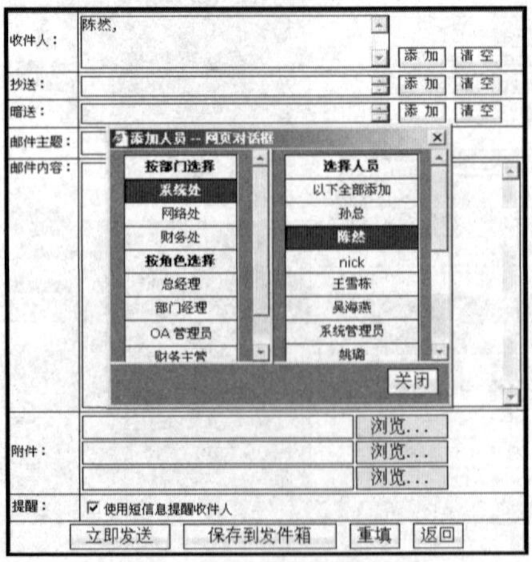

图 9.5 写邮件接口

（1）添加收件人：单击“添加”按钮，弹出一个窗口，可按部门和角色选择收件人，选择部门或角色，再单击部门内的人员，收件人列表里就会添加该用户的姓名，完成后，单击“关闭”按钮退出该窗口。

（2）邮件必须有一个标题，没有标题的邮件不能发送，如果忘记了写标题，系统会在发送邮件的时候给出提示。

（3）邮件写完之后，可以随邮件带一个附件，单击“浏览”按钮，会弹出选择文件对话框，选中想要发送的文件，单击“打开”即可完成添加。如果只是想发送一个文件，不写邮件内容邮件也可以发送。

（4）如果想提醒收件人查收，可以选中“使用短信息提醒收件人”。

（5）单击“立即发送”即可发送邮件。

（6）如果不想立即发送，可以单击“保存到发件箱”，在想发送该邮件的时候，可以到“发件箱”里找到该邮件进行发送。（注意：向多个人群发的邮件在保存到发件箱的时候，保存的邮件数目会和人数相同）。

（7）如果需要重新填写邮件，可以单击“重填”，刚写好的内容都会被清掉，重新回到写新邮件的状态。

（8）发送后的邮件会在已发送邮件箱显示，如图 9.6 所示。

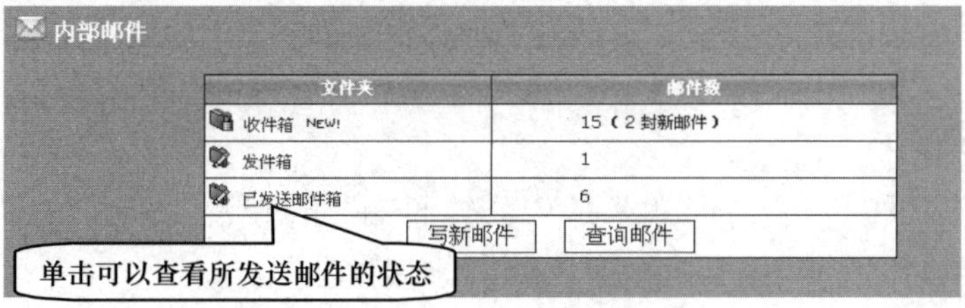

图 9.6　“已发送邮件箱”位置

根据邮件的状态，对于收件人没有查看的邮件，发件人还可以编辑修改或者删除。

邮件查询提供对内部邮件的查询，可以通过邮箱、主题、内容以及附件所包含的关键词进行查询，其中内容最多可以选择三个包含关键词，如图 9.7 所示。

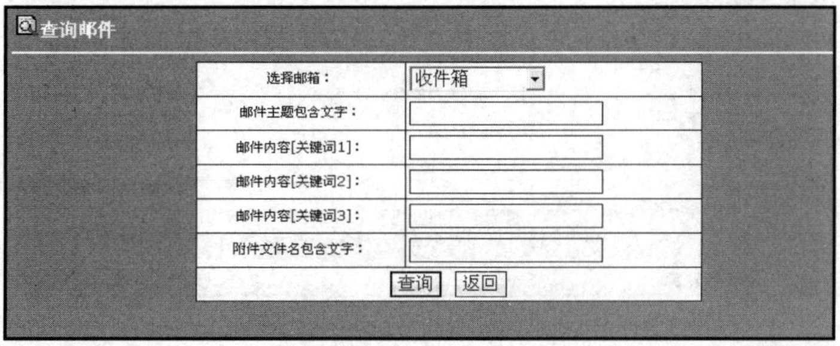

图 9.7　通过附件所包含的关键词进行查询

2. Internet 邮件

（1）选择邮箱（如收件箱），输入邮件主题包含文字（输入“a”）。

（2）单击“查询”按钮，则列出收件箱中所有邮件主题包含“a”的邮件。

（3）进入 Internet 邮件后先配置邮箱，即输入 POP3 和 SMTP 地址，很多企业有自己的企业邮箱，那么可以在选项栏里选择“用户名@域名”方式。如图 9.8 所示。

图 9.8　邮箱配置

配置好以后，邮件账户列表如图 9.9 所示单击邮箱名称，即可进入，系统会验证用户名和密码，并收取邮件，可能要等 1 到 2 分钟，进入邮箱后的配置和许多网站上的邮箱修改没有很大区别。

图 9.9　邮件账户列表

（四）公告通知

“我的办公桌”下的“公告通知”是“公告通知”的查看功能，如图 9.10 所示。发布公告通知的方法详见“公共事务”下的“公告通知管理”。

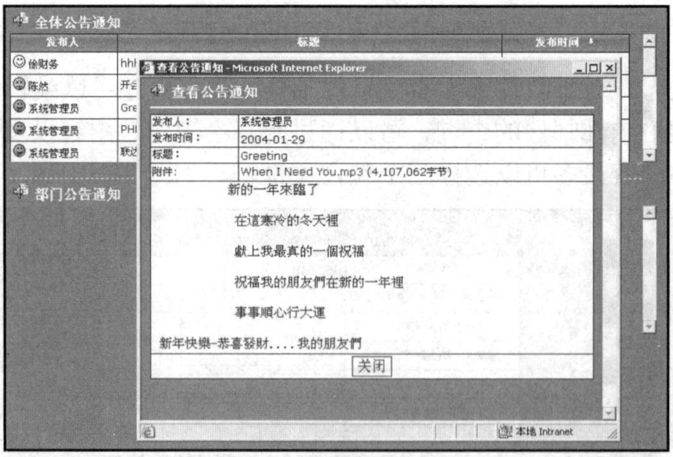

图 9.10　查看公告通知

对于用户没有阅读过的公告通知，标题后会有个“new”图片标记。

（五）日程安排

“日程安排”位于“我的办公桌”下，日程安排以月历的形式显示在接口上，如图 9.11 所示。

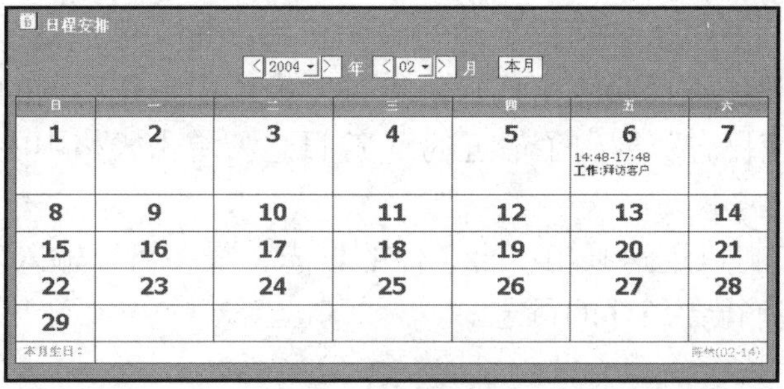

图 9.11　日程安排

单击表示日期的数字，进入日程安排管理接口，如图 9.12 所示。

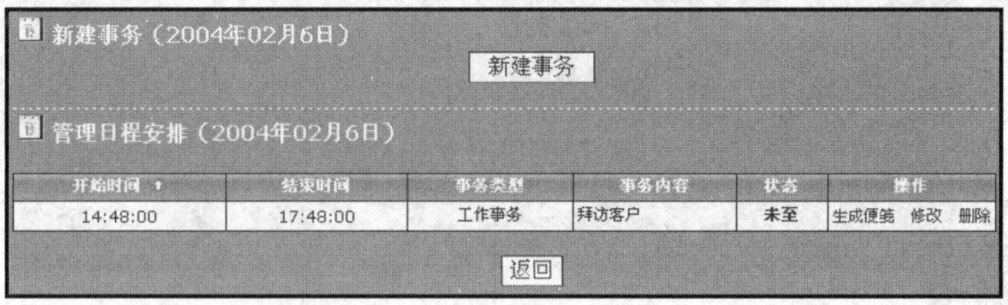

图 9.12　日程安排管理接口

单击“新建事物”按钮，进入界面如图 9.13 所示。如果选择“个人事务”，在员工日程安排查询就看不到。员工日程安排查询请查看“工作事务”。

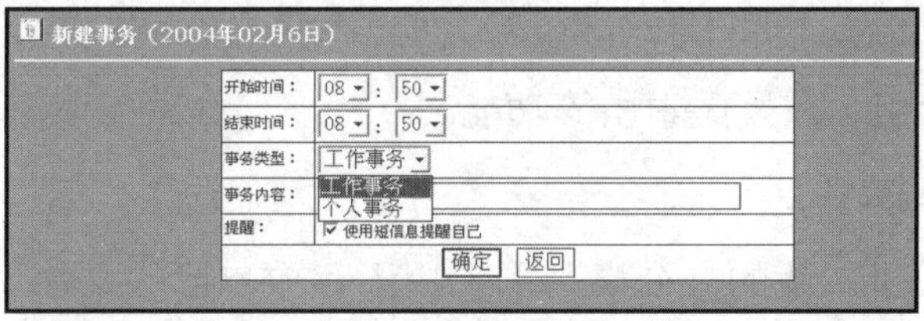

图 9.13　“新建事务”界面

（六）工作日志

“工作日志”位于“我的办公桌”下，是一个非常实用的记事工具。如图 9.14，接口分三部分。

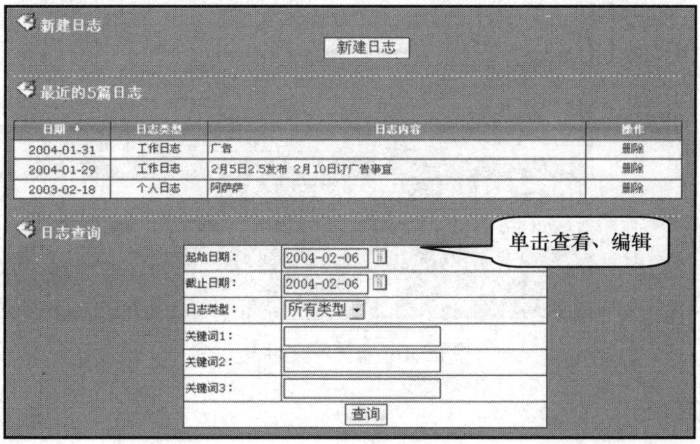

图 9.14　工作日志

（1）单击“新建日志”按钮可以新建当天的日志，每天可记录多篇日志，分为工作日志和个人日志，个人日志在“员工工作日志查询”模块中是查不到的。

（2）“最近的 5 篇日志”列出了最近的 5 篇日志，单击表格中的日志内容提示，可以查看、编辑日志。

（3）“日志查询”可以迅速找出符合条件的日志，最多可以输入 3 个关键词，系统进行模糊查询，找出所有符合条件的日志。

（七）通讯簿

“通讯簿”位于“我的办公桌”下，如图 9.15 所示。

图 9.15 通讯簿

“通讯簿”提供分组、按姓氏索引等功能。

（八）个人文件柜

“个人文件柜”位于“我的办公桌”下，用于存放自己的文件。用户先建立自己的活页夹，然后在活页夹里增加文件。（图 9.16）

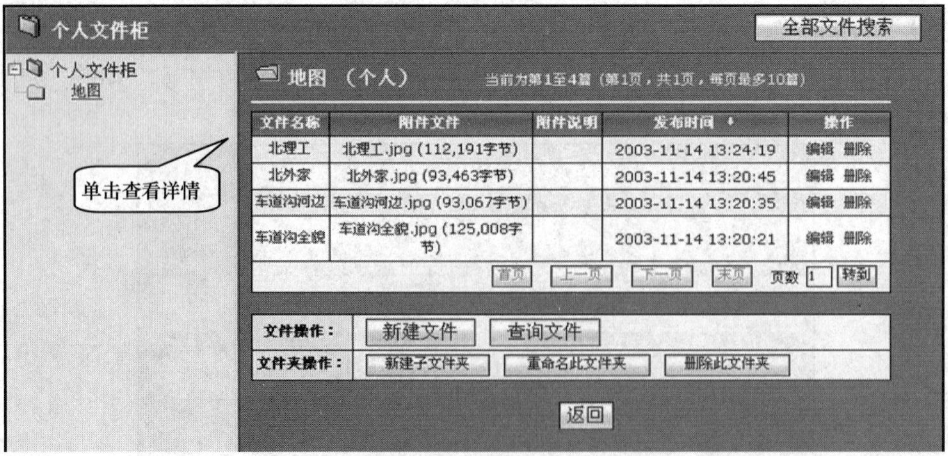

图 9.16 个人文件柜

（九）工作流

“工作流”位于“公共事务”下，用于多个人有步骤地填写、审批一个文件。（图 9.17）

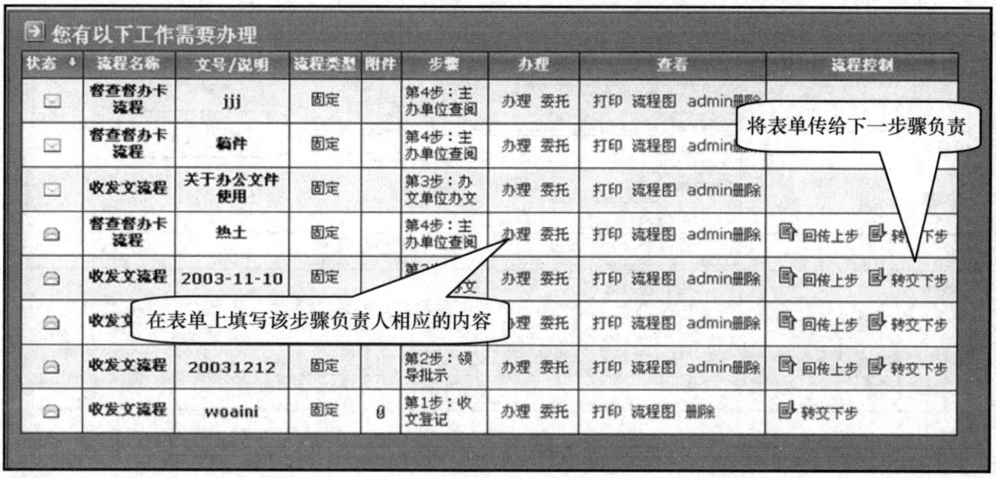

图 9.17　工作流

流程中分为固定流程和自由流程，如图 9.17 所示，固定流程的每一步都是固定的，“接收/办理”后，就交给下一步的执行人。而自由流程执行人可以实时终止该流程，也可以选择任何人执行下一步。

（十）公告通知管理

“公告通知管理”位于主菜单“公共事务”下，操作接口如图 9.18 所示。

图 9.18　公告通知管理

单击标题可查看通知的详细情况，单击查阅情况可查看查阅过该通知的用户。

“我的办公桌”的主操作区中的第一项就是“公告通知”，如果一个公告通知状态是“生效”，那么发送范围内的用户都会收到这条公告通知。并且会在收到通知的同时收到一条提醒短信。

“新建公告通知”的界面如图 9.19 所示。

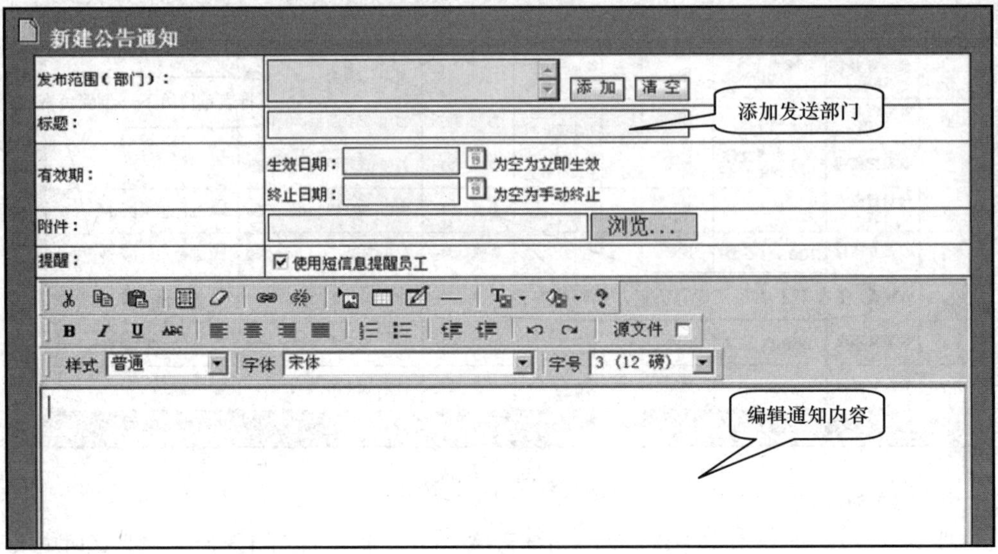

图 9.19 新建公告通知

单击“修改”按钮进入修改公告通知界面，可以对公告通知的各项内容进行修改，如果所带的附件是 Office 文档，还可以对 Office 文档进行在线编辑，如图 9.20 所示。

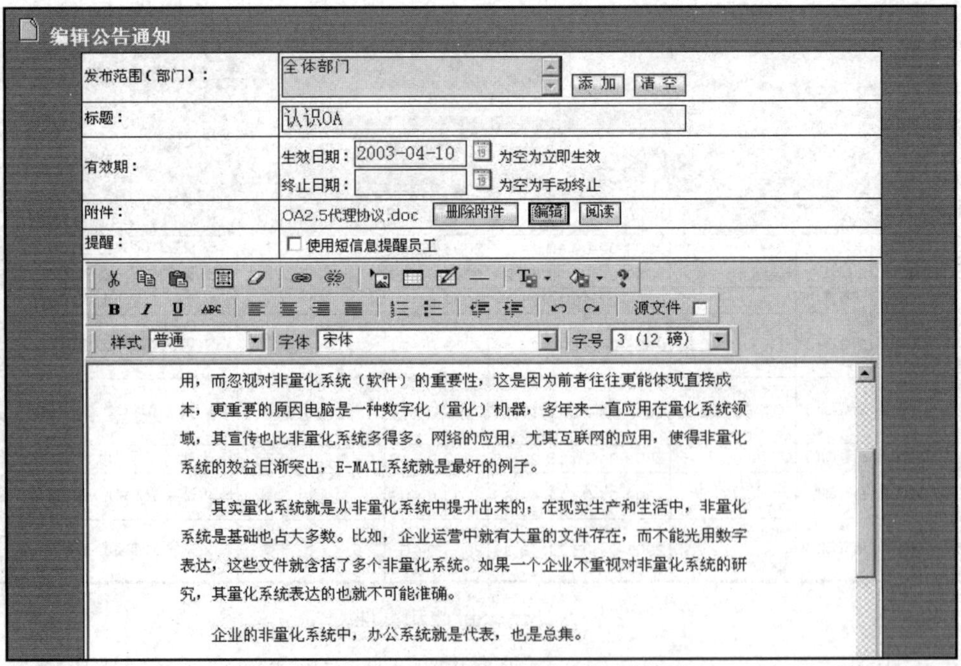

图 9.20 编辑公告通知

单击“附件”后的“编辑”按钮，进入 Office 文档在线编辑页面，实现快捷、方便的在线编辑功能。除了 Office 固有的菜单功能外，还加入了手写签名、电子印章等功能，所有模块的附件只要是 Office 文档，就可以实现在线编辑，如图 9.21 所示。

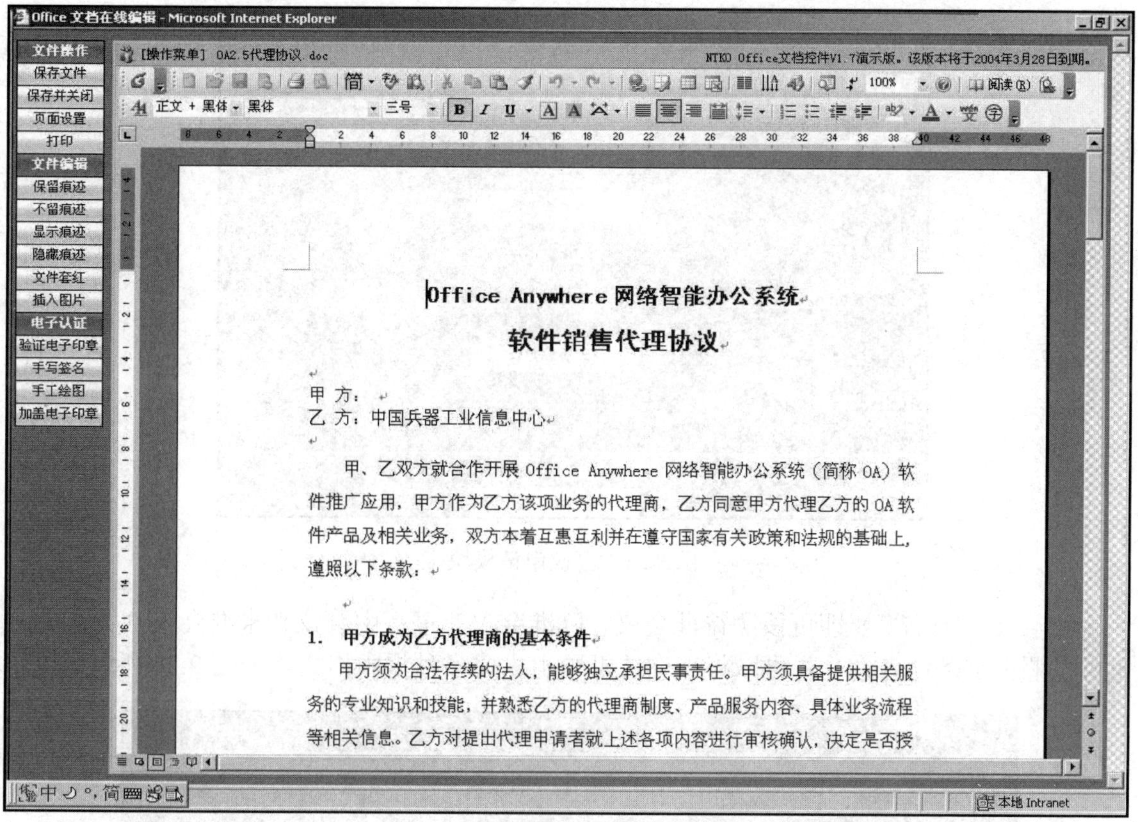

图 9.21　Office 文档在线编辑

（十一）新闻管理

新闻管理界面如图 9.22 所示，单击标题可查看新闻的详细情况，单击“修改”按钮可编辑新闻内容。

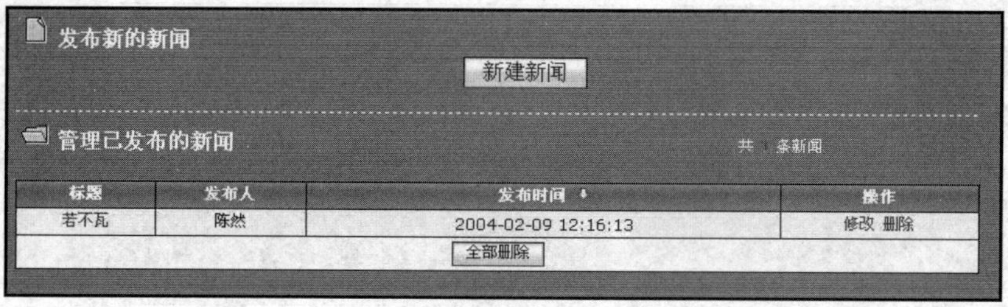

图 9.22　新闻管理界面

（十二）会议申请与安排

“会议申请与安排”共分为“会议申请”“会议查询”“会议管理”和“会议室设置”四个部分。

（1）会议申请模块可以申请会议，并将自己已申请的会议按照待批会议、已准会议、进行中会议和未准会议分类列出，方便用户查询和管理自己的申请。如图 9.23 所示。

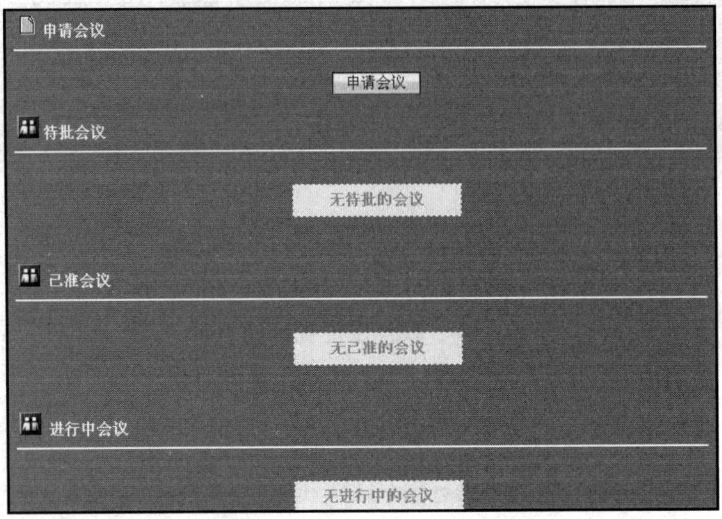

图 9.23　会议申请模块

（2）会议查询模块即可按照待批会议、已准会议、进行中会议和未准会议分类查询，也可按照指定条件查询，并可以将查询结果导出，成多种报表格式。如图 9.24 所示。

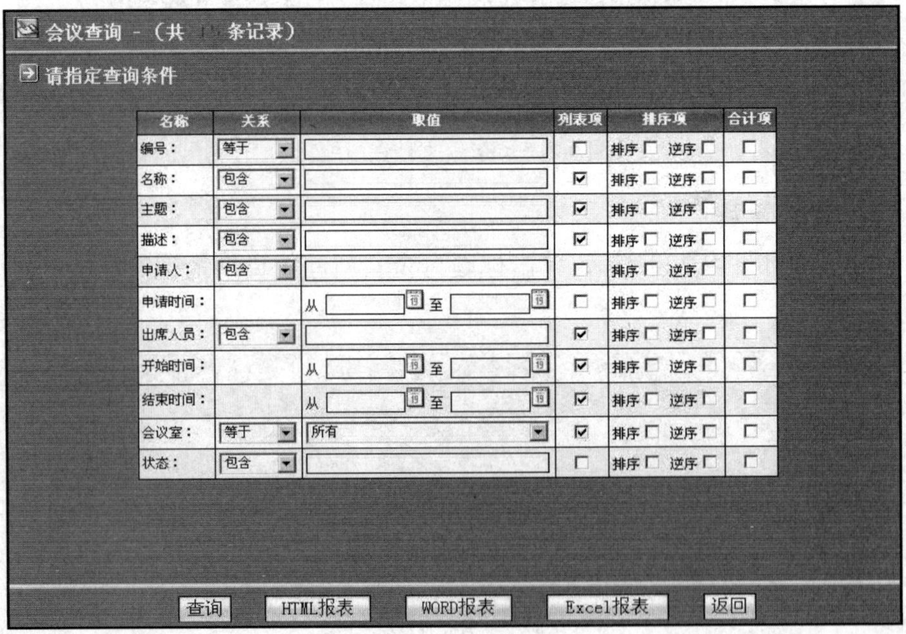

图 9.24　会议查询模式

（3）会议管理模块用来管理所有用户已提交的申请，按照待批会议、已准会议、进行中会议和未准会议分类列出，方便用户管理。如图 9.25 所示。

（4）会议室设置模块用来新建和管理会议室的基本信息，用户可以新建、修改和删除会议室的基本信息，也可查看每个会议室的预定情况。如图 9.26 所示。

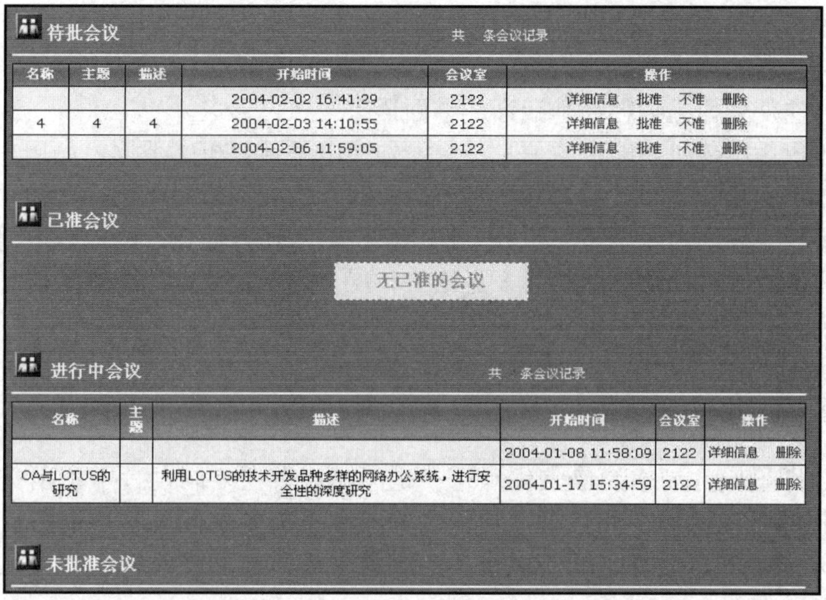

图 9.25　会议管理模块

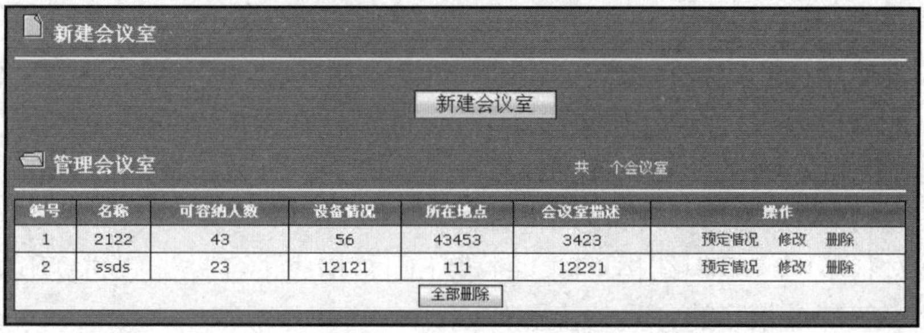

图 9.26　会议室设置模块

第三节　现代办公设备管理

一、打字机、传真机、电传机管理

打字机是办公室中用得很广泛的一种机器，有许多种式样和型号。从手动的、电动的到电子的，有的带记忆功能，有的可进行文章编辑。打字机的使用能大大提高书写的工作效率。

传真机是专为和自动文本处理机一起使用而设计的国际电子通信网络，因而无须把数字信号转换为穿孔带的形式。通常被称作“传真”的传真电报设备，使用电话传输，在若干秒钟之内，将任何形式的印刷、打印或手抄材料、绘图、图表和照片从一个地方传输到另一个地方。它能将文件复制品完全准确地传送到任何距离，既有电话的速度，又具有办公室内复印机的复印功能。传真电报与电传相比，一个突出的特点是，输入端的材料无须打印，而且复杂和详尽的订货单可以完全准确地发送出去。

电传机电传给用户提供快速的书面通信手段，既有电话的速度，又有书面文字的权威性。配备电传设备的用户收发双方都可以得到一份打印的电文副本。这对很多商业业务是十分理想的。它使外语更加容易地翻译成书面语言。

此外，下班后电传机还能接收信息。它能传递电子计算机的数据。如用户电报电传机的操作程序如下：操作人员拨打对方电传号码；对方的应答电码（用一个缩写的名字）必须显示在电传机上以后才采取下一步骤；操作人员打字输入他自己的应答电码；操作人员打出电文或把储存在存储器中的信息发送出去；操作人员重复他的应答号码；对方的应接电码应再次出现在电传机上以证实全部信息已发送完毕。

二、复印机的管理

用复印机印刷原件副本的最大优点之一是能够获得在复制过程中不出文字错误的原件副本。该机器是电动的，而且对需要复印的原件不需要做什么特殊准备。通常一次复印的份数是无限量的，而且印刷质量也不会逐渐下降，改动或改错工作可以毫无困难地进行。

（一）复印的基本方法

复印机根据使用的光敏材料不同，用纸不同，显影方式（干法或湿法）不同，分为氧化锌复印机、硒静电复印机以及硫化复印机等。但在设计原理上，几乎都是通过控制电路的继电器、微动开关、光源、马达等部件将充电、曝光、显影、转印、定影一直到复印品的整个过程，有机地组织成为一个自动化过程。

由于感光材料不同、组织结构不同、性能不同，构成了各种类型的复印机。但它们复印的操作方法一般都是相同的，具体步骤如下。

（1）将需复印的原稿一面面向下紧贴在玻璃板上，并根据稿台上的定位标尺，把原稿放在正确的位置上，然后把原稿压板轻轻放下，压在原稿上。

（2）将复印纸放入供纸盘。复印纸的规格尺寸根据原稿的尺寸而定，复印纸要成叠放入供纸盘之内，应使复印纸松散，使纸张互相分开。复印纸一定要平整，否则容易出现纸路故障。

（3）按开机键，接通整体电源。此时机内定影器开始加热。

（4）调节定影温度。当复印纸较厚、室温较低时，可调高定影温度。当复印纸较薄、室温较高时，可调低定影温度。

（5）调好复印数。将预印计数旋钮转到所需复印张数的位置上。

（6）复印。当复印机预热达到温度后，“待机”指示灯灭，“复印”指示灯亮，此时可按“复印”键，开始复印。

（7）调光圈和色粉量。根据第一次复印品的反差和墨色浓淡情况，调节复印机的光缝或光圈大小和色粉值的大小。

（8）关机。复印结束后，等最后一张复印品送进接纸盘，按“停机”键。待定影器冷却，即可关掉电源开关。

复印机的工作过程可分为充电、曝光、显影、转印、定影、消电和消刷几部分。

（二）特殊文件的复印方法

（1）增大反差法。在文书处理过程中，往往有许多文件已不是原始打印件。这些文件有钢笔、铅笔、圆珠笔的字迹符号。红蓝铅笔和硬质铅笔的字迹较浅，复印后效果较差。复印这类文件可以采用增大复印曝光量的办法来弥补，以增大黑白反差。原稿如已是复制品，也常采用上述办法复印。

（2）轻压法。当原稿是书本或立体物时，就需用手轻轻按住，使要复印的一页紧贴玻璃板，否则会影响成像的清晰度，使复印品局部影像模糊。

（3）用纸衬托法。当原稿两面都有字，而且又比较薄时，反面的字就会出现在复印品上，这时可在原稿的背面放一张与原稿字迹颜色相同的纸。如原稿两面都是白底黑字时，通常放上一张中性颜色的纸，原稿两面都是白底蓝字，通常就放一张蓝色的纸。

（4）夹纸复印或剪贴复印法。在复印无法拆开的厚本文件或书籍时，往往会有一条很空的黑痕留在复印件上，甚至还可能印上旁边另一行字。这时要在两页间夹一张厚白纸，遮住暂不印的一页及中缝。若仍不能达到要求，也可以采用二次复印，最后剪贴再复印的方法。

（5）减少曝光量法。在复印彩色图片、照片、选票、会议证以及年代久远的历史档案材料时，字迹或图像与纸张的反差较小，复印后容易发黑，通常可以采用减少曝光量的方法。

（6）部分复印法。当复印文件原稿超出复印机稿台的范围时，可以将原稿分成若干部分复印，每一部分都多印一些，复印完毕，将重叠部分剪去或遮去，然后粘好。

（7）多次循环法。为便于处理和保存文件，需将大幅原稿缩印成小幅复印件时，可以采用多次缩印的方法，直到达到要求为止。

（三）复印机的保养与维修

复印机在使用前，应详细阅读该复印机的说明书，并对该复印机各部件进行认真的检查，搞清楚所使用的复印机的型号、功能，各种按钮和指示灯的作用，纸张规格，等等，并且在操作时，严格按照说明书上的操作程序进行操作。

复印机要经常进行维护，以保证复印效果和延长使用寿命。对复印机的基本要求如下。

（1）复印机在运转过程中，如遇意外情况应立即关掉总开关，使复印机停止工作。

（2）复印机在复印五千次以后，应进行一次全面的清洁和维修工作。

（3）每天复印工作完成后，要进行清洁工作：每天复印完成后，要用干净的布或脱脂棉轻轻擦去稿台玻璃板上的灰尘和指纹；玻璃板上的污物可以用脱脂纱布蘸乙醚擦去；如果橡皮压板上有污物，可以用脱脂棉蘸清洁剂擦拭干净。

（4）注意保养好光敏鼓（板）：在装配或卸下光敏鼓（板）时，要求轻拿轻放，否则划伤和纸纹都会反映到复印品上；在安装光敏鼓时，要检查鼓和轴是否同心，防止其表面受损；擦洗光敏鼓时可用脱脂棉轻轻擦去粉尘，再用脱脂棉蘸乙醚或丙酮擦拭；擦光敏鼓时应朝一个方向，直到棉花上没有黑色为止。

（5）要经常清洗复印机，包括复印机的屏蔽壳和电极丝。

（6）要定期清除吸尘箱粉管内的粉末和盛粉盒中的墨粉。

（7）镜头、反光镜上有灰尘或其他污物，可用气球吹去，若吹不掉，可用镜头纸或用脱脂纱布蘸 3：1 的酒精乙醚混合液擦拭。

（8）应经常检查清洁刮板或清洁毛刷是否老化、变硬，以免损伤光敏鼓。

（9）复印机不宜在潮湿、不通风、灰尘大及温度高的环境下工作。

（10）用复印机复印时，最好使用标准复印纸，不要随便使用其他纸张，尤其是过薄或过厚的纸张，以免发生卡纸或损坏机器。

静电复印机的操作虽简单，但使用维护相对困难。这要求操作者不仅要懂得静电复印基本原理，而且要注意积累日常工作经验，做好复印机的使用和维护工作。

三、电子计算机的管理

（一）电脑在工作中的用途

（1）汉字的文书处理主要是利用微型计算机（或终端设备）、文字处理机等设备进行公文起草、修改、排版、印刷等。

（2）打印输出有打印机打印输出、激光打印输出、激光照排系统输出等，既快速又方便。

（3）计算机信息检索是利用计算机系统有效存储和快速查找的能力发展起来的一种计算机应用技术。这种系统是信息检索使用的硬件资源、系统软件和检索软件的总和。它能存储大量的信息，并对信息条目进行分类、编目或编制索引。它可以根据用户要求从已存储的信息集合中抽取出特定的信息，并且有插入、修改和删除某些信息的能力。计算机信息检索系统可分为一次性信息检索系统和二次性信息检索系统。

（4）电子邮件正在各类办公室逐步得到应用。它是一种用电子技术传送声音、图像、数字、文字或其他混合型信息技术，如简单的电话机、传真机到复杂的计算机网。

（5）发展高密度存储技术也是办公室自动化的重要内容，将各种文件、资料、档案等信息存储在尽可能小的空间内，由计算机进行高速检索。以高密度、大容量磁盘存储器为基础的数据库是计算机信息检索系统应用最广的技术，可用于信息存储的介质磁带、微缩胶卷等。

（6）远程通信会议也是办公室自动化常用的技术。位于不同地点的人可以通过长途电话或计算机网举行会议。远程通信会议包括交换行政和技术情报的行政会议、记者招待会、远程疾病诊断或会诊、远程教学等。

（二）计算机病毒防范

目前世界上已知的计算机病毒已达数千种之多，并且还在不断增加。对计算机病毒的侵扰，已经找到了一些防范措施，主要有以下几种。

（1）提高警惕。计算机用户应尽量使用原装软件而不用复制软件。不要与别人交换软件，也不要让外人在自己的计算机上用其自带的软盘进行操作。对于配备有计算机系统的机关、企业、事业单位的机房，不能轻易让外人出入，如因维修确需外人进入机房时，事先要采取安全措施，现场必须始终有人陪同。

（2）加强法制。对于“埋设”病毒和病毒散布者严加惩处。现在，美国已有48个州通过了禁止故意破坏计算机的法律，这对病毒散布者起到一定的震慑和遏制作用。

（3）使用“计算机疫苗”的基本原理。在病毒最易藏匿的某些计算机软件控制部位设下保护性程序。当有来源不明的信息企业通过这些部位时，“疫苗”便会出来阻挡，同时发出警告信号，以提醒“计算机用户注意”。

（4）清除病毒。计算机一旦受到病毒侵害，可以运用一种特殊的“审查程序”来找出病毒之所在，然后加以消除。最简便的消除方法就是把计算机关掉，以清除所有资料信息，然后再重新建立资料信息库，但要注意，在重新建立资料信息库时一定要使用原厂出品的新软盘，并且在新软盘使用之前要先扫描一遍，看其中是否有来历不明的信号。

四、数码相机的管理

（1）数码相机是一种利用电子传感器把光学影像转换成电子数据的照相机。数码相机与普通照相机在胶卷上靠溴化银的化学变化来记录图像的原理不同，数码相机的传感器是一种光感应式的电荷耦合-{zh-cn：器件；zh-tw：组件}-（CCD）或互补金属氧化物半导体（CMOS）。在图像传输到计算机以前，通常会先储存在数码存储设备中（通常是使用闪存；软磁盘与可重复擦写光盘（CD-RW）已很少用于数字相机设备）。

（2）数码相机是集光学、机械、电子一体化的产品。它集成了影像信息的转换、存储和传输等部件，数字化存取模式，与电脑交互处理和实时拍摄等特点。光线通过镜头或者镜头组进入相机，通过成像元件转化为数字信号，数字信号通过影像运算芯片储存在存储设备中。数码相机的成像元件是CCD或者CMOS，该成像元件的特点是光线通过时，能根据光线的不同转化为电子信号。数码相机最早出现在美国，20多年前，美国曾利用它通过卫星向地面传送照片，后来数码摄影转为民用并不断拓展应用范围。

（3）数码相机的优缺点。优点：一是拍照之后可以立即看到图片，从而提供了对不满意的作品立刻重拍的可能性，减少了遗憾的发生；二是只需为那些想冲洗的照片付费，其他不需要的照片可以删除；三是色彩还原和色彩范围不再依赖胶卷的质量。四是感光度也不再因胶卷而固定，光电转换芯片能提供多种感光度选择。缺点：一是由于通过成像元件和影像处理芯片的转换，成像质量相比光学相机缺乏层次感；二是由于各个厂家的影像处理芯片技术的不同，成像照片表现的颜色与实际物体有不同的区别。三是由于中国缺乏核心技术，后期使用维修成本较高。

五、扫描仪的管理

扫描仪已经成了我们日常办公和生活的必备产品。多了解一些扫描仪的使用保养常识有利于提高工作效率。作为普通用户来说，不仅要购买一台质量过关、方便耐用的扫描仪产品，而且学会正确使用和进行简单的保养也是非常重要的。

（1）一旦扫描仪通电后，千万不要热插拔SCSI、EPP接口的电缆，这样会损坏扫描仪或计算机，当然USB接口除外，因为它本身就支持热插拔。

（2）扫描仪在工作时请不要中途切断电源，一般要等到扫描仪的镜组完全归位后，再切断电源，这对扫描仪电路芯片的正常工作是非常有意义的。

（3）由于一些 CCD 的扫描仪可以扫小型立体物品，所以在扫描时应当注意：放置锋利物品时不要随便移动以免划伤玻璃，包括反射稿上的订书针；放下上盖时不要用力过猛，以免打碎玻璃。

（4）一些扫描仪在设计上并没有完全切断电源的开关，当用户不用时，扫描仪的灯管依然是亮着的，由于扫描仪灯管也是消耗品（可以类比于日光灯，但是持续使用时间要长很多），所以建议用户在不用时切断电源。

（5）扫描仪应该摆放在远离窗户的地方，因为窗户附近的灰尘比较多，而且会受到阳光的直射，会减少塑料部件的使用寿命。

（6）由于扫描仪在工作中会产生静电，从而吸附大量灰尘进入机体影响镜组的工作。因此，不要用容易掉渣儿的织物来覆盖（绒制品，棉织品等），可以用丝绸或蜡染布等进行覆盖，房间适当的湿度可以避免灰尘对扫描仪的影响。

扫描仪的分辨率与打印机的分辨率是否是一个概念？扫描仪的分辨率的单位严格定义应当是 ppi，而不是 dpi。ppi 是指每英寸的 pixel 数，对于扫描仪来说，每一 pixel 不是 0 或 1 这样简单的描述关系，而是 24 bit、36 bit 或 CMYK（1004）的描述。打印机的分辨率的 dpi 中的 d 是指英文中的 dot，每一个 dot 没有深浅之分，只是 0 或 1 的概念，而对于扫描仪来说，1 个 pixel 需要若干个 4 种 dot（CMYK）来描述，即一点的色彩由不同的 dot 的疏密程度来决定。所以扫描仪的 dpi 与打印机的 dpi 概念不同。用 1440 dpi 的打印机输出 1：1的图像，扫描时用 100-150 dpi 的扫描即可。

思考题

1. 什么是 OA?
2. OA 对办公人员素质有哪些要求?
3. 简述如何在企业推行 OA?

案例分析 1

通知必须按时转达

某省委决定于某月某日召开一次重要会议，省委主要领导同志指定省委的 C 领导同志一定要参加。交办此事的一位办公厅领导同志还特别交代，要提前发通知，以便于 C 领导预先安排工作，等等。值班同志马上将开会的时间、地点、内容、要求通知到 C 领导的秘书，并要他及时向上汇报。但到开会的前一天，C 领导有事与主要领导通电话，电话中 C 领导说：“没有接到通知，我已安排明天有会，有几十人参加，怎么办？”那位主要领导马上找发通知的值班室查问，经查实，某月某日某时已通知到 C 的秘书。为什么会出现这个问题？关键在哪里？

经过与 C 领导的秘书核实后，秘书承认已接到会议通知，但没有按要求立即报告，后来忘记了，造成两会冲突。最后服从省委的安排，取消了 C 领导安排的会议。

案例讨论：如果实现了网络办公后，会议通知的发布与转达还会是这样吗？

案例分析2

万户网络协同办公系统电子政务应用案例

自从国家信息化领导小组决定将电子政务作为我国信息化建设近期的工作重点以来，全国各地纷纷掀起了电子政务建设新高潮，大力促进了政府系统电子政务建设工作。电子政务应用作为我国各级政府政务工作的基本业务，成为最早利用现代化技术提高政府政务工作效率的应用之一。多年来，电子政务系统的开发和应用得到了全国各个地方、各部门的高度重视。安徽省政府办公厅电子政务建设开始于1998年左右，先后由两家公司实施过办公自动化系统，这些系统的实施让省政府办公厅对内部信息化建设有了一定的基础。原办公系统经过使用，发现需要进一步改进，故于2004年再次招标，由万户网络承建。

规划

安徽省政府办公厅综合办公业务系统，由政务信息网和办公业务系统两大部分组成，采用B/S三层架构设计，全部系统设计语言采用Java，遵循J2EE 1.3规范。系统要在现有的电子政务平台上构建网络互联、信息共享、安全可靠的网络办公平台系统，以网络为依托，优化业务流程，提高办公效率，建立规范的业务和科学的宏观管理体系。

根据中央办公厅和国家保密局对信息系统建设的各项要求，以及国家党政机关特有的网络办公系统需求，结合办公机关特点，以信息发布、共享为核心，提供包括内部公文处理、行政事务管理、信息资源管理、交流与共享、办公应用集成支持等功能的综合网络信息平台，为办公厅提供简单、高效的网络化的协作办公环境，实现信息采集、传输、存储、处理的自动化，实现办公厅机关公文生成、收发、管理和归档自动化，提高公文信息传递时效和综合利用率；实现厅机关日常办公的电子化、网络化、无纸化，提高办公效率和管理水平，同时也节省大笔的办公费用。

实施

万户网络采用万户ezSITE 2.0网站管理系统搭建政务信息网，采用万户ezOFFICE 4.0协同办公系统搭建办公业务系统，并通过数据网关将两套系统无缝连接起来，让办公厅工作人员在办公系统里管理网站，真正实现网站和办公系统的整合。

政务信息网以内部资源网的形式存在，设有领导文库、政府文件、政务要闻等栏目，全省的厅局机关和各地市政府可以通过党政专网访问，了解省政府领导的活动和讲话精神，查阅各类政府文件，在政务信息网上还发布了大量的政务资料，如国研报告、人大复印资料等，形成了办公厅的资料库，大大方便了办公厅工作人员的日常文字工作。

办公厅的工作人员通过政务信息网的登录入口输入用户名密码后即可登录办公业务系统，根据每个人的角色、岗位、权限不同，系统会将相关的信息、公文和任务推送至用户的桌面上，为办公厅的工作人员提供一个方便快捷的办公环境。

整个系统建设基于成熟产品，只用了很短的时间，系统就上线试运行了，节约了大量的宝贵时间，让先进的办公模式迅速在办公厅普及和推广起来。各个处室的需求都通过ezOFFICE的自定义功能迅速实现。

应用

通过综合办公业务系统的实施，万户网络为安徽省政府办公厅解决了以下问题。

（1）增强了内部信息平台及处室平台。政府办公厅内部有各种各样的文件需要交流共享，尤其是秘书一、二、三室收到的文件非常多，编写的文件也非常多，文件存储于个人机器上共享及查找均不方便。希望通过改进系统有效解决共享问题，可对每个信息栏目设置查看权限及发布权限，有发布权限的用户可在此栏目下更改文件。实现每个处室既有自己独立的信息平台，又可以将信息发布到办公厅信息平台上，还可以将指定的信息自动发布到政务信息网上。做到各个处室间信息平台相互独立，但又可以共享信息，解决了文件交流共享的问题。

（2）建立公文办理查询系统，让相关人员可以查询公文的流转情况。目前省政府各办文处室采用手工的方式由专门负责收文的同志接收文件并在登记本上登记，登记好之后送各业务处室领导批示交相关人员负责办理，办文处理的工作人员需要跟踪文件的办理过程，由于大部分公文的处理环节复杂，办理人员多达十几个，有时会有几十个之多，工作人员只能通过电话向每个办理人员询问文件的办理情况，确认公文流转到哪个环节，如果是急件会通过打电话等方式催领导办理。手工办理方式的公文流转过程无法即时监控，工作效率较低，在应用了公文办理查询系统后，工作人员通过系统提供的公文流转流程图就可以轻松监控公文的流转情况，并且系统会自动提醒过期仍未办理公文的用户及时办理，无须再进行手工的操作，所有步骤都可以通过系统完成。文电处的工作人员通过系统对所有公文进行统一管理和监控，系统提供的公文办理统计功能，已办结、未办结、过期未办理，按各个处室分别统计，领导通过这个功能可以检查各个处室的公文办理情况，领导随时随地就可以全面掌握各个处室的工作情况。

（3）建立了会务管理系统。实现议题网上报送、会议通知的网上报送及回复、会议资料的统一管理、外会的会议指南的席卡自动打印、会议座位的自动排位。安徽省政府办公厅每年需要承办大大小小数百个会议，议题的报送、会议通知的发布和会议资料的管理工作量非常大。特别是外会，外会数量虽然不多，由于外会的规模大，参加单位众多，会议的组织管理工作繁杂，会议席卡和座位自动排位都要手工进行，会议通知需要打印为纸质文件通过邮寄等方式发送到各个参会单位和与会人员手中，占用工作人员大量时间，耗费纸张，又需要投入大笔的邮寄费用，通知发送后需要做大量的确认工作，以保证每个参会单位和与会者都收到了通知。应用了综合办公业务系统后，发送通知、排列席卡和座位等多项工作都由系统自动完成，会务处的工作人员也不需要打电话向每个参会单位和与会者确认是否收到会议通知，只需要会务处的工作人员在系统中查看哪些人员查看了通知，哪些人员未查看通知，就对通知的接收情况了如指掌，不论是会务处还是参会人员对新系统反映非常热情，新系统不仅仅简化了工作流程，减小了大家的工作量，而且节约办公费用，会务流程公开、透明，起到了相互监督、便于管理的作用。

（4）建立了值班联络系统。实现值班记录的统一管理、领导活动安排的网上报送及生成领导周活动安排记录。实现值班联络处的信息统一管理。系统对领导活动自动进行统计并生成报表，有权限的用户可以查看到领导下周的活动安排，根据领导的活动安排来调整相关部门的事务。

（5）与打印室或打字室接口实现了打印任务的网上报送。文印室和印刷厂作为公文流转的最终节点，直接将电子文件进行打印或制版印刷。

（6）实现了工作管理的电子化。通过个人助理，邮件、论坛、即时通信等功能改变了办公厅工作人员的工作习惯和方式，大家学会了通过日程来安排自己的工作计划，通过即时通信进行文字、音频、视频的交流沟通，通过论坛献计献策。

（7）集成了其他业务系统。利用 ezOFFICE 的整合功能将视频点播系统、全文检索系统、档案系统等都集成到综合办公系统中，方便办公人员的使用。

效益

该系统的成功实施，实现了安徽省人民政府办公厅办公业务的电子化、自动化和网络化，大大提高了工作质量和效率，同时也节省了大笔的办公费用。办公厅在系统运行半年以来，光是纸张和电话通信费用就节省了 30%，原来忙得经常加班的各处室工作人员也比原来轻松多了。

办公厅一项重要的工作就是大小会议的组织协调。传统的办公方式光是确认一个会议议题就要打印少则十几份文档，发送几十份传真，还要不断打电话确认传真是否收到。办公系统的会务管理模块上线运行后，所有内会和外会的计划安排、议题审定、会议通知、会议纪要等相关操作都通过系统进行统一管理，包括所有的汇报、审批、通知、资料归档等操作均通过网上办理。通过与系统即时通信模块的集合，系统会通过手机短信等各种方式提醒用户及时查看和审批信息，从而大大加快流程的处理速度，缩短办事周期。

系统上线后还大大提高了办公厅各部门之间、各地市与办公厅之间信息传递的质量和速度，保证决策支持信息的完整、及时、专用、科学性，提高紧急、重要事件的快速反应和处理能力。

思考

安徽省政府办公厅综合办公业务系统的成功应用引起了国内很多电子政务专家的关注。国家信息化办公室委托北京大学进行的中国电子政务应用研究课题就将这一案例作为中国电子政务典型案例收录出版。我们在这里总结成功的原因主要有以下几点。

（1）领导重视。安徽省政府办公厅领导亲自挂帅，推动办公系统的使用，多次召开全体员工大会进行宣传和培训，利用其他会议机会，见缝插针地宣传办公系统，做好普及推广工作。

（2）广开思路，加强趣味性。由于存在内外网物理隔离等客观条件，外网的丰富资源总是非常吸引用户。位于内网的政府办公系统的实施，从另一个层面就是内网和外网抢夺用户注意力。安徽省政府办公厅领导想出了很多好办法来吸引工作人员使用办公系统，比如建立内部视频点播系统、集成国研报告、人大复印资料等各类资料库，给每台内网计算机加装电视卡等，通过各种培养兴趣的手段吸引大家使用内部办公平台，最终让办公系统成为大家离不开的工作好伙侣。

（3）选择成熟产品。安徽省政府办公厅办公系统由于基于成熟产品搭建，不到一个月，系统就已经开始试运行，部分功能就很快得到比较充分的应用。相比而言，其他很多单位办公系统基于项目形式建设，把很多时间都花费在需求的调研、系统的开发调整上了。选择成熟产品搭建办公系统是安徽省政府办公系统实施成功的重要原因之一。

展望

万户 ezOFFICE 协同办公系统在安徽省政府办公厅的成功应用，大大增强了安徽省政府办公厅领导继续进行信息化投入和推广的信心，已经向滁州、铜陵、黄山市政府拓展实施，并计划在 2006 年进一步完善系统功能，扩大系统应用范围，向下延伸到 17 个地市和省直厅局，实现全省办公系统的互联互通，真正实现电子化办公。

安徽省人民政府办公厅办公自动化系统的成功实施，带来了传统办公思维的变革和实实在在的经济社会效益，它的成功实施和来年的拟完善扩展规划也为全省各地市的电子政务的发展提供了样板、指引了方向。

（资料来源：http://www.enet.com.cn/article/2005/）

案例讨论：谈谈网络办公系统在电子政务中的运用。

技能实训

办公设备使用实训

项目：在模拟办公室进行办公设备使用的演示

（一）实训目标

（1）了解常用办公设备的分类、结构和功能。
（2）掌握常用办公设备的操作与使用。
（3）熟悉常用办公设备的维护和使用。

（二）实训内容

（1）打印机、复印机、传真机、扫描仪的实操。
（2）数码照相机、碎纸机的实操。

（三）知识点

（1）打印机、复印机、传真机、扫描仪理论。
（2）数码照相机、碎纸机理论。

（四）项目情景

案例 1：

陈小姐是在 2002 年年初进入华大科技有限公司公关部的。她对自己的办事能力非常有信心，认为自己是文秘专业毕业，对于专业范围内的工作应该不会出现什么太大的问题，特别是在华大科技这样办公设备如此齐全的企业自己可以做得很好。

一天，公关部王经理找到陈小姐，对她说："刚才余经理送过来一份公司开发的新产品销售季度报告和下季度销售宣传画册手稿的光盘。请抓紧时间将其各打印两份交给我。"陈小姐接到任务后，立刻将光盘放入电脑打开，结果发现销售季度报告是一个已经录入好的文档文件，包含了文字图表等内容，而下季度销售宣传画册则由三张彩色图片组成。陈小姐思索了一下，选择使用针式打印机打印销售季度报告，选择喷墨打印机打印宣传画册。结果，在打印销售季度报告时发现字迹很淡，效果很不理想，她考虑是色带使用过久的原因，为了节约时间和取得更好的打印效果，陈小姐使用办公室里的佳能激光打印机，出色地完成了任务，按时上交了两份报告和两份宣传画册，得到了领导的充分肯定。

1. 任务与要求

（1）请按正确的操作步骤打印一份报告。

（2）请将针式打印机更换色带。

（3）处理正在使用的激光打印机出现的卡纸情况。

（4）假如你所使用的是喷墨打印机，在打印时发现墨迹稀少，输出不太清晰，且"墨尽"指示灯亮起，演示处理过程。

2. 实训说明

（1）本项目实训以小组为单位，其中 1 人为组长。

（2）小组各成员各自设计一份打印样稿，最后由组长选定两份内容进行打印。

（3）在教师的安排下，每小组各位学生为针式打印机更换色带。

（4）以小组为单位，观察教师模拟激光打印机卡纸的过程，并排除卡纸故障。

（5）各小组可以就第（4）项任务进行原因分析，最后由教师指导处理。

3. 任务与要求

（1）请演示复印一份资料。

（2）你在复印时发现效果并不理想，需要将内容放大一些，再复印一份。

（3）在复印过程中，复印机出现了卡纸，请解决这一问题。

（4）办公室使用的复印机已经较长时间没有清洁保养过，请你检查复印机，并对其进行清洁保养。

4. 实训说明

（1）实训可以小组为单位，其中 1 人为组长，每组组长负责一份用来复印的原稿，小组成员依次进行复印，复印数量由指导教师定。

（2）听从教师的安排，进行设定复印倍率的放大（缩小）操作。

（3）销售计划书材料可由教师以其他材料替代。

（4）教师可以在复印过程中设置一次卡纸故障，以训练学生进行故障排除操作。

（5）在教师的指导下，小组各成员观察教师如何进行复印机的保养操作。

案例 2:

成立于1989年的华钛电脑集团公司为目前东南亚大型的电脑集团，以研究、开发、生产和销售计算机及电子设备并提供广大用户解决方案为主，在科技产业领域内多元化发展的全球化集团公司。

2002年5月，华钛电脑集团公司来大陆投资办厂，在东南沿海经济特区设立昆钛厂。工厂占地面积12万平方米，主要生产液晶显示器，PDA及外销出口业务等。孙红也正是这一年进入昆钛做秘书的。她一进公司就在人事部副经理王先生的领导下工作，主要从事一些文书类的工作。这天王副经理找到她说："孙小姐，这是一份育青职业学校学生面试合格人员的名单，马上传真到他们学校去。"孙红接到任务后立即开始发送，王副经理对她的办事效率与办事能力深表敬佩。

1. 任务与要求

（1）按王副经理的要求，将名单传真至学校。

（2）假设你是育青职业学校的工作人员，请接收传真件。

（3）若传真机内的记录纸不足，请补充更换。

（4）根据需要请将原稿在传真机上再复印一份。

2. 实训说明

（1）实训以小组为单位，其中1人为组长。每组组长负责准备一份16开的用来发送传真的原稿，小组学生一人发送，一人接收，或一组学生发送，另一组学生接收，依次轮流进行操作。

（2）教师可在发送传真过程中设置一次卡纸故障，以小组为单位进行故障排除操作。

案例 3:

七九广告有限公司成立于1995年，是一家集市场调研、企业形象策划、独特创意设计、广告制作发布于一体，综合素质较高的大型户外广告公司。

策划新颖、手法巧妙、组织策划大型活动是七九广告有限公司的特色业务。基于对国内市场和中西文化的独特理解，七九广告坚持"以品牌个性统率宣传推广"，跳出就设计做设计，跳出常规求创意，从宏观入手，将品牌原则始终如一地贯穿到每一项具体服务中，以激情和灵性投入自己所热爱的事业，使企业每一阶段的每一分投入都争取到最大的回报。

王莉是2000年进入七九广告有限公司的一名普通文员。这天，公司接到了某汽车制造厂委托制作一个大型户外广告的业务。汽车制造厂送来了一大堆的照片、画册和说明书，要求在15天内完成制作。为此，公司上下全体动员，公司经理分配给王莉的工作就是完成汽车制造厂送来的所有照片和文档的扫描工作，而且还特别交代这件工作的重要性，它是保证后面工作顺利开展的关键。王莉接到任务后马上整理照片和文字说明书。她先将照片放入扫描仪中，打扫描仪配套的图像处理软件，选择扫描参数，将所有的照片全部扫描存入计算机中，接着开始画册的扫描。因为画册不同于照片，是已经装订成册的，她必须先将画册小心地拆开，然后进行扫描工作，当然，还要对图片进行加工处理。对于说明书的扫描，她使用的是公司那台文档扫描仪，用了一个晚上的时间，她将所有照片、画册和说明书全部扫描完成。

1. 任务与要求

（1）演示王莉将图片扫描到计算机上的过程。

（2）假如有一台专业的文档扫描仪（例如“汉王文本王”），请将本页文字扫描到计算机上。

2. 实训说明

（1）以小组为单位，其中1人为组长。每位学生在开始使用扫描仪前需准备一张照片，画册可用书籍等代替。

（2）根据教师的安排，按小组进行扫描操作，小组每位学生各扫描一次。

（3）本项目可在一间模拟办公室进行，并应有齐全的办公设备。

Chapter 10
第十章

办公室礼仪及沟通技巧

办公室礼仪是现代文员在日常公务活动中逐渐形成并得以公认、必须遵循的礼仪规范。它能够起到塑造形象、传播信息、提高办事效率的作用。礼仪集中反映一个人的气质、道德修养、审美观念与文化品位等个性特点。公众可以从礼仪水平上来评价一个人或一个群体的道德修养、文化水平和文明程度，所以办公室礼仪的遵循，可对个人和群体起到积极的宣传效果，给他人留下良好的第一印象。

第一节　办公室礼仪

礼仪是人们在社会交往中共同遵守的行为准则和规范。它既可以指较隆重的场合为表示礼貌和尊重而举行的礼宾仪式，也可以泛指人们相互交往的礼节、礼貌。礼仪是对礼貌、礼节和仪式的统称。而办公室礼仪是现代文员在职场中应该遵循的守则，它离不开人与人的相处、交流。根据哈佛大学和斯坦福研究所提供的调查报告显示，现代文员要想保住工作或在岗位上有所晋升，其重要程度85%取决于人际关系的处理，只有15%取决于技术知识和技能。因此，了解和掌握办公室的各种礼仪至关重要。

一、日常举止规范

（一）在透明竞争中求发展

现代文员在日常工作与日常交往中不应该是搬弄是非的人，反对任人唯亲或拉帮结派，应该与那些有才智且志趣相投的同事相处。况且，许多新职业需要团队配合，同事们一起加班加点，长时间相处，彼此会很了解，时间久了，一旦熟悉了个人喜好，往往会根据个人兴趣、志向走到一起，成为朋友。现代文员不能抱着“同行是冤家”的观念和同事交往，否则你将难以立足，难以发展。与同事相处要把握彼此尊重、相互配合的原则，在工作中尽量施展自己的才华，同时与他人积极配合、相互融洽，在透明竞争中求发展。

（二）不把个人好恶带进办公室

每个人都有自己的好恶，但一定要记住，不要将它带入职场。因为你自己具有特定的个性和习惯，同时别的同事也会有他们自己的喜好和个性，有他们自己独特的眼光和看待事物的观点。也许别人的衣着打扮或言谈举止不能被你接受或喜欢，甚至是你所讨厌的，但进行换位思考，也有可能你的某些习惯和言谈举止、穿着打扮同样也不会被他人所接受。因此，在办公室里，对这些事情你可以保持沉默，不要去妄加评论，更不要以此为界，划分同类和异己。此时需要的是多宽容。否则可能会导致惹是生非，树敌太多，在办公室里的处境会举步维艰。相反，你的宽容和谅解才会带来别人对你的尊重与支持。

（三）交友有度，不过问他人隐私

现代文员的生活方式、思想观念都比较时尚、前卫，许多人的私事不愿意让别人知道，哪怕是最好的朋友，不要轻易入侵别人的“私人领域”。职场文员更注意捍卫自己的隐私权，除非对方自己主动同你提及个人私事，否则，不要主动去探索他人隐私。过分关心别人隐私是无聊、没有修养的低素质的行为反映。这就需要现代文员在与同事一起工作以及日常生活相处时，要掌握好交友的尺度，不要去过问他人隐私。一般可谈些工作、信息交流、游玩、生活互助上让大家都感到高兴的事，才会有助于同事间人际关系的融洽。

（四）与异性相处，不可过于亲密

无论在什么样的工作环境中，都少不了有男女同事。在工作中，男女都具有各自的行为优势，如果搭配得好，可以产生非常好的工作效果和业绩，即通常所说的“男女搭配，干活不累”。在办公室，与异性同事能够相处愉快，工作效率也会提高。男女由于性别差异，常常会导致做事风格、社会角色、心理状态等方面的差别，因此，在日常办公室交往中，男女相处可以互补、互相帮助，充分发挥各自的优势，弥补各自的不足，才能事半功倍。但是，在男女同事的交往中，要避免过于亲密，要掌握好交往的尺度，不能把工作以外的私人感情带进办公室，否则会给个人和家庭以及公司带来不必要的麻烦。同时，也要增强防范意识和自我保护的能力，避免办公室性骚扰，努力建立健康、积极的异性同事关系。

（五）寻找相同之处，培养和谐关系

现代文员既能全心投入工作，也会挣钱享受，让自己的生活更有乐趣，他们在闲暇时间，喜欢和同事一起外出旅游、泡吧、蹦迪等，内容丰富多彩。因此，要和同事增进彼此的了解与友谊，就需要多找些与他们相近的爱好和乐趣，和他们一起行动，共同分享，才能使大家共同获得快乐和放松，缓解工作压力，有助于培养和谐的人际关系。

（六）与客户相处，有礼有节

在与客户相处时，作为公司形象的代表，待客态度热情、礼貌。以热诚的微笑招待客户，以真诚、愉悦的言语和态度，以整洁、干净的会客区域，让客户有“宾至如归”的感觉。从而使客户对自己的公司产生良好的印象，达成长期合作。

二、握手礼仪与名片使用

（一）握手礼仪

握手礼节起源于西方，当人们遇见陌生人时，如果大家都没有恶意，就放下手中的武器，并伸出手掌让对方摸摸手心，表示自己手中没有武器，以证明自己的友好，并表示愿意接受对方的友谊。在漫长的历史演变之后，形成了今天的握手礼节，并被大多数国家所采用。当然，在不同的国家、不同的场合和范围，握手礼节有不同的表示意义和方式。

1. 标准的握手方式

在日常的社交礼仪中，现代文员必须了解最常见的握手方式，具体如下。

（1）单手握。这是最普遍的握手方式，即双方各自伸出右手，手掌均呈垂直状，四指并拢，拇指张开，肘关节微屈，上身稍微前倾，目视对方，与之右手相握，可以适当上下抖动以示亲热。它是礼节性的、为了表达友好而进行的握手方式，一般适用于和初次见面或交往不深的人进行交际。

（2）手扣手式握手。主动握手者用右手握住对方的右手，再用左手握住对方右手的手背。这种形式的握手在西方国家被称为“政治家式的握手”。用这种形式握手的人，可以让被握手者感到他的热情，传达他真挚、可靠的情感。这种握手方式在朋友和同事之间可以达到预期的友情效果。但是，一般不适宜和初次见面的人这样握手，因为，接受者可能会怀疑主动握手者的动机，从而产生相反的效果。

（3）双握式握手。用双手握手的人，目的是想向对方传递一种真切、浓厚的友好之意。这种握手方式，首先是主动握手者的右手与对方的右手相握，他的左手移向对方的右臂。这样，他伸出的右手和左臂就可以一起向接受者传递出更多的感情。握住对方的胳膊肘，要比握手腕表达的情感更多,用手握住对方的肩膀又要比握住胳膊肘上方显得更热情友好。其次，主动握手者左手进入对方的亲密区域，这样他的左手和左臂就给对方增加了额外的温暖。但必须注意的是，这种方式只有在情投意合、极为密切的人之间才适合使用。

2. 握手礼仪应该注意的事项

根据各国的国情，实施握手礼应注意以下事项。

（1）握手的时间长短要掌握好。握手的时间根据握手双方的亲密程度灵活掌握。初次见面者，握一两下即可，一般控制在三秒钟之内，切忌握住异性的手久久不放。

（2）握手的力度要掌握好。握手力度一般不超过两千克，以不握疼对方的手为限度。与初次见面或交往不深者握手时下大力气，则有故意示威之嫌。当然，也不能完全不用力气，那会给人缺乏热情和朝气的感觉。

（3）握手的掌势要注意。握手之时，一般手掌呈垂直状，若掌心向下则显得傲慢、失礼。若掌心向上，则是谦逊和顺从的象征。

（4）握手的时机要掌握好。握手之前要选择恰当的时机，听其言，观其行，留意握手信号，避免伸手欲握却不成功的尴尬情况出现。并且男士和女士之间，男士一般要等女士先伸手才不失礼。

（二）名片的使用

现代文员在人际交往中，要想使名片正常地发挥作用，就必须注意社交名片礼仪。

1. 递出自己的名片

递出自己的名片给他人时，应该郑重。递交名片之前，先做简单自我介绍，然后，递出自己的名片，最好是起身站立，走上前，用双手将名片正面面对对方，交给对方。不要用左手递交名片，不要将名片背面面对对方，不要将名片举得高于胸部，不要用手指夹着名片给对方。

2. 接受他人的名片

当他人表示要递名片给你或想交换名片时，应该立即停下手中所做的一切事情，起身站立，面带微笑，双目平视对方。接受名片时，最好双手捧接，或以右手接过来，不要用左手单手接别人的名片。一边接受名片一边口头道谢，或使用谦词敬语，如“请多指教”等，不可一言不发。接过名片后，首先看一遍，即当场用半分钟的时间，将其认真默读一遍，若有疑问，就可以当面询问，以表示重视对方。如果接过他人名片后看也不看，或拿在手中玩，或弃之于桌上，或随手放进口袋，或顺手交给他人，都是失礼的行为。

3. 想要索取他人名片

如果没有必要，最好不要强行索取他人名片。若特别想进一步加强联系而索要他人名片，则不宜直言相告，可以向对方提议交换名片；或主动递上本人名片，以便对方了解你的意图，回赠名片；或询问对方：“今后如何向您请教”“以后怎样与您联系”等，以便向对方索取名片。

4. 名片的存放

要使名片的交换合乎礼仪，在交换之前，应该将名片放在名片包、名片夹里或上衣口袋里，不要放在裤兜、钱夹等地方，既不正式，又容易弄皱，不要用时乱找。接过他人名片看过后，也应精心放入自己的名片夹中或上衣口袋里，以显重视。

三、喜庆实务与宴会礼仪

（一）喜庆实务

婚庆、寿庆是人生大事，而这些喜庆活动在现代文员的日常生活、工作中不可避免地会接触到，因而涉及这些喜庆活动各方面的礼仪需要掌握，以便为与公司有关的喜庆活动服务。

1. 婚庆实务

我国各地有不同的婚礼形式，一般较常见的有酒宴式婚礼、集体婚礼、旅行婚礼、时尚个性婚礼等。不管是哪种形式的婚礼，其准备工作都比较繁杂，如要拟定邀请名单、提前发请柬、事先预订酒店、邀请亲友等。结婚当天，还要举行婚礼仪式，其程序诸如新郎迎接新娘、亲友接新人、新人行礼、互戴戒指、主婚人或证婚人讲话、父母讲话、酒宴开始等，并且婚庆仪式举行时间不宜太长，否则会让人感觉沉闷、疲劳，降低了喜庆气氛。同时作为被邀请者，要准备好礼品或礼金，穿戴整洁去赴宴。

2. 寿庆实务

寿诞俗称“过生日”。对年轻人或儿童来说是“过生日”，对 60 岁以上的老年人而言一般称“做寿”。为新生命的诞生庆祝，即在婴儿满月那天举行酒宴或“喝满月酒”，可以邀请亲朋、好友、同事，接受大家祝福。当然，还有小孩出生满一年，过周岁生日，即举行“抓周”仪式。而这样的宴请，赴宴者需要根据此情况选送婴儿用品或玩具，并且表示祝愿、祝福。若是老人做寿，则可以预定寿桃，而礼物选实用的，老人最需要的，避免华而不实的东西。如果是单位、公司的退休员工过生日，多送鲜花或寿桃，领导者带领一部分员工去祝寿，现代文员应该帮助领导者参谋和组织。

（二）宴会礼仪

宴请和赴宴，无论是在什么样的社交活动中都是常见的交际活动形式。而且都具有它自己固定的礼仪规范，现代文员为企业组织宴会活动，必须了解以下礼仪。

1. 宴请礼仪

宴请礼仪规范包括诸多内容，具体如下。

（1）要确定宴请规格，包括宴请名义、目的、形式、人数、价格等。

（2）要确定宴请的时间和地点。

（3）预先订宴席，若有客人不爱吃或有禁忌的菜式不要预定，酒水一般以低度酒、啤酒、红酒、饮料为主，也可以在询问客人之后，请对方品尝一下名酒。若是不了解对方的饮食习惯，也可以当场征询客人意见后再点菜及酒水。

（4）发出正式邀请。使用请柬或口头、电话邀请都可以。

（5）座位的安排。一般来说，桌次高低以离主桌远近而定，并且遵循右高左低的习俗。同一桌上，席位高低以离主人远近而定。主桌一般安排在最里边，离致辞处最近，主宾安排在主人的右上方，以示尊重。席位安排好后，应记住席位安排内容或在各席位上摆好名字，由工作人员引导入席。

（6）准备致辞，渲染气氛。

（7）要对现场整体布置事先做好准备或提出要求。

2. 赴宴礼仪

在接到对方宴请通知后，作为被邀请者应注意以下几点。

（1）愉快接受，尽快回复，口头、电话或书面回复皆可。

（2）应邀后应该守时守约，不要耽误，如果确实因为有事不能参加，必须提前通知对方，表示感谢和惋惜。抵达宴会的时间不宜过早，提前10分钟左右为宜，但不能迟到，让主人方等待。

（3）进入宴会厅要表现出礼貌和尊重，出席宴会时服饰整洁、自然、大方、庄重，有风度。到达宴席桌前不要主动就座，应该等待对方引导席位，找到自己的座位。如果主人方除主桌外其余都未安排席次，就应该等待大家一齐入座。

（4）坐姿端正，不要东张西望，可以和两边相邻者自然交谈，等待主人正式致辞后或宣布宴会开始时，才可以和众人一起用餐。同时，席间不要用餐具指点、议论他人。

（5）他人给你敬酒时，应起身表示谢意，间隔一会儿后，应该回敬对方。

（6）吃酒时不可贪婪，否则，既贬低自己，又对主人失敬。嘴里有食物时，也不要和别人说话，尽量不要在席间做出失礼的行为。席间离开，应该向主人或邻座打招呼。

（7）散席时要向主人表示感谢、握手并对宴会做出赞美之词，不要对饭菜发表贬损性的评价。第二天，还可以当面或电话向主人再次致谢，巩固加深双方感情。

第二节　办公室日常用语

语言是双方信息沟通的桥梁，是双方思想感情交流的渠道。语言在人际交往中占据着最基本、最重要的位置。语言作为一种表达方式，能随着时间、场合、对象的不同，而表达出各种不同的信息和丰富多彩的思想感情。那么，现代文员应该如何把握日常用语呢？

一、敬语和接待用语

现代文员多使用礼貌用语，是博得他人好感最为简单易行的方法。现代文员在日常接待工作中使用礼貌用语，即约定俗成的表示谦虚恭敬的专门用语，一般有以下几种。

（一）敬语

敬语亦称“敬辞”，它与“谦语”相对，是表示尊敬礼貌的词语。除了礼貌上的要求之外，能多使用敬语，还可体现现代文员的文化修养。

1. 敬语的运用场合

敬语在以下场合运用。

（1）比较正规的社交场合。

（2）与师长或身份、地位较高的人的交谈。

（3）与人初次打交道或会见不太熟悉的人。

（4）会议、谈判等公务场合。

2. 常用敬语

（1）“您好”。“您好”是一句表示问候的礼貌用语，不管是相识的人还是不认识的人，无论是想深入交谈，还是仅仅打个招呼，都应该主动向对方先问一声“您好”。如果对方先向自己问好了，更应该以此来回应。运用其他的问候语也可以，但是没有“您好”简洁通用。

（2）“请”。“请”作为一句敬语或接待用语，既能够在对方和自己打交道时表示尊敬对方，又能够在接待来访者时表示礼貌，或在请求他人做某事时赢得主动，获得对方的照应。

（3）“谢谢”。不管他人帮助你做了什么，即使是小事，你都应该给予口头感谢。谢谢别人帮忙，可以是内心的也可以是言语上的。当然还有日常使用的代词如“阁下”“尊夫人”“贵方”等，另外还有一些常用的词语用法，如初次见面称“久仰”，很久不见称“久违”，请人批评称“请教”，请人原谅称“包涵”，麻烦别人称“打扰”，托人办事称“拜托”，赞人见解称“高见”等。

（二）谦语

谦语亦称“谦辞”，它与“敬语”相对应，是向人们表示谦恭和自谦的一种词语。谦语最常见的用法是在别人面前谦称自己和自己的亲属。例如，称自己为“愚”“家严”“家慈”“家兄”“家嫂”等。自谦和敬人，是一个不可分割的统一体。尽管日常生活中谦语使用不多，但其精神无处不在。只要你在日常用语中表现出你的谦虚和恳切，人们自然会尊重你。

（三）雅语

雅语是指一些比较文雅的词语。雅语常常在一些正规的场合以及有长辈和女性在场的情况下，被用来替代那些比较随便，甚至粗俗的话语。多使用雅语，能体现出一个人较高的文化素养以及尊重他人的个人优良素质。

在待人接物中，要是你正在招待客人，在端茶时，你应该说“请用茶”。如果还用点心招待客人，可以说“请用茶点”。假如你先于别人结束用餐，你应该向其他人打招呼说：“请大家慢用。”雅语的使用不是机械的、固定的。只要你的言谈举止彬彬有礼，人们就会对你的个人修养留下较深的印象。只要大家注意使用雅语，必然会对形成文明、高尚的社会风气大有益处，并对我国整体民族优秀素质的提高有所帮助。

二、谈话和倾听的方法

交谈是谈话和倾听的动态交流，交谈不仅仅是谈话，还是人与人之间的相互倾听，有交谈就会有倾听，这两项活动同时发生，交谈中的每一方既要谈话又要倾听。现代文员应该熟练把握谈话和倾听的方法。

（一）谈话的方法

交谈是人与人之间最快、最直接的一种沟通方式，在增进了解、加深友谊方面起着十分重要的作用。交谈是口头舞蹈。交谈（conversation）源于拉丁文，意思是“伴随旋转”。像任何一种舞蹈一样，交谈也有规则和标准步伐，以便人们能够更加和谐融洽地相伴。不同的交谈有不同的规则，它体现着现代文员如何规划生活、组织工作，如何与同事、客户建立关系，如何理解别人的感受、别人的想法、别人的所作所为，如何影响别人，如何受到别人的影响，同时也体现着现代文员解决问题、与他人合作以及创造新机遇的方式。

1. 谈话的要求

谈话的基本要求是和气、真诚、简洁、文明、专注、大方、风趣，即与人交谈要尊重对方，语气平和，语音、语调柔和、文雅。不弄虚作假、无中生有，真诚是交谈的基础，只有诚心诚意待人，才能换取对方的信任和好感，才能进一步深入交往。同时，说话要清晰、简洁，语言文明、礼貌、规范、准确，得体地表达自己的意图。讲话时眼睛要注视对方，面带微笑与人交谈，调动倾听者的注意力，不要心不在焉、左顾右盼。要表现出自然、落落大方，尽量使用风趣的语言，活跃气氛，引起别人对自己的注意。

2. 交谈的礼仪

交谈既然是一种合作与沟通，就必须在谈话过程中考虑对方的感受。这就需要掌握交谈的基本礼仪，具体如下。

（1）双向交流。交谈时，尽量让对方多说，不能只顾自己大说大讲，而忽略了对方的存在，要能够谈些双方都感兴趣的事情，双方都能积极参与，都有反应，愉快地接受，达到双向互动。

（2）措辞委婉。在交谈时，不应该直接说些令对方不高兴或很反感的事情，更不能因此伤害别人的自尊心。在说法上可以尽量含蓄、婉转，留有余地，并且善解人意，这样才能做到措辞委婉。交谈时可以运用比喻暗示、间接提问、旁敲侧击等多种形式。

（3）礼让对方。在交谈的过程中，尽量做到礼让对方，尊重对方，以对方为中心，围绕一定话题展开，不要冷场，不要独白，不要不停地插嘴、抬杠，不要否定别人的意见。要多给对方说话的时间，让大家都有交谈的机会。

（4）适可而止。与其他形式的社交活动一样，交谈也要受到时间的限制，即使是再希望多谈，也要适可而止，见好就收，交谈的时间太长，反而失去了交谈的情趣。一般而言，交谈以半小时以内为宜，既可以节省双方的时间，又可以使谈话精练，令人回味。

（二）倾听的方法

交谈是一种双向的行为，无论是哪一种交谈，都离不开"说"与"听"的配合。注意倾听别人说话是建立良好人际关系的秘诀。在与他人交谈时，要学会聆听。交谈的质量更多地取决于听的质量而不是谈的质量。所谓倾听就是你如何弄懂别人的意思和看法，而且只有通过倾听才能找到双方的共同点，寻求共识。如果现代文员想改善自己的交谈，最佳出发点就是从倾听技巧开始。倾听不仅仅意味着不讲话、用耳朵听，而且听者要以其倾听的方式左右讲话人的谈话，比如目光的接触、身体的姿势、点头或摇头，以及做记录等方法，这样，当你再开口谈话时，就能展示你倾听的质量了。

其一，当与别人谈话时，应该目视对方，全神贯注，可以通过微笑、点头、摇头以及其他肢体语言的运用来让对方感觉到你是在专注地聆听。一个出色的聆听者，本身就具有一种强大的感染力，能够激起对方的谈话兴趣。

其二，倾听不是毫无反应地听，而是随着谈话者的情感和思路的变化而改变的：当对方讲到精彩之处时，应该响应；当对方讲到幽默之处时，应该开怀大笑；当对方讲到紧张之处时，要安静。积极配合在某种程度上可以极大地调动说话人的情绪。说话人会一边看着倾听者的表情，一边适时地改变话题或声调，因此，如果表现出认真倾听的态度和言行，说话人会更愿意吐露心声。

其三，倾听对方谈话，要弄清对方的谈话意图。要善于体味对方的话外之音，要注意听清对方话语的内在含义和主要观点，以免曲解或误会了对方的本意。

第三节 办公室的交流沟通

沟通作为人类最基本、最重要的活动方式和交往过程之一，不仅在办公室礼仪中占据首屈一指的地位，而且在其他的人类行为中也扮演着十分重要的、不可或缺的关键角色。在企业中要实施管理，必须通过沟通，沟通是管理的核心和本质。沟通并不是一个永远有效的过程。要达成有效的沟通，人们必须遵守一定的原理。只有遵循沟通的基本原理，人们想要传递的信息才能像预期的那样及时、准确、完整地完成。

一、沟通的一般概念

沟通是人与人之间转移信息的过程，即人与人之间或者人与组织、组织与组织之间传达思想和交换信息的过程。沟通必须具有三个因素，即信息的发送者、所传递的信号、信息的接受者。

（一）信息的发送者

信息的发送者是沟通的发起者，是信息源。沟通开始时，发送信息须考虑的两个基本问题是发送者的意图和发送者的表达方式。由于发送者具有思想、信息和目的，与别人的沟通也必然都是有意图的。发送者的意图的表达要通过一定的“编码”过程，包括把发送者的意图或思想翻译成一组系统的符号、词汇或手势，这些符号、词汇或手势的选择必须考虑让接受者明白传递过来的是什么意思。

（二）传递的信号

发送者的意图和表达要借助于某种渠道来传递信号。信号是沟通的有形形式，发送者将信息编译成或表达成一定的信号，可以采用讲话、写字或手势来表示信号。渠道是信号的携带者，而且大多是与信号分不开的。在组织内，渠道或信息交换的中介可以是面对面的沟通、电话交流、开会、写备忘录、计算机输出或其他各种书面形式。

（三）信息的接受者

信号的接受者应该感受并理解沟通的内容，包括两个因素：一是对于接收到的信号必须有所接触并可以翻译；二是要将接收到的信号通过解释或“译码”过程转变为接受者需要的意思。接受者一般是凭自己过去的经验以及他们个人的参考体系去解释所得到的信号。为了有效沟通，由发送者发出来的信号意思要求接受者以同样的意思予以理解是十分重要的。

二、沟通的基本原则

现代文员在办公室的日常工作与生活过程中，需要掌握沟通的原则，以化解不同的见解和意见，建立共识。当共识产生后，事业的魅力自然才会展现。良好的沟通能力与人际关系的培养，并非全是与生俱来的。在经营“人”的事业中，现代文员需要学习运用办公室沟通的如下原则。

（一）相互尊重的原则

将心比心的沟通就是要求办公室文员沟通时切忌以自我为中心。如果凡事只以自我为中心，往往就会忽略对方的感受。而且，以解决自己的问题为先，会令人感到你是一个自私、不尊重对方的人。相反，以对方为中心，将心比心，沟通的内容就会有所不同，就容易找到一些令对方接纳的沟通话题。在办公室沟通中，还要注意相互尊重。只有给予对方尊重才有沟通，若对方不尊重你时，你也要适当地请求对方的尊重，否则很难沟通。

（二）理性沟通的原则

在办公室沟通过程中，双方都要能理性地对待沟通。只有理性，才有沟通。如果一方或双方均不理性，沟通就无法顺利进行。不理性只有争执的份，不会有结果，更不可能有好结果，所以，这种沟通无济于事。不说不该说的话。如果说了不该说的话，往往要花费极大的代价来弥补，正是所谓“一言既出，驷马难追”“病从口入，祸从口出”，甚至于还可能造成无可弥补的终生遗憾，所以沟通不能够信口雌黄、口无遮拦，但是完全不说话，有时候也会变得更恶劣。

（三）不谈隐私的原则

办公室是一个充满原则、纪律，讲求策略的场合，更是一个充满利益冲突的是非之地。既如此，办公室里谈个人私事是否妥当呢？有一个网上调查显示，尽管九成以上的人认为“办公室里隐私不宜说”，但是他们又同时承认在办公室里往往不可避免地存在谈论涉及私人感情、家庭关系、同事喜恶和上下级关系等隐私性内容的行为。

因此，以下内容一般不应在办公室里谈论：如自己或同事的工资收入；在同事面前表现出和上司超越一般上下级的关系，甚至炫耀和上司及其家人的私交；私底下对同事谈论自己的过去和隐秘思想，除非你已经离开了这家公司；谈论别人的隐私甚至是上司的隐私。在公司内外，谈论别人的私生活都是极其不礼貌的，轻者给人留下口无遮拦、办事不慎重的印象，重则影响个人职业的发展。

（四）以诚相待的原则

以诚相待，就是要求在办公室沟通过程中，要坦白地讲出你内心的感受、感情、痛苦、想法和期望，但绝对不是批评、责备、抱怨、攻击。同时，在自己确实做错了某事时，要勇于承认。承认“我错了”是沟通的消毒剂，可解冻、改善与转化沟通的问题，勾销了人们的新仇旧恨，化解掉多年打不开的死结，让人豁然开朗。

三、沟通的常用技巧

（一）尽量使对方悦纳自己的技巧

对方悦纳自己和自己悦纳对方是办公室交流沟通顺利进行的重要前提。现代文员要从注意自己的言行举止入手，树立自己的良好形象。

一要保持仪表整洁大方，不要不修边幅。穿着打扮以和谐、得体为尺度，忌讳过分华丽、粗俗或与身份不匹配。

二要守时讲信用，不要随意违约。每个人都希望别人讲信用、守时间，对说话不算数的人非常讨厌。从我做起，对自己严格要求才能营造守时重信用的氛围。

三要有意见当面讲，不要背后论人长短。人与人之间难免有意见相左之时，当面坦率地讲出来，易被人接受。当面不讲，背后乱说别人坏话最令人反感，在贬低别人时也损害了自己的形象。

四要待人和气，有人情味，不可冷若冰霜。无论生人熟人，权位高低都是人，每人都有自尊。以礼相待会令别人对你心存好感，拒人千里之外没有人情味的人，不会赢得别人的尊重。

五要乐于助人，不要只顾自己。现在是一个讲究“双赢”的时代，那种一心为己的人最终会被人识破而众叛亲离。对别人的关心和爱永远是有价值的，人离开了情感就是一架机器而已。

（二）提问与回答的技巧

进行办公室沟通时，难免会遇到提问题。提问题要有诀窍。问题分为两种：一种是封闭式的问题；另一种是开放式的问题。封闭式问题的答案只能是“是”或“否”，封闭式的问题只应用于准确信息的传递。

例如，我们开不开会？只能回答“开”或“不开”，信息非常明了，而不能问下午开会的情况怎么样等。开放性的问题，应用于想了解对方的心态，以及对方对事情的阐述或描述。

例如，我们的旅游计划怎么安排？你对近一段工作有哪些看法？在这种氛围下工作，你有什么感觉？每个人都有强烈的倾诉欲望，通过开放式的问题，可让对方敞开心扉、畅所欲言，让他感觉你在关心他，这也是关怀的一种艺术，就是要问寒问暖、问感受、问困难等。在实际工作中，开放式的问题和封闭式的问题需要很好地结合。

办公室文员回答对方的提问也有一些技艺需要注意。

一是要注意场合和对象。回答问题时，要注意沟通的场合和对象。通过什么样的渠道沟通和对方的接受能力都是应该注意的。

二是要把握时机。要注意把握回答问题的时机，如时间、地点的选择。

三是要控制语言，美化声音。要注意控制和美化你的声音。通过不同的语言或者不同的音调表达不同的意思。控制语言需要注意的环节有：以情动人，以理服人，语言简单精练，委婉含蓄，形象生动等。

四是注意运用非语言的暗示。利用你的目光、表情、肢体，表达出你的意思。

（三）积极倾听的技巧

要在对方倾诉的 80%的时间倾听，20%的时间说话。

一般人在倾听时常常出现以下情况：一是很容易打断对方讲话；二是经常发出认同对方的“嗯……”“是……”等一类的声音。

较佳的倾听却是完全没有声音，而且不打断对方讲话，两眼注视对方，尽量专注，等到对方停止发言时，再发表自己的意见。而更加理想的情况是让对方不断地发言，越保持倾听，你就越握有控制权。

如果你有什么问题，可以在纸上写下来，等轮到你说话的时候再提出来。大脑思维紧紧跟着对方的诉说走。

要学会理性的善感。理性的善感就是忧他人之忧，乐他人之乐，急他人所需。这种时候往往要配合眼神和肢体语言，轻柔地看着对方的鼻尖。如果明白了对方诉说的内容，要不时地点头示意。

必要的时候，用自己的语言重复对方所说的内容，如“你刚才所说的问题我在工作中也经常遇到，不知道我对你理解得是否正确？”要鼓励对方继续说下去。

注意克服倾听时的不良习惯，如心不在焉、打断他人的谈话、做太多的记录、情绪化、断章取义等。

（四）懂得欣赏的技巧

懂得欣赏他人，是一种做人的美德和智慧。人生活在社会中，彼此之间难免存在利益的差别、思想的分歧，但更具有一致的目标、相通的情感，更需要相互的支撑、相互的理解和帮助。最平常的人身上也有闪光点。得到他人的赏识，往往是促使人们努力奋进的动力。关注和欣赏会促使人们迸发出意想不到的创造力并取得成功。欣赏，主要体现在以下两个方面。

（1）欣赏他人的优点。任何一个人都会有优点和长处。在一般情况下，每个人都会感激欣赏自己的人。在办公室交流沟通中，无论是上级、同事，还是下属、朋友，都有可欣赏的亮点，有可学习、借鉴的地方。一个人懂得欣赏别人，在把慰藉和力量给予他人的同时，也使办公室交流沟通更为顺畅。

（2）欣赏对方欣赏的事。对方欣赏自己的成就，欣赏自己的能力，欣赏自己的风度等。你只要对他的成就、他的能力、他的风度或气质等表现出你真诚的欣赏，对方一定会欣赏你，与你沟通就更为积极。当然，欣赏别人不是廉价地吹捧、无原则地夸奖。欣赏别人也不是投其所好的精神按摩，更不是卑躬屈膝的精神行贿。

（五）善于表达合理建议的技巧

办公室沟通的目的是达成意见或行为的共识。而建议没有任何强加的味道，仅仅是比较两种或多种行为所带来的结果，哪个更加完善而优良，供对方自由选择。提出意见时，最忌讳的用语就是“你应该……”“你必须……”无论你的建议多么好，与你沟通的对方只要听到这两个词，顿时生厌，产生逆反心理，大多不会采纳你的意见。因为每个人都不愿别人把他当成孩子或低能儿。大多数人听到这两个词时往往这么想：“我要怎么做，还要你来告诉我吗？你以为你是谁？”

总之，现代文员在办公室交流沟通中，用人品去感动别人，用改变去影响别人，用状态去燃烧别人，用实力去征服别人，用行动去带动别人，用坚持去赢得别人。这样，你在任何交流沟通中都是最优秀的。

思考题

1. 握手礼节应注意哪些问题？
2. 如何更好地运用办公室日常用语进行沟通？
3. 办公室文员沟通的原则和技巧有哪些？

案例分析1

罗先生看谁都不顺眼，总觉得别人都和他过不去。有一天，罗先生很早就来到了办公室，领导见他来得早，于是就叫他送一份文件到上级单位。罗先生虽然口头上答应得很爽快，但心里觉得领导让他干分外的事是有意欺负他。还有一次，一位同事坐在罗先生的办公桌角上和另外一位同事聊天，罗先生一下子动起肝火，说那位同事坐在自己的桌子上是看不起他。很多了解罗先生性格的人都不愿意和他来往。这反而加剧了他对别人的怀疑。

（《看人不顺眼，都因沟通少》，载《环球时报•生命周刊》，2005 年 4 月 5 日）

案例讨论：上述案例中，你认为罗先生的性格和素质适合担任现代文员工作吗？为什么？

案例分析2

小杨大学的时候是个典型的电脑潮人，灌水、顶帖、聊天、网游……凡是跟网络沾边儿的事情，他都如鱼得水，但在办公室却不那么得心应手，最近的一场“火星文事件”就让小杨大伤脑筋。

“前几天主管安排我和陈大姐合作一个策划，为了方便，我决定跟她在网上沟通，还特地给她申请了新 QQ 号。因为平时跟朋友聊天我都习惯用‘火星文’，所以跟陈大姐聊天也是如此，结果没沟通几句，陈大姐就满脸怒火地找到主任说没法跟我沟通，要求换人合作。”

陈大姐告诉记者，自己从前都不接触电脑，基本就是“电脑盲”，最近才开始想要学习一下，谁承想就遭遇了小杨的“火星文”，“那些说不上是啥的文字和图案，让我一头雾水，他还强词夺理地说是什么流行的火星文字，让人哭笑不得，看来我和他之间真的有代沟。”

【分析建议】

建议一：沟通时年轻人收敛个性，多从对方角度着想。

其实代沟无论是在办公室还是在生活中都是存在的，而在办公室更多的是大家就工作方式上的沟通，在这一层面，年轻人的思维模式一般比较前卫，而老同志保守一些，这样就要求年轻同志要尽量担待老同志一些。另外，现代年轻人的个性都比较强，建议要收敛一些个性，尽量给老同志一些宽容。

建议二：用和谐的态度沟通，引导接受新事物。

小杨和陈大姐之间仅仅是对于电脑的不同态度造成的偏差。虽然在同事眼里小杨有些“不务正业”，但这是他的优势。可以建立一个 QQ 群，让大家在工作之余，有一个可以交流工作、分享经验的空间。对于想学习电脑的陈大姐，小杨可以利用自己操作电脑的能力，给她一些指导和帮助，当然，张扬个性的“火星文”就不要再用了。无论新人还是老人，都要与人为善，对于职场前辈尤其要尊重为先。小杨作为新人，首先要谦虚，抱着尊重、合作的态度去对待办公室的每一位同事，以期赢得对方的好感，而办公室‘老人’也要多包容、接纳新人。

建议三：尽量让公司统一工作流程，进行适当培训。

如果单纯从“火星文”角度看，可能小杨是有些不当之处，但随着社会信息化的普及，“雷”“囧”这样的“火星文”甚至在媒体上都广泛应用了，这也是现代信息化社会的一种标志。企业的员工本身要适应迅速变化与发展的时代，要不断学习新鲜事物。员工对新事物的接受能力，也是衡量一个企业的创新能力的方面。所以员工可以建议企业制定统一的现代化工作流程，并对流程进行适当培训。同时企业要给员工提供统一学习的时间和机会，把新鲜的资讯和知识传达给每个员工，尤其是年龄偏大的员工，这样企业才能与时俱进。

（资料来源：http://info.ceo.hc360.com/2009/07/28083381235.shtml）

案例分析3

曹秘书应按哪位领导的意见办

某商业公司的孙副经理与童副经理有点小隔阂。一天，该公司的曹秘书去向分管商品购销的孙副经理请示了一项业务处理意见后，在返回的路上碰到负责广告宣传的童副经理，于是，曹秘书又向这位副经理谈了这件事。童副经理听了以后也做出指示，结果，曹秘书左右为难，两位领导矛盾加深。孙副经理责怪曹秘书多事，不按他的意见办，加之平时孙与童有些矛盾，孙又认为曹秘书与童关系亲近些，曾在一些事情上支持过童。这样，孙副经理意见更大，认为曹秘书有意与他作对，而童副经理则认为，此业务是他引介的，曹秘书应先同他通气。

问题讨论：

曹秘书有如下方案可供选择。

1. 按孙副经理意见办事，因为他是主管这项业务的。
2. 按童副经理意见处理，因为他是业务引介人。
3. 建议孙、童通气协商，形成统一意见后，再作处理。
4. 找主要决策人——总经理裁定后，按其意见处理，这是按组织原则办事。

案例分析4

几位领导同时布置任务怎么办

某市政府办公室的詹秘书，在接受徐市长的一份材料写作的紧急任务之后，正急匆匆地往自己办公室走时，在走廊被分管经济工作的杨副市长叫了过去。杨副市长要詹秘书赶紧为他找全有关市场经济的重要资料。詹秘书此时此刻一心只想到完成徐市长布置的任务，对杨副市长说的什么似乎一无所知。杨副市长见他有些走神，又重述了自己的话。

案例讨论：

詹秘书听后，觉得有如下方法，可作选择。

1. 以市长布置的紧急任务为由，推脱了事。
2. 接受杨副市长交办事项，按受理任务先后顺序完成。
3. 接受任务后回到办公室，向办公室主任汇报，与其他秘书协商，由他人完成杨副市长交办的事项。

詹秘书此时应如何办？

案例分析5

夹缝中的王秘书

某商业公司赵副总经理因一项对外业务工作，与焦总经理争执起来。后来，赵经理在与王秘书外出乘车中，埋怨焦总经理主观、武断、不尊重他的意见，导致决策失误，给公司经营造成了损失。王秘书知道总经理与副总经理因工作意见不同有些分歧。总经理是一位有能力、有魄力、办事雷厉风行的人，但不太注意方法，工作中得罪了不少人，职员中对他这一点也颇有意见。副总经理考虑问题周到，群众关系好，也关心别人，但决断能力差些。从心底讲，王秘书个人感情上更倾向副总经理。今天，副总经理谈起他与焦总的分歧，明明是想争得秘书对他的支持和同情。

案例讨论：

王秘书此时应如何办？

1. 投其所好，表示对赵副总经理的支持和同情，并对总经理的缺陷颇有微词。
2. 维护第一把手的权威，指出总经理为公司发展做出的种种努力，取得的累累成效。
3. 直言相谏，指出副总经理把领导之间分歧讲给下级听，这样不利于领导班子团结，也弄得下级无所适从。
4. 保持沉默，对副总经理的话不表态，或转移话题，谈其他事情。
5. 耐心解释，说好话不说闲话，以弥合领导间的裂痕。

案例分析6

当领导意图改变时

内地的宏远公司正在同港商洽谈购买一批急需设备的生意，谈判非常艰巨，对方要价颇高，按计划再过两天就该签约了，公司领导非常着急。这天上午，公司黎总经理带着业务部和行政部的经理以及几位秘书，又同港商陈先生坐到了谈判桌前。按计划，这天上午就设备的技术指标参数达成协议。谈判在拉锯战中进行，坐在陈先生一旁的经理助理兰先生似乎沉不住气：“黎先生，你们来香港有些时日了吧！这样谈下去，你们公司也难于支付你们在港的费用吧！我们所提供的设备是世界一流，由卢森堡国制造，是欧盟中最好的，我们虽然还未成为卢森堡……话到此处，忽然被陈先生一声咳嗽打断了！黎总经理非常注意地听着，当听到兰先生的话被陈先生有意制止后，黎总经理眉毛一挑，眼睛闪亮，腮帮鼓了两下。这时，我方业务经理也有点坐不住了：“兰先生，我们在港滞留的费用不用你担心，至于我们所需的设备质量……班经理也插上嘴：“我们在协议中要写明技术指标参数，也是按国际惯例办事……”这时，黎总经理开腔了：“今天上午的谈判气氛欠佳，陈先生，我建议暂时休会，下午再谈！”这时，张秘书小声对黎总经理说：“哎，不是今天下午……”话没说完，鲁秘书赶紧扯了一下张秘书的衣角，才止住了他继续说下去。后来，黎总经理一面同港商陈先生谈判，一面直接指挥公司其他人员迅速出击，直接与卢森堡国制造商谈成了购买设备的生意，大大节约了经费开支，为公司的发展奠定了基础。

案例讨论：

鲁秘书为什么要制止张秘书继续说话？

（资料来源：http://www.jznu.com.cn/wf/ReadNews.asp?NewsID=1246）

技能实训

办公室礼仪

（一）实训目标

（1）正确展示秘书职业姿态。
（2）适宜着装。
（3）见面问候、介绍、握手、交换名片。
（4）掌握设计大赛方案的写作方法。
（5）提高学生的组织策划能力。

（二）知识点

（1）仪容、仪表、仪态的常识。
（2）正确的姿态和着装的方法。
（3）问候、介绍、握手、交换名片的正确方法。
（4）化妆的方法

（三）实训内容

（1）规范姿态与表情。
（2）着装。
（3）介绍、握手、接递名片、问候客人的礼仪。
（4）具体有效的化妆技巧。
（实训内容通过项目情景实施）

项目情景：

新力公司是一家大型的、产品具高科技含量的保健品公司，创建于1990年。它是在一个只有一百多人的乡镇企业的基础上建起来的，经过十几年的发展，目前在全国保健品市场上已占有很大的份额，在全国各地有一百多个营销窗口，配备了一万多名市场营销人员，产品畅销全国各大城市及东南亚国家和地区。

三月的一天，窗外春光明媚，但新力公司的会议室里却充满了凝重、严肃的气氛。会前，总经理李丰给大家讲了这样一件事，事情是这样的……

“肃静的会议室里，公司与德方的谈判即将进行，双方将就今后的合作达成协议，这是公司向国外扩大销售市场的又一重要举措。谈判开始后，大家发现坐在李总一旁的薛秘书穿着非常休闲：一件胸前印有图案的T恤衫，蓝色的牛仔裤，白色的旅游鞋。负责送茶水的助理秘书更是花枝招展，耳环闪闪发光，手镯晃来晃去，高跟鞋叮叮作响。每当她进来送水，会谈不得不停歇片刻。外国客人通过翻译开了个玩笑：“李总，最好让这位漂亮小姐参加选美去。”

外商的话，是赞美还是讥讽？李总把问题留给了大家。会场先是一阵沉默，接着大家展开了热烈的讨论。经过讨论，大家一致认为，公司在这几年的发展中，在提高产品的科技含量，保证产品的质量、功效，科技队伍的建设上都下过大力气，也曾在拓展营销渠道上动过脑筋，公司始终走的是一条持续向上发展的道路。但从这件事看来，随着公司规模的迅速扩大，职员自身的素质并未随之跟上，因此要加强职员的岗前培训，特别是对职员内在素质的培养一定要抓紧。要为公司的可持续发展积蓄力量，必须提高员工素质，否则企业就没有发展的后劲。会议最后决定：从现在起到 2004 年，用两年的时间，对所有在职员工进行轮训，轮训期间，要特别加强对职工、特别是管理人员的个人礼仪的训练和要求，要牢固树立“公司荣我荣，公司衰我衰”的意识，改变穿衣服是个人私事的思想。轮训后，除了对应该掌握的技能进行考核外，还要使职员在个人素养方面有大的改观。

会议还决定：今后几年，每年举行一次职工个人形象设计大赛，并进行奖励。对在工作岗位上努力提高自身素质、给企业带来效益的人员也要重奖，要在全公司形成学习礼仪、提高自身素质的良好风气。

（四）实训条件

本实训可选择表演舞台或文秘模拟训练室进行。

（五）实训方式与手段

本实训分组进行，每组确定组长，并按照要求明确分工，做到责任落实到每一个学生。

（六）标准与要求

（1）根据案例内容，以组为单位完成新力公司举行个人形象设计大赛方案及组织现场表演。

（2）每组要确定好每个成员所扮演的角色，要有导演、指挥、服装设计师、化妆师等。

附　　录

附 1　党政机关公文处理工作条例

中办发〔2012〕14 号

第一章　总　　则

第一条　为了适应中国共产党机关和国家行政机关（以下简称党政机关）工作需要，推进党政机关公文处理工作科学化、制度化、规范化，制定本条例。

第二条　本条例适用于各级党政机关公文处理工作。

第三条　党政机关公文是党政机关实施领导、履行职能、处理公务的具有特定效力和规范体式的文书，是传达贯彻党和国家的方针政策，公布法规和规章，指导、布置和商洽工作，请示和答复问题，报告、通报和交流情况等的重要工具。

第四条　公文处理工作是指公文拟制、办理、管理等一系列相互关联、衔接有序的工作。

第五条　公文处理工作应当坚持实事求是、准确规范、精简高效、安全保密的原则。

第六条　各级党政机关应当高度重视公文处理工作，加强组织领导，强化队伍建设，设立文秘部门或者由专人负责公文处理工作。

第七条　各级党政机关办公厅（室）主管本机关的公文处理工作，并对下级机关的公文处理工作进行业务指导和督促检查。

第二章　公 文 种 类

第八条　公文种类主要有：

（一）决议。适用于会议讨论通过的重大决策事项。

（二）决定。适用于对重要事项作出决策和部署、奖惩有关单位和人员、变更或者撤销下级机关不适当的决定事项。

（三）命令（令）。适用于公布行政法规和规章、宣布施行重大强制性措施、批准授予和晋升衔级、嘉奖有关单位和人员。

（四）公报。适用于公布重要决定或者重大事项。

（五）公告。适用于向国内外宣布重要事项或者法定事项。

（六）通告。适用于在一定范围内公布应当遵守或者周知的事项。

（七）意见。适用于对重要问题提出见解和处理办法。

（八）通知。适用于发布、传达要求下级机关执行和有关单位周知或者执行的事项，批转、转发公文。

（九）通报。适用于表彰先进、批评错误、传达重要精神和告知重要情况。

（十）报告。适用于向上级机关汇报工作、反映情况，回复上级机关的询问。

（十一）请示。适用于向上级机关请求指示、批准。

（十二）批复。适用于答复下级机关请示事项。

（十三）议案。适用于各级人民政府按照法律程序向同级人民代表大会或者人民代表大会常务委员会提请审议事项。

（十四）函。适用于不相隶属机关之间商洽工作、询问和答复问题、请求批准和答复审批事项。

（十五）纪要。适用于记载会议主要情况和议定事项。

第三章　公 文 格 式

第九条　公文一般由份号、密级和保密期限、紧急程度、发文机关标志、发文字号、签发人、标题、主送机关、正文、附件说明、发文机关署名、成文日期、印章、附注、附件、抄送机关、印发机关和印发日期、页码等组成。

（一）份号。公文印制份数的顺序号。涉密公文应当标注份号。

（二）密级和保密期限。公文的秘密等级和保密的期限。涉密公文应当根据涉密程度分别标注“绝密”“机密”“秘密”和保密期限。

（三）紧急程度。公文送达和办理的时限要求。根据紧急程度，紧急公文应当分别标注“特急”“加急”，电报应当分别标注“特提”“特急”“加急”“平急”。

（四）发文机关标志。由发文机关全称或者规范化简称加“文件”二字组成，也可以使用发文机关全称或者规范化简称。联合行文时，发文机关标志可以并用联合发文机关名称，也可以单独用主办机关名称。

（五）发文字号。由发文机关代字、年份、发文顺序号组成。联合行文时，使用主办机关的发文字号。

（六）签发人。上行文应当标注签发人姓名。

（七）标题。由发文机关名称、事由和文种组成。

（八）主送机关。公文的主要受理机关，应当使用机关全称、规范化简称或者同类型机关统称。

（九）正文。公文的主体，用来表述公文的内容。

（十）附件说明。公文附件的顺序号和名称。

（十一）发文机关署名。署发文机关全称或者规范化简称。

（十二）成文日期。署会议通过或者发文机关负责人签发的日期。联合行文时，署最后签发机关负责人签发的日期。

（十三）印章。公文中有发文机关署名的，应当加盖发文机关印章，并与署名机关相符。有特定发文机关标志的普发性公文和电报可以不加盖印章。

（十四）附注。公文印发传达范围等需要说明的事项。

（十五）附件。公文正文的说明、补充或者参考资料。

（十六）抄送机关。除主送机关外需要执行或者知晓公文内容的其他机关，应当使用机关全称、规范化简称或者同类型机关统称。

（十七）印发机关和印发日期。公文的送印机关和送印日期。

（十八）页码。公文页数顺序号。

第十条 公文的版式按照《党政机关公文格式》国家标准执行。

第十一条 公文使用的汉字、数字、外文字符、计量单位和标点符号等，按照有关国家标准和规定执行。民族自治地方的公文，可以并用汉字和当地通用的少数民族文字。

第十二条 公文用纸幅面采用国际标准 A4 型。特殊形式的公文用纸幅面，根据实际需要确定。

第四章 行文规则

第十三条 行文应当确有必要，讲求实效，注重针对性和可操作性。

第十四条 行文关系根据隶属关系和职权范围确定。一般不得越级行文，特殊情况需要越级行文的，应当同时抄送被越过的机关。

第十五条 向上级机关行文，应当遵循以下规则：

（一）原则上主送一个上级机关，根据需要同时抄送相关上级机关和同级机关，不抄送下级机关。

（二）党委、政府的部门向上级主管部门请示、报告重大事项，应当经本级党委、政府同意或者授权；属于部门职权范围内的事项应当直接报送上级主管部门。

（三）下级机关的请示事项，如需以本机关名义向上级机关请示，应当提出倾向性意见后上报，不得原文转报上级机关。

（四）请示应当一文一事。不得在报告等非请示性公文中夹带请示事项。

（五）除上级机关负责人直接交办事项外，不得以本机关名义向上级机关负责人报送公文，不得以本机关负责人名义向上级机关报送公文。

（六）受双重领导的机关向一个上级机关行文，必要时抄送另一个上级机关。

第十六条 向下级机关行文，应当遵循以下规则：

（一）主送受理机关，根据需要抄送相关机关。重要行文应当同时抄送发文机关的直接上级机关。

（二）党委、政府的办公厅（室）根据本级党委、政府授权，可以向下级党委、政府行文，其他部门和单位不得向下级党委、政府发布指令性公文或者在公文中向下级党委、政府提出指令性要求。需经政府审批的具体事项，经政府同意后可以由政府职能部门行文，文中须注明已经政府同意。

（三）党委、政府的部门在各自职权范围内可以向下级党委、政府的相关部门行文。

（四）涉及多个部门职权范围内的事务，部门之间未协商一致的，不得向下行文；擅自行文的，上级机关应当责令其纠正或者撤销。

（五）上级机关向受双重领导的下级机关行文，必要时抄送该下级机关的另一个上级机关。

第十七条 同级党政机关、党政机关与其他同级机关必要时可以联合行文。属于党委、政府各自职权范围内的工作，不得联合行文。

党委、政府的部门依据职权可以相互行文。

部门内设机构除办公厅（室）外不得对外正式行文。

第五章 公文拟制

第十八条 公文拟制包括公文的起草、审核、签发等程序。

第十九条 公文起草应当做到：

（一）符合党的理论路线方针政策和国家法律法规，完整准确体现发文机关意图，并同现行有关公文相衔接。

（二）一切从实际出发，分析问题实事求是，所提政策措施和办法切实可行。

（三）内容简洁，主题突出，观点鲜明，结构严谨，表述准确，文字精练。

（四）文种正确，格式规范。

（五）深入调查研究，充分进行论证，广泛听取意见。

（六）公文涉及其他地区或者部门职权范围内的事项，起草单位必须征求相关地区或者部门意见，力求达成一致。

（七）机关负责人应当主持、指导重要公文起草工作。

第二十条 公文文稿签发前，应当由发文机关办公厅（室）进行审核。审核的重点是：

（一）行文理由是否充分，行文依据是否准确。

（二）内容是否符合党的理论路线方针政策和国家法律法规；是否完整准确体现发文机关意图；是否同现行有关公文相衔接；所提政策措施和办法是否切实可行。

（三）涉及有关地区或者部门职权范围内的事项是否经过充分协商并达成一致意见。

（四）文种是否正确，格式是否规范；人名、地名、时间、数字、段落顺序、引文等是否准确；文字、数字、计量单位和标点符号等用法是否规范。

（五）其他内容是否符合公文起草的有关要求。

需要发文机关审议的重要公文文稿，审议前由发文机关办公厅（室）进行初核。

第二十一条 经审核不宜发文的公文文稿，应当退回起草单位并说明理由；符合发文条件但内容需作进一步研究和修改的，由起草单位修改后重新报送。

第二十二条 公文应当经本机关负责人审批签发。重要公文和上行文由机关主要负责人签发。党委、政府的办公厅（室）根据党委、政府授权制发的公文，由受权机关主要负责人签发或者按照有关规定签发。签发人签发公文，应当签署意见、姓名和完整日期；圈阅或者签名的，视为同意。联合发文由所有联署机关的负责人会签。

第六章 公文办理

第二十三条 公文办理包括收文办理、发文办理和整理归档。

第二十四条 收文办理主要程序是：

（一）签收。对收到的公文应当逐件清点，核对无误后签字或者盖章，并注明签收时间。

（二）登记。对公文的主要信息和办理情况应当详细记载。

（三）初审。对收到的公文应当进行初审。初审的重点是：是否应当由本机关办理，是否符合行文规则，文种、格式是否符合要求，涉及其他地区或者部门职权范围内的事项是否已经协商、会签，是否符合公文起草的其他要求。经初审不符合规定的公文，应当及时退回来文单位并说明理由。

（四）承办。阅知性公文应当根据公文内容、要求和工作需要确定范围后分送。批办性公文应当提出拟办意见报本机关负责人批示或者转有关部门办理；需要两个以上部门办理的，应当明确主办部门。紧急公文应当明确办理时限。承办部门对交办的公文应当及时办理，有明确办理时限要求的应当在规定时限内办理完毕。

（五）传阅。根据领导批示和工作需要将公文及时送传阅对象阅知或者批示。办理公文传阅应当随时掌握公文去向，不得漏传、误传、延误。

（六）催办。及时了解掌握公文的办理进展情况，督促承办部门按期办结。紧急公文或者重要公文应当由专人负责催办。

（七）答复。公文的办理结果应当及时答复来文单位，并根据需要告知相关单位。

第二十五条 发文办理主要程序是：

（一）复核。已经发文机关负责人签批的公文，印发前应当对公文的审批手续、内容、文种、格式等进行复核；需作实质性修改的，应当报原签批人复审。

（二）登记。对复核后的公文，应当确定发文字号、分送范围和印制份数并详细记载。

（三）印制。公文印制必须确保质量和时效。涉密公文应当在符合保密要求的场所印制。

（四）核发。公文印制完毕，应当对公文的文字、格式和印刷质量进行检查后分发。

第二十六条 涉密公文应当通过机要交通、邮政机要通信、城市机要文件交换站或者收发件机关机要收发人员进行传递，通过密码电报或者符合国家保密规定的计算机信息系统进行传输。

第二十七条 需要归档的公文及有关材料，应当根据有关档案法律法规以及机关档案管理规定，及时收集齐全、整理归档。两个以上机关联合办理的公文，原件由主办机关归档，相关机关保存复制件。机关负责人兼任其他机关职务的，在履行所兼职务过程中形成的公文，由其兼职机关归档。

第七章　公 文 管 理

第二十八条 各级党政机关应当建立健全本机关公文管理制度，确保管理严格规范，充分发挥公文效用。

第二十九条 党政机关公文由文秘部门或者专人统一管理。设立党委（党组）的县级以上单位应当建立机要保密室和机要阅文室，并按照有关保密规定配备工作人员和必要的安全保密设施设备。

第三十条 公文确定密级前，应当按照拟定的密级先行采取保密措施。确定密级后，应当按照所定密级严格管理。绝密级公文应当由专人管理。

公文的密级需要变更或者解除的，由原确定密级的机关或者其上级机关决定。

第三十一条 公文的印发传达范围应当按照发文机关的要求执行；需要变更的，应当经发文机关批准。

涉密公文公开发布前应当履行解密程序。公开发布的时间、形式和渠道，由发文机关确定。

经批准公开发布的公文，同发文机关正式印发的公文具有同等效力。

第三十二条 复制、汇编机密级、秘密级公文，应当符合有关规定并经本机关负责人批准。绝密级公文一般不得复制、汇编，确有工作需要的，应当经发文机关或者其上级机关批准。复制、汇编的公文视同原件管理。

复制件应当加盖复制机关戳记。翻印件应当注明翻印的机关名称、日期。汇编本的密级按照编入公文的最高密级标注。

第三十三条 公文的撤销和废止，由发文机关、上级机关或者权力机关根据职权范围和有关法律法规决定。公文被撤销的，视为自始无效；公文被废止的，视为自废止之日起失效。

第三十四条 涉密公文应当按照发文机关的要求和有关规定进行清退或者销毁。

第三十五条 不具备归档和保存价值的公文，经批准后可以销毁。销毁涉密公文必须严格按照有关规定履行审批登记手续，确保不丢失、不漏销。个人不得私自销毁、留存涉密公文。

第三十六条 机关合并时，全部公文应当随之合并管理；机关撤销时，需要归档的公文经整理后按照有关规定移交档案管理部门。

工作人员离岗离职时，所在机关应当督促其将暂存、借用的公文按照有关规定移交、清退。

第三十七条 新设立的机关应当向本级党委、政府的办公厅（室）提出发文立户申请。经审查符合条件的，列为发文单位，机关合并或者撤销时，相应进行调整。

第八章 附 则

第三十八条 党政机关公文含电子公文。电子公文处理工作的具体办法另行制定。

第三十九条 法规、规章方面的公文，依照有关规定处理。外事方面的公文，依照外事主管部门的有关规定处理。

第四十条 其他机关和单位的公文处理工作，可以参照本条例执行。

第四十一条 本条例由中共中央办公厅、国务院办公厅负责解释。

第四十二条 本条例自 2012 年 7 月 1 日起施行。1996 年 5 月 3 日中共中央办公厅发布的《中国共产党机关公文处理条例》和 2000 年 8 月 24 日国务院发布的《国家行政机关公文处理办法》停止执行。

附 2　党政机关公文格式

GB/T 9704—2012

2012-07-01 实施

目　　次

前　言

本标准按照 GB/T 1.1—2009 给出的规则起草。

本标准根据中共中央办公厅、国务院办公厅印发的《党政机关公文处理工作条例》的有关规定对 GB/T 9704—1999《国家行政机关公文格式》进行修订。本标准相对 GB/T 9704—1999 主要作如下修订：

a）标准名称改为《党政机关公文格式》，标准英文名称也作相应修改；

b）适用范围扩展到各级党政机关制发的公文；

c）对标准结构进行适当调整；

d）对公文装订要求进行适当调整；

e）增加发文机关署名和页码两个公文格式要素，删除主题词格式要素，并对公文格式各要素的编排进行较大调整；

f）进一步细化特定格式公文的编排要求；

g）新增联合行文公文首页版式、信函格式首页、命令（令）格式首页版式等式样。

本标准中公文用语与《党政机关公文处理工作条例》中的用语一致。

本标准为第二次修订。

本标准由中共中央办公厅和国务院办公厅提出。

本标准由中国标准化研究院归口。

本标准起草单位：中国标准化研究院、中共中央办公厅秘书局、国务院办公厅秘书局、中国标准出版社。

本标准主要起草人：房庆、杨雯、郭道锋、孙维、马慧、张书杰、徐成华、范一乔、李玲

本标准代替了 GB/T 9704—1999。

GB/T 9704—1999 的历次版本发布情况为：

——GB/T9704—1988。

党政机关公文格式

1 范围

本标准规定了党政机关公文通用的纸张要求、排版和印制装订要求、公文格式各要素的编排规则，并给出了公文的式样。

本标准适用于各级党政机关制发的公文。其他机关和单位的公文可以参照执行。

使用少数民族文字印制的公文，其用纸、幅面尺寸及版面、印制等要求按照本标准执行，其余可以参照本标准并按照有关规定执行。

2 规范性引用文件

下列文件对于本标准的应用是必不可少的。凡是注日期的引用文件，仅所注日期的版本适用于本标准。凡是不注日期的引用文件，其最新版本（包括所有的修改单）适用于本标准。

GB/T 148　印刷、书写和绘图纸幅面尺寸

GB 3100　国际单位制及其应用

GB 3101　有关量、单位和符号的一般原则

GB 3102（所有部分）　量和单位

GB/T 15834　标点符号用法

GB/T 15835　出版物上数字用法

3 术语和定义

下列术语和定义适用于本标准。

3.1

字　word

标示公文中横向距离的长度单位。在本标准中，一字指一个汉字宽度的距离。

3.2

行　line

标示公文中纵向距离的长度单位。在本标准中，一行指一个汉字的高度加 3 号汉字高度的 7/8 的距离。

4 公文用纸主要技术指标

公文用纸一般使用纸张定量为 60 g/m^2～80 g/m^2 的胶版印刷纸或复印纸。纸张白度 80%～90%，横向耐折度≥15 次，不透明度≥85%，pH 值为 7.5～9.5。

5 公文用纸幅面尺寸及版面要求

5.1 幅面尺寸

公文用纸采用 GB/T 148 中规定的 A4 型纸，其成品幅面尺寸为：210 mm×297 mm。

5.2　版面

5.2.1　页边与版心尺寸

公文用纸天头（上白边）为 37 mm ± 1 mm，公文用纸订口（左白边）为 28 mm ± 1 mm，版心尺寸为 156 mm × 225 mm。

5.2.2　字体和字号

如无特殊说明，公文格式各要素一般用 3 号仿宋体字。特定情况可以作适当调整。

5.2.3　行数和字数

一般每面排 22 行，每行排 28 个字，并撑满版心。特定情况可以作适当调整。

5.2.4　文字的颜色

如无特殊说明，公文中文字的颜色均为黑色。

6　印制装订要求

6.1　制版要求

版面干净无底灰，字迹清楚无断划，尺寸标准，版心不斜，误差不超过 1 mm。

6.2　印刷要求

双面印刷；页码套正，两面误差不超过 2 mm。黑色油墨应当达到色谱所标 BL100%，红色油墨应当达到色谱所标 Y80%、M80%。印品着墨实、均匀；字面不花、不白、无断划。

6.3　装订要求

公文应当左侧装订，不掉页，两页页码之间误差不超过 4 mm，裁切后的成品尺寸允许误差 ± 2 mm，四角成 90°，无毛茬或缺损。

骑马订或平订的公文应当：

a）订位为两钉外订眼距版面上下边缘各 70 mm 处，允许误差 ± 4 mm；

b）无坏钉、漏钉、重钉，钉脚平伏牢固；

c）骑马订钉锯均订在折缝线上，平订钉锯与书脊间的距离为 3～5 mm。

包本装订公文的封皮（封面、书脊、封底）与书芯应吻合、包紧、包平、不脱落。

7　公文格式各要素编排规则

7.1　公文格式各要素的划分

本标准将版心内的公文格式各要素划分为版头、主体、版记三部分。公文首页红色分隔线以上的部分称为版头；公文首页红色分隔线（不含）以下、公文末页首条分隔线（不含）以上的部分称为主体；公文末页首条分隔线以下、末条分隔线以上的部分称为版记。页码位于版心外。

7.2　版头

7.2.1　份号

如需标注份号，一般用 6 位 3 号阿拉伯数字，顶格编排在版心左上角第一行。

7.2.2　密级和保密期限

如需标注密级和保密期限，一般用 3 号黑体字，顶格编排在版心左上角第二行；保密期限中的数字用阿拉伯数字标注。

7.2.3　紧急程度

如需标注紧急程度，一般用 3 号黑体字，顶格编排在版心左上角；如需同时标注份号、密级和保密期限、紧急程度，按照份号、密级和保密期限、紧急程度的顺序自上而下分行排列。

7.2.4　发文机关标志

由发文机关全称或者规范化简称加“文件”二字组成，也可以使用发文机关全称或者规范化简称。

发文机关标志居中排布，上边缘至版心上边缘为 35 mm，推荐使用小标宋体字，颜色为红色，以醒目、美观、庄重为原则。

联合行文时，如需同时标注联署发文机关名称，一般应当将主办机关名称排列在前；如有“文件”二字，应当置于发文机关名称右侧，以联署发文机关名称为准上下居中排布。

7.2.5　发文字号

编排在发文机关标志下空二行位置，居中排布。年份、发文顺序号用阿拉伯数字标注；年份应标全称，用六角括号“〔 〕”括入；发文顺序号不加“第”字，不编虚位（即 1 不编为 01），在阿拉伯数字后加“号”字。

上行文的发文字号居左空一字编排，与最后一个签发人姓名处在同一行。

7.2.6　签发人

由“签发人”三字加全角冒号和签发人姓名组成，居右空一字，编排在发文机关标志下空二行位置。“签发人”三字用 3 号仿宋体字，签发人姓名用 3 号楷体字。

如有多个签发人，签发人姓名按照发文机关的排列顺序从左到右、自上而下依次均匀编排，一般每行排两个姓名，回行时与上一行第一个签发人姓名对齐。

7.2.7　版头中的分隔线

发文字号之下 4 mm 处居中印一条与版心等宽的红色分隔线。

7.3　主体

7.3.1　标题

一般用 2 号小标宋体字，编排于红色分隔线下空二行位置，分一行或多行居中排布；回行时，要做到词意完整，排列对称，长短适宜，间距恰当，标题排列应当使用梯形或菱形。

7.3.2　主送机关

编排于标题下空一行位置，居左顶格，回行时仍顶格，最后一个机关名称后标全角冒号。如主送机关名称过多导致公文首页不能显示正文时，应当将主送机关名称移至版记，标注方法见 7.4.2。

7.3.3　正文

公文首页必须显示正文。一般用 3 号仿宋体字，编排于主送机关名称下一行，每个自然段左空二字，回行顶格。文中结构层次序数依次可以用“一、”“（一）”“1.”“（1）”标注；一般第一层用黑体字、第二层用楷体字、第三层和第四层用仿宋体字标注。

7.3.4　附件说明

如有附件，在正文下空一行左空二字编排“附件”二字，后标全角冒号和附件名称。如有多个附件，使用阿拉伯数字标注附件顺序号（如“附件：1. ××××××”）；附件名称后不加标点符号。附件名称较长需回行时，应当与上一行附件名称的首字对齐。

7.3.5　发文机关署名、成文日期和印章

7.3.5.1　加盖印章的公文

成文日期一般右空四字编排，印章用红色，不得出现空白印章。

单一机关行文时，一般在成文日期之上、以成文日期为准居中编排发文机关署名，印章端正、居中下压发文机关署名和成文日期，使发文机关署名和成文日期居印章中心偏下位置，印章顶端应当上距正文（或附件说明）一行之内。

联合行文时，一般将各发文机关署名按照发文机关顺序整齐排列在相应位置，并将印章一一对应、端正、居中下压发文机关署名，最后一个印章端正、居中下压发文机关署名和成文日期，印章之间排列整齐、互不相交或相切，每排印章两端不得超出版心，首排印章顶端应当上距正文（或附件说明）一行之内。

7.3.5.2　不加盖印章的公文

单一机关行文时，在正文（或附件说明）下空一行右空二字编排发文机关署名，在发文机关署名下一行编排成文日期，首字比发文机关署名首字右移二字，如成文日期长于发文机关署名，应当使成文日期右空二字编排，并相应增加发文机关署名右空字数。

联合行文时，应当先编排主办机关署名，其余发文机关署名依次向下编排。

7.3.5.3　加盖签发人签名章的公文

单一机关制发的公文加盖签发人签名章时，在正文（或附件说明）下空二行右空四字加盖签发人签名章，签名章左空二字标注签发人职务，以签名章为准上下居中排布。在签发人签名章下空一行右空四字编排成文日期。

联合行文时，应当先编排主办机关签发人职务、签名章，其余机关签发人职务、签名章依次向下编排，与主办机关签发人职务、签名章上下对齐；每行只编排一个机关的签发人职务、签名章；签发人职务应当标注全称。签名章一般用红色。

7.3.5.4　成文日期中的数字

用阿拉伯数字将年、月、日标全，年份应标全称，月、日不编虚位（即 1 不编为 01）。

7.3.5.5　特殊情况说明

当公文排版后所剩空白处不能容下印章或签发人签名章、成文日期时，可以采取调整行距、字距的措施解决。

7.3.6　附注

如有附注，居左空二字加圆括号编排在成文日期下一行。

7.3.7　附件

附件应当另面编排，并在版记之前，与公文正文一起装订。“附件”二字及附件顺序号用 3 号黑体字顶格编排在版心左上角第一行。附件标题居中编排在版心第三行。附件顺序号和附件标题应当与附件说明的表述一致。附件格式要求同正文。

如附件与正文不能一起装订，应当在附件左上角第一行顶格编排公文的发文字号并在其后标注“附件”二字及附件顺序号。

7.4　版记

7.4.1　版记中的分隔线

版记中的分隔线与版心等宽，首条分隔线和末条分隔线用粗线（推荐高度为 0.35 mm），中间的分隔线用细线（推荐高度为 0.25 mm）。首条分隔线位于版记中第一个要素之上，末条分隔线与公文最后一面的版心下边缘重合。

7.4.2　抄送机关

如有抄送机关，一般用 4 号仿宋体字，在印发机关和印发日期之上一行、左右各空一字编排。“抄送”二字后加全角冒号和抄送机关名称，回行时与冒号后的首字对齐，最后一个抄送机关名称后标句号。

如需把主送机关移至版记，除将“抄送”二字改为“主送”外，编排方法同抄送机关。既有主送机关又有抄送机关时，应当将主送机关置于抄送机关之上一行，之间不加分隔线。

7.4.3　印发机关和印发日期

印发机关和印发日期一般用 4 号仿宋体字，编排在末条分隔线之上，印发机关左空一字，印发日期右空一字，用阿拉伯数字将年、月、日标全，年份应标全称，月、日不编虚位（即 1 不编为 01），后加“印发”二字。

版记中如有其他要素，应当将其与印发机关和印发日期用一条细分隔线隔开。

7.5　页码

一般用 4 号半角宋体阿拉伯数字，编排在公文版心下边缘之下，数字左右各放一条一字线；一字线上距版心下边缘 7 mm。单页码居右空一字，双页码居左空一字。公文的版记页前有空白页的，空白页和版记页均不编排页码。公文的附件与正文一起装订时，页码应当连续编排。

8　公文中的横排表格

A4 纸型的表格横排时，页码位置与公文其他页码保持一致，单页码表头在订口一边，双页码表头在切口一边。

9　公文中计量单位、标点符号和数字的用法

公文中计量单位的用法应当符合 GB 3100、GB 3101 和 GB 3102（所有部分），标点符号的用法应当符合 GB/T 15834，数字用法应当符合 GB/T 15835。

10 公文的特定格式

10.1 信函格式

发文机关标志使用发文机关全称或者规范化简称，居中排布，上边缘至上页边为 30 mm，推荐使用红色小标宋体字。联合行文时，使用主办机关标志。

发文机关标志下 4 mm 处印一条红色双线（上粗下细），距下页边 20 mm 处印一条红色双线（上细下粗），线长均为 170 mm，居中排布。

如需标注份号、密级和保密期限、紧急程度，应当顶格居版心左边缘编排在第一条红色双线下，按照份号、密级和保密期限、紧急程度的顺序自上而下分行排列，第一个要素与该线的距离为 3 号汉字高度的 7/8。

发文字号顶格居版心右边缘编排在第一条红色双线下，与该线的距离为 3 号汉字高度的 7/8。

标题居中编排，与其上最后一个要素相距二行。

第二条红色双线上一行如有文字，与该线的距离为 3 号汉字高度的 7/8。

首页不显示页码。

版记不加印发机关和印发日期、分隔线，位于公文最后一面版心内最下方。

10.2 命令（令）格式

发文机关标志由发文机关全称加“命令”或“令”字组成，居中排布，上边缘至版心上边缘为 20 mm，推荐使用红色小标宋体字。

发文机关标志下空二行居中编排令号，令号下空二行编排正文。

签发人职务、签名章和成文日期的编排见 7.3.5.3。

10.3 纪要格式

纪要标志由“×××××纪要”组成，居中排布，上边缘至版心上边缘为 35mm，推荐使用红色小标宋体字。

标注出席人员名单，一般用 3 号黑体字，在正文或附件说明下空一行左空二字编排“出席”二字，后标全角冒号，冒号后用 3 号仿宋体字标注出席人单位、姓名，回行时与冒号后的首字对齐。

标注请假和列席人员名单，除依次另起一行并将“出席”二字改为“请假”或“列席”外，编排方法同出席人员名单。

纪要格式可以根据实际制定。

11 式样

A4 型公文用纸页边及版心尺寸见图 1；公文首页版式见图 2；联合行文公文首页版式 1 见图 3；联合行文公文首页版式 2 见图 4；公文末页版式 1 见图 5；公文末页版式 2 见图 6；联合行文公文末页版式 1 见图 7；联合行文公文末页版式 2 见图 8；附件说明页版式见图 9；带附件公文末页版式见图 10；信函格式首页版式见图 11；命令（令）格式首页版式见图 12。

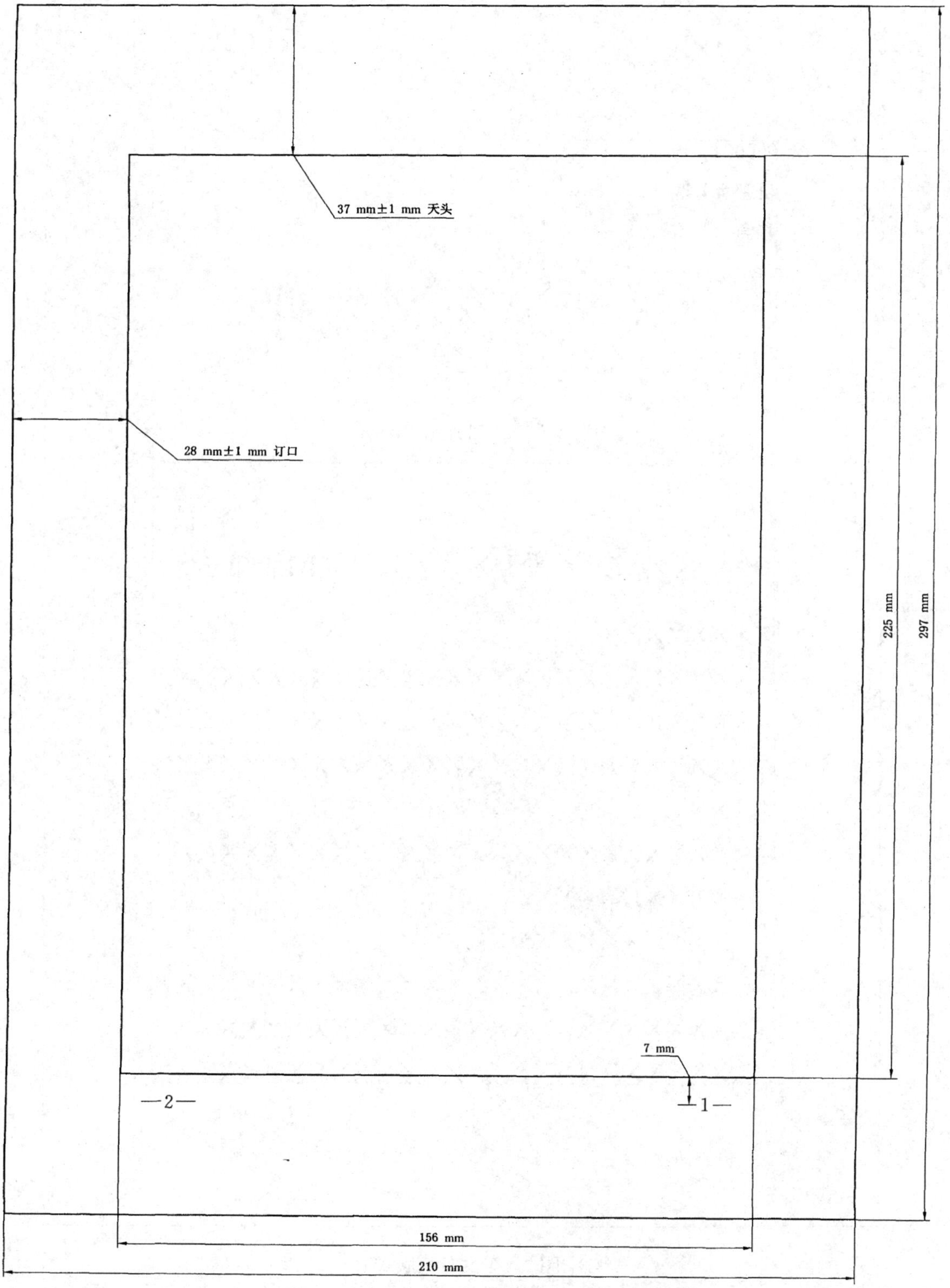

图 1　A4 型公文用纸页边及版心尺寸

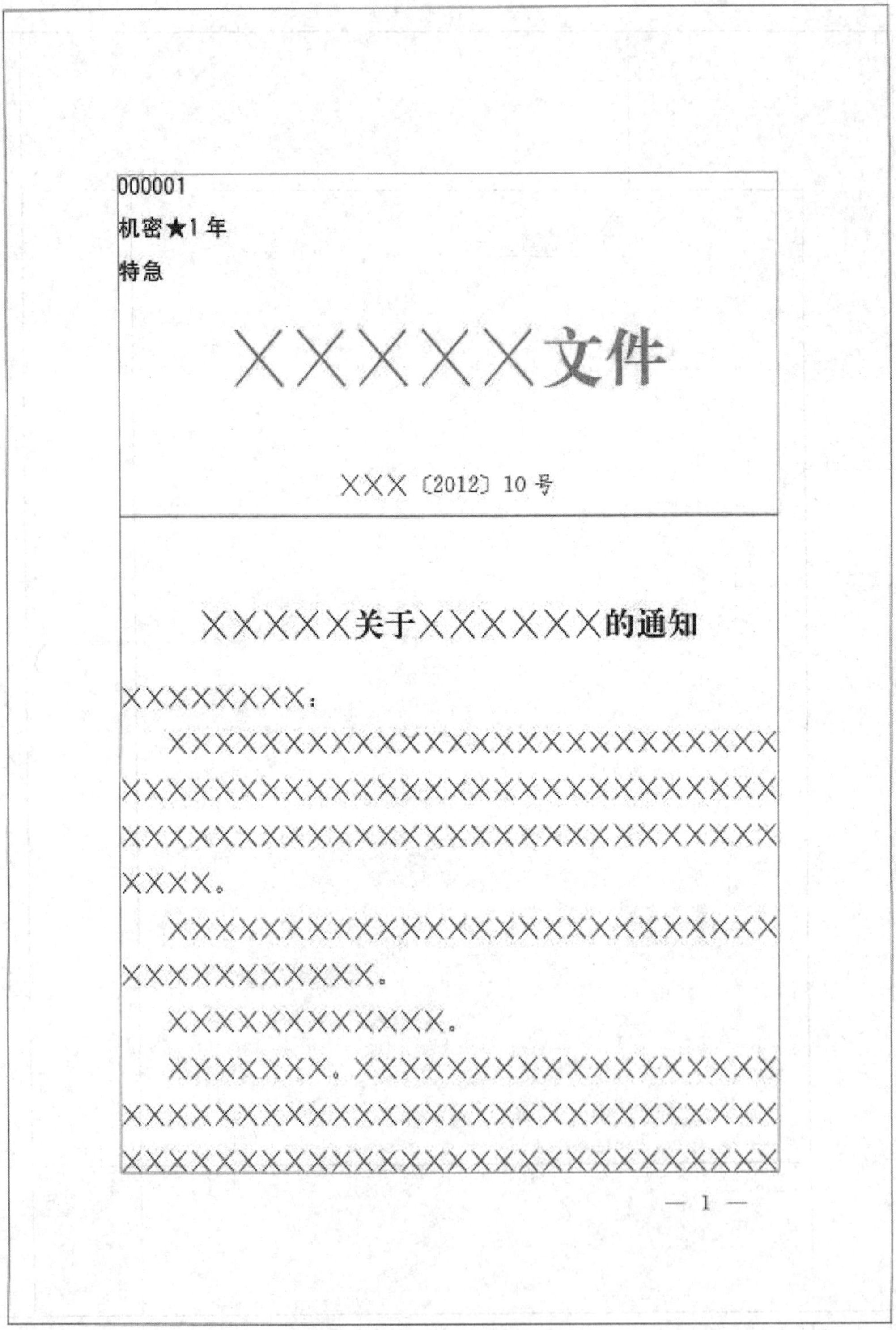

000001

机密★1年

特急

XXXXX文件

XXX〔2012〕10号

XXXXX关于XXXXXX的通知

XXXXXXXX：

XXXXXXXXXXXXXXXXXXXXXXXXXX
XXXXXXXXXXXXXXXXXXXXXXXXXXXX
XXXXXXXXXXXXXXXXXXXXXXXXXXXX
XXXX。

XXXXXXXXXXXXXXXXXXXXXXXXXX
XXXXXXXXXXX。

XXXXXXXXXXXX。

XXXXXXX。XXXXXXXXXXXXXXXXX
XXXXXXXXXXXXXXXXXXXXXXXXXXXX
XXXXXXXXXXXXXXXXXXXXXXXXXXXX

— 1 —

图2　公文首页版式

注：版心实线框仅为示意，在印制公文时并不印出。

000001

机密★1年

特急

××××××
×　×　× 文件
××××××

×××〔2012〕10号

××××××关于×××××××的通知

××××××××：

　　×××××××××××××××××××××××××。

　　××××××××××××××××××××××××××
××××××××××××××××××××××××××××
××××××××××××××××××××××××××××
××××。

　　××××××××××××××××××××××××××

— 1 —

图3　联合行文公文首页版式1

注：版心实线框仅为示意，在印制公文时并不印出。

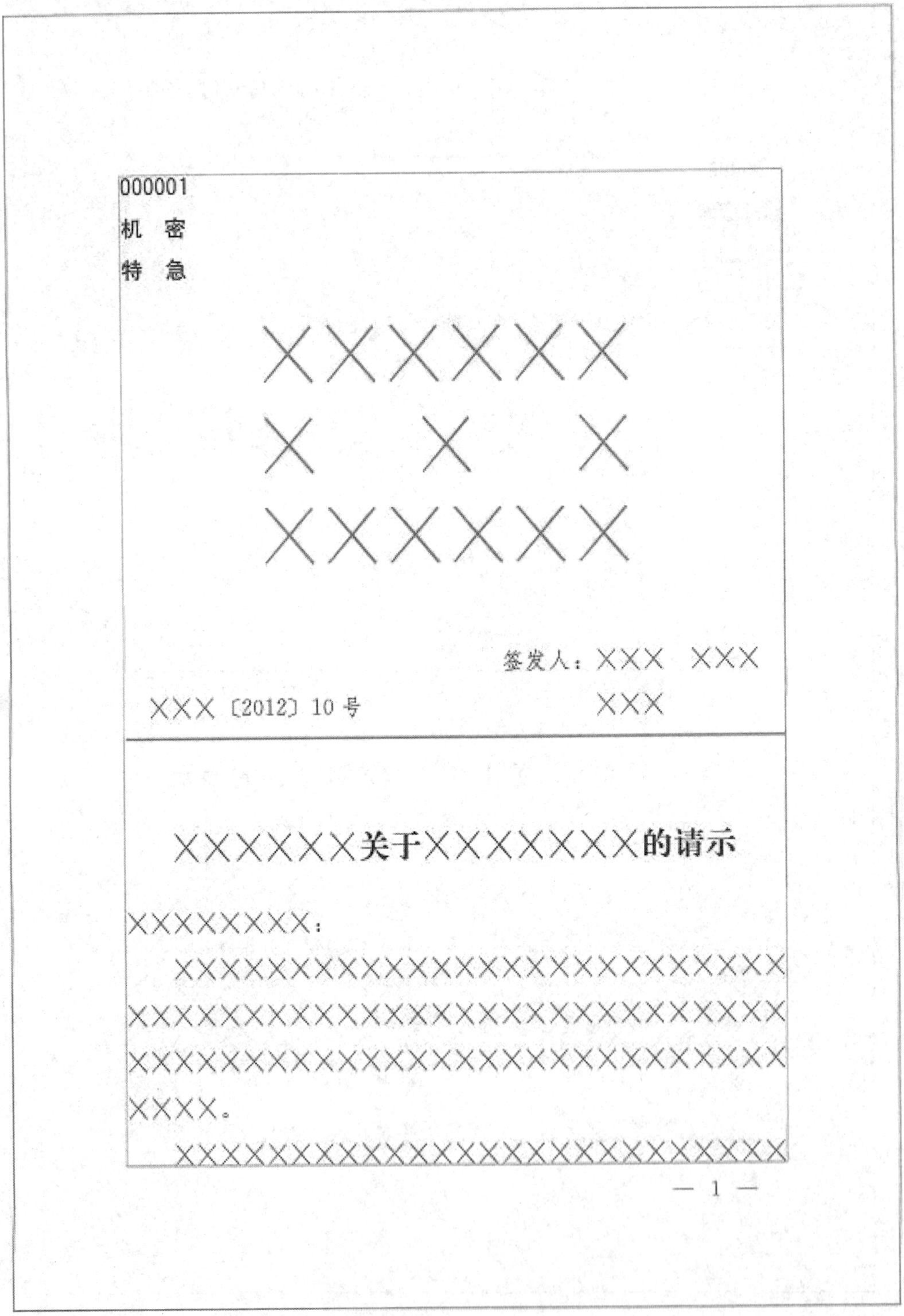

000001

机 密

特 急

××××××

× × ×

××××××

签发人：××× ×××

×××〔2012〕10 号 ×××

××××××关于×××××××的请示

××××××××：

××。

×××××××××××××××××××××××××××××××

— 1 —

图 4　联合行文公文首页版式 2

注：版心实线框仅为示意，在印制公文时并不印出。

×××××××××××××××。

××。

（××××××）

中华人民共和国××××部

2012年7月1日

（×××××）

抄送：××××××××，××××××，×××××，×××××，×××××。

×××××××××　　2012年7月1日印发

— 2 —

图5　公文末页版式1

注：版心实线框仅为示意，在印制公文时并不印出。

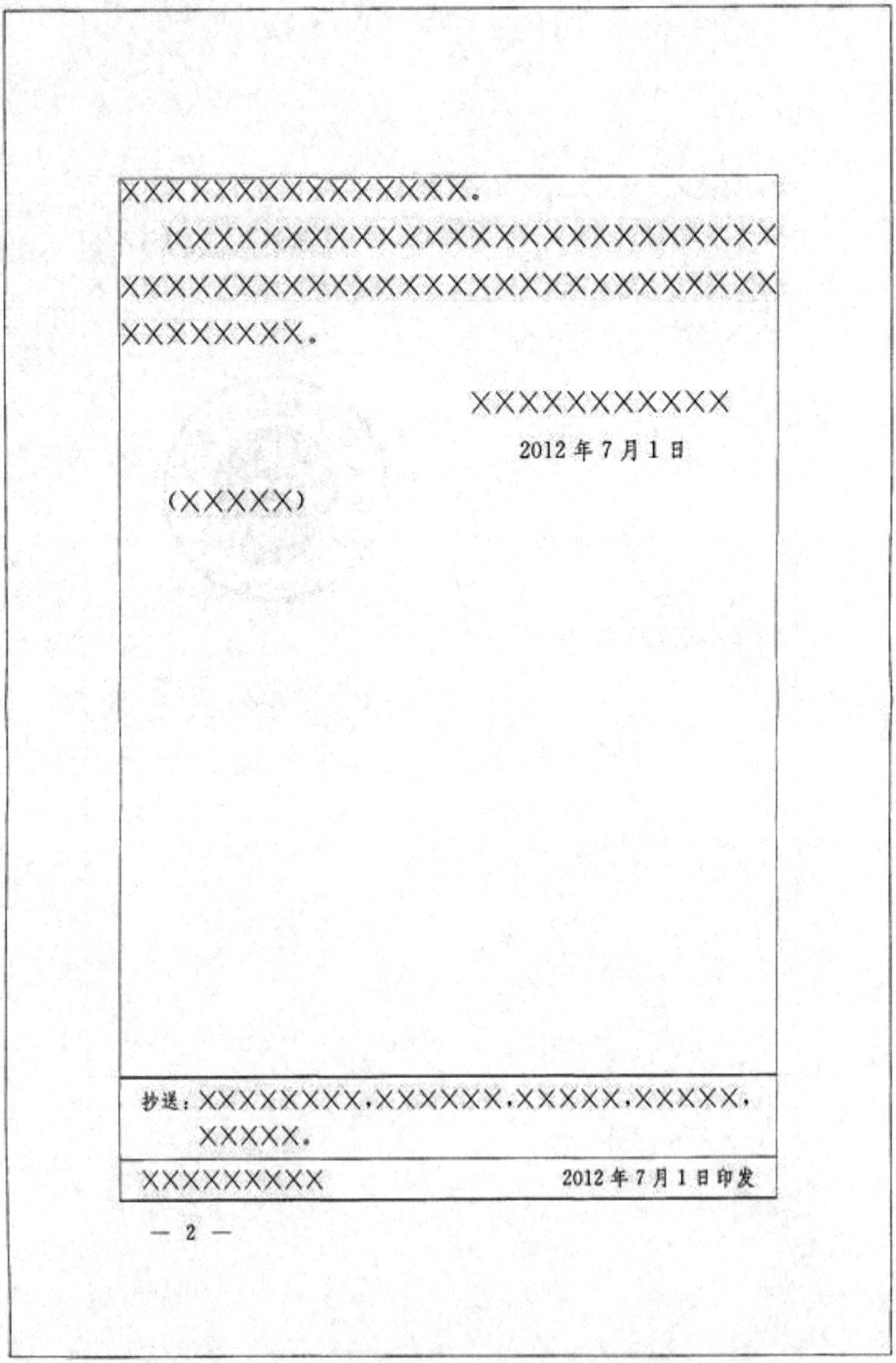

XXXXXXXXXXXXXXX。

XXXXXXXXXXXXXXXXXXXXXXXXXXXXXXXXXXXXXXXXXXXXXXXXXXXXXX。

XXXXXXXXXXXX

2012年7月1日

（XXXXX）

抄送：XXXXXXXX，XXXXXX，XXXXX，XXXXX，XXXXX。

XXXXXXXXX　　2012年7月1日印发

— 2 —

图6　公文末页版式2

注：版心实线框仅为示意，在印制公文时并不印出。

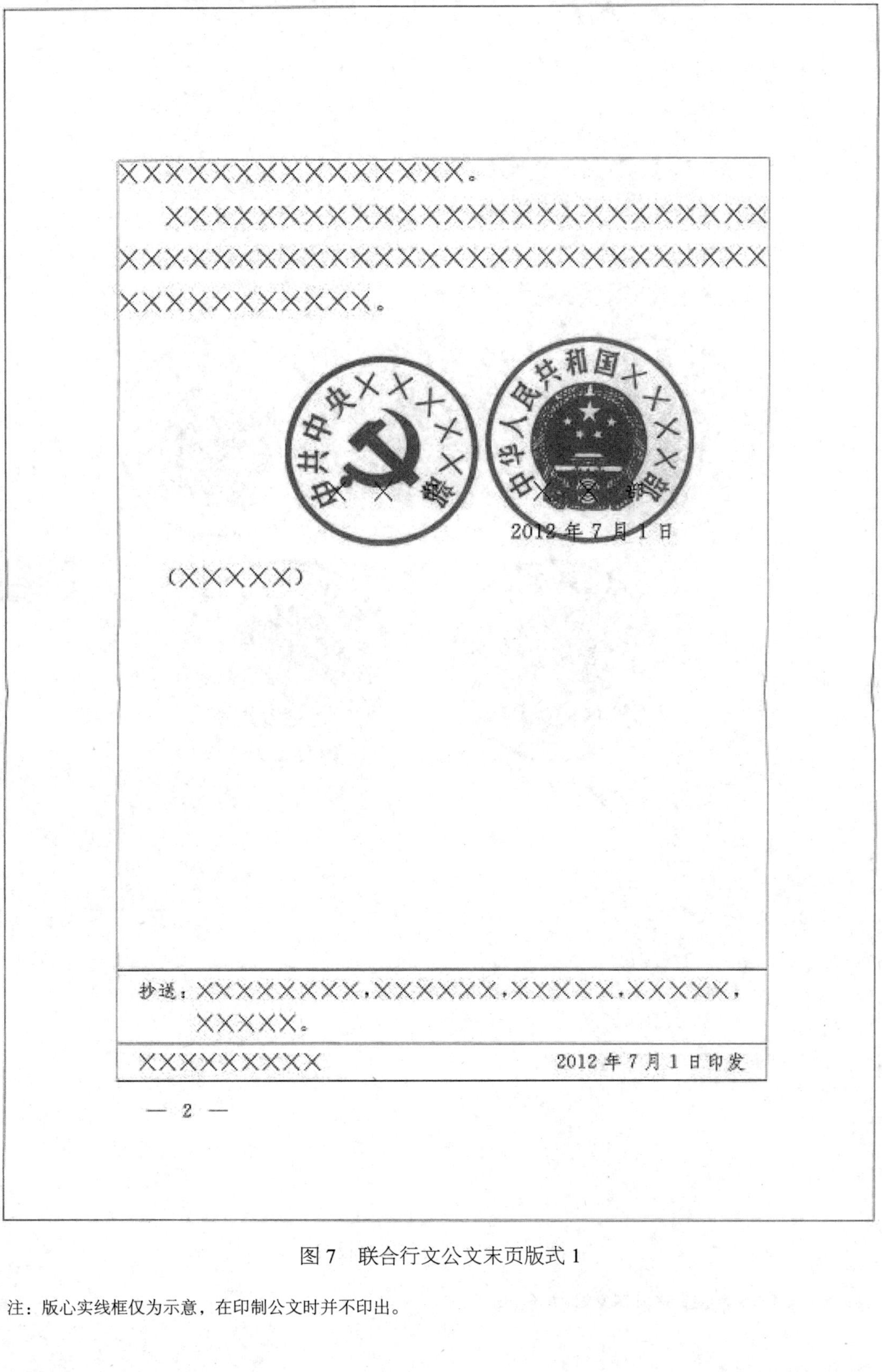

××××××××××××××。

××。

2012年7月1日

（×××××）

抄送：××××××××，××××××，×××××，×××××，×××××。

×××××××××　　2012年7月1日印发

— 2 —

图7　联合行文公文末页版式1

注：版心实线框仅为示意，在印制公文时并不印出。

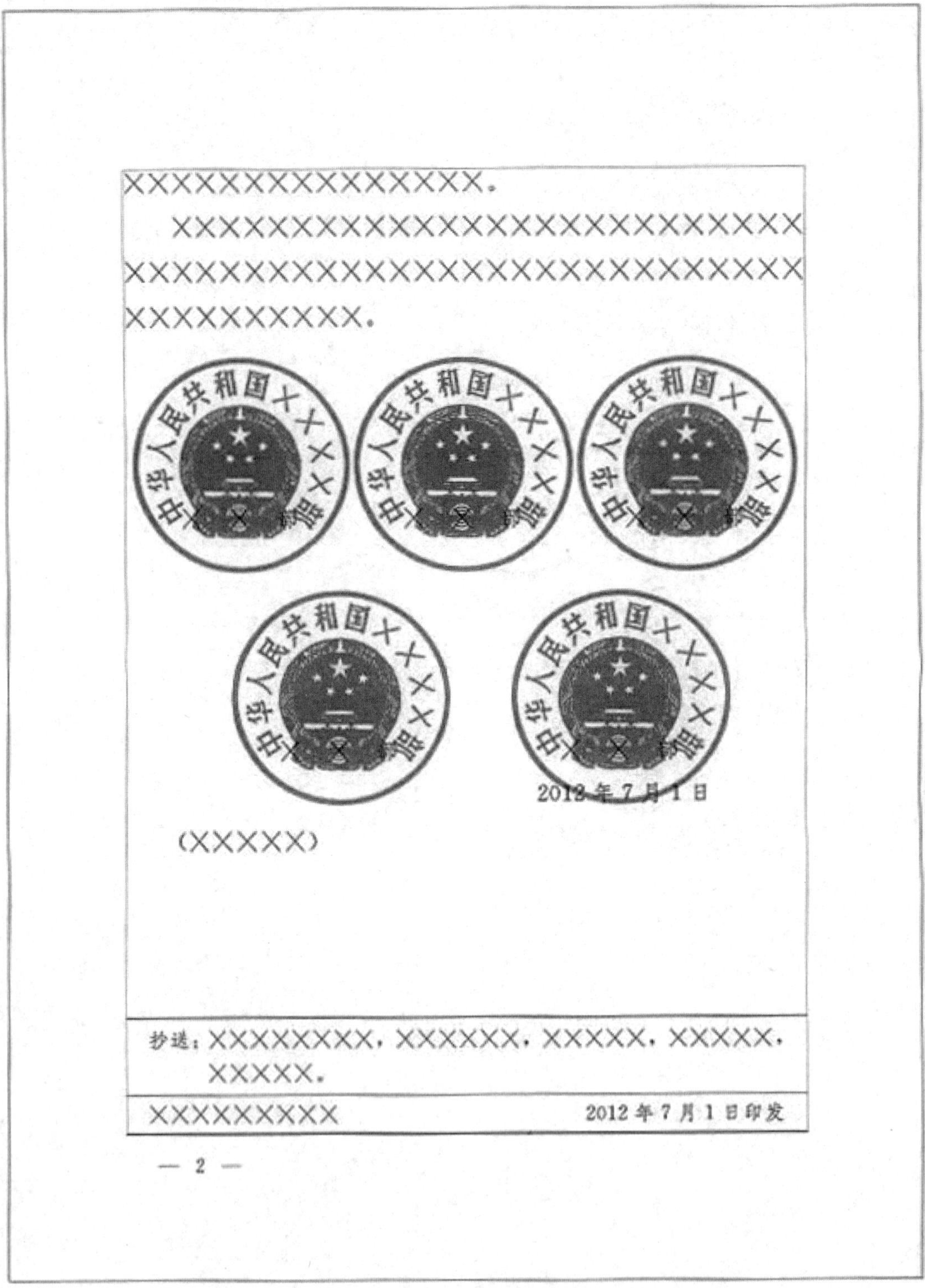

图8　联合行文公文末页版式2

注：版心实线框仅为示意，在印制公文时并不印出。

×××××××××××××××。

××。

附件：1. ××××××××××××××××××××××××××

2. ×××××××××××××

×××××××

×　×　×　×

2012年7月1日

（×××××）

— 2 —

图9　附件说明页版式

注：版心实线框仅为示意，在印制公文时并不印出。

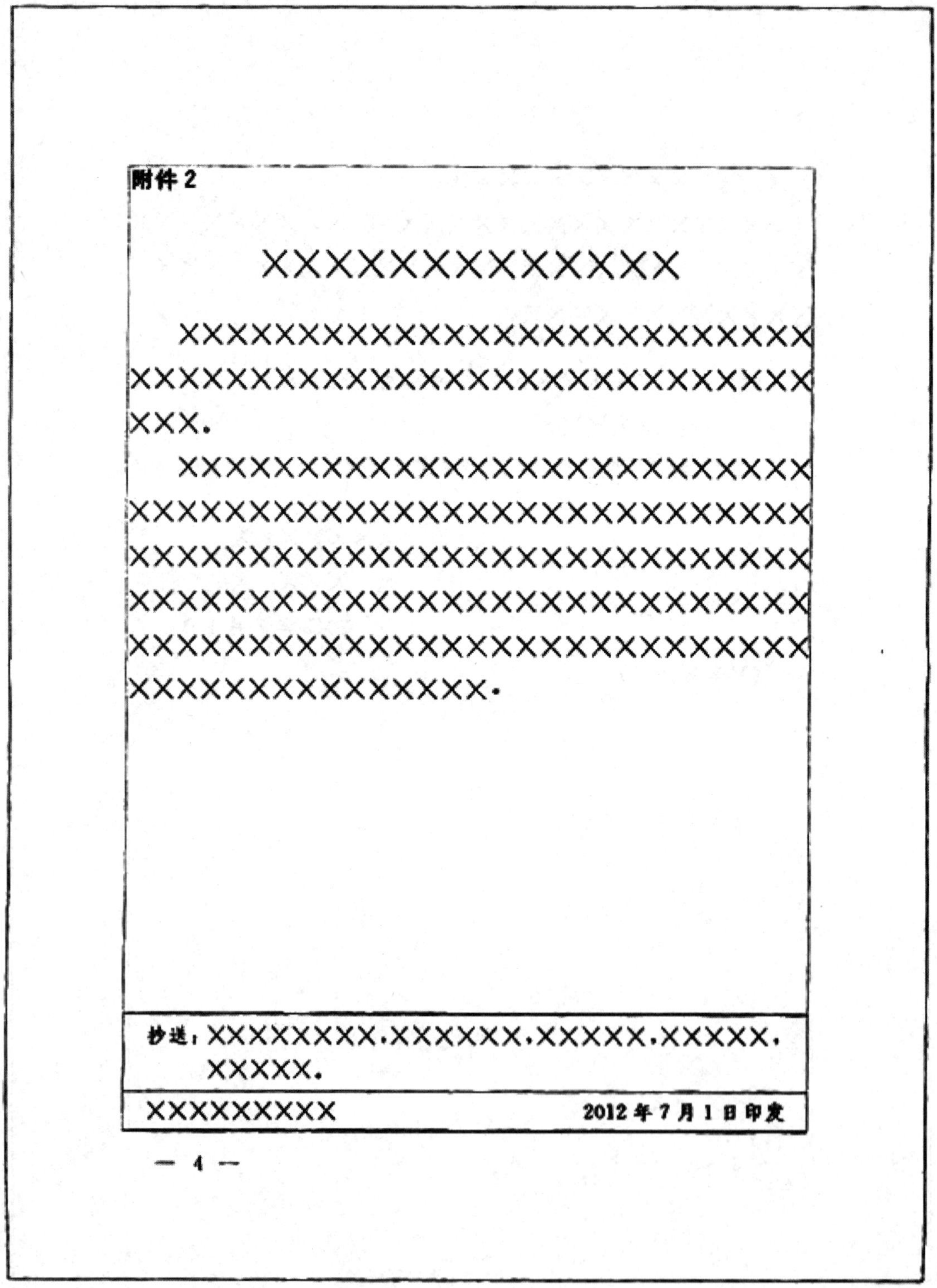

附件 2

XXXXXXXXXXXXXX

XXXXXXXXXXXXXXXXXXXXXXXXXX XXXXXXXXXXXXXXXXXXXXXXXXXXXX XXX。

XXXXXXXXXXXXXXXXXXXXXXXXXX XXXXXXXXXXXXXXXXXXXXXXXXXXXX XXXXXXXXXXXXXXXXXXXXXXXXXXXX XXXXXXXXXXXXXXXXXXXXXXXXXXXX XXXXXXXXXXXXXXXXXXXXXXXXXXXX XXXXXXXXXXXXXXX。

抄送：XXXXXXXX，XXXXXX，XXXXX，XXXXX，XXXXX。

XXXXXXXXX 2012 年 7 月 1 日印发

— 4 —

图 10　带附件公文末页版式

注：版心实线框仅为示意，在印制公文时并不印出。

中华人民共和国×××××部

000001　　　　　　　　　　×××〔2012〕10号

机　密

特　急

××××× 关于 ××××××× 的通知

××××××××：

　　××××××××××××××××××××××××××
××××××××××××××××××××××××××××
××××××××××××××××××××××××××××
×××××××××××××××××××××××××。

　　××××××××××××××××××××××××××
××××××××××××××××××××××××××××
××××××××××××××××××××××××××××
××××××××××××××××××××××××。

　　××××××××××××××××××××××××××
××××××××××××××××××××××××××××
××××××××××××××××××××××××××××
××××××××××××××××××××××××××××
××××××××××××××××××××××××××××
××××××××××××××××××××××××××××
×××××××××××××××××××××××××。

图 11　信函格式首页版式

注：版心实线框仅为示意，在印制公文时并不印出。

XXXXXX令

第XXX号

　　XXXXXXXXXXXXXXXXXXXXXXXXXX
XXXXXXXXXXXXXXXXXXXXXXXXXXX。
XXXXXXXXXXXXXXXXXXXXXXXXXXXX
XXXXXXXXXXXXXXXXXXXXXXXXX。

部　长　XXX

2012年7月1日

— 1 —

图12　命令（令）格式首页版式

注：版心实线框仅为示意，在印制公文时并不印出。

附 3　机关文件材料归档范围和文书档案保管期限规定（8 号令）

国家档案局令

第 8 号

《机关文件材料归档范围和文书档案保管期限规定》已经 2006 年 9 月 19 日国家档案局局务会议审议通过，现予公布，自公布之日起施行。

局长　杨冬权

二〇〇六年十二月十八日

机关文件材料归档范围和文书档案保管期限规定

第一条　为便于各级党政机关和人民团体（以下统称机关）正确界定文件材料归档范围，准确划分档案保管期限，使所保存的档案既能反映机关主要职能活动情况，维护其历史面貌，又便于保管和利用，根据《中华人民共和国档案法》《中华人民共和国档案法实施办法》，制定本规定。

第二条　本规定中的机关文件材料是指机关在其工作活动过程中形成的各种门类和载体的历史记录。

第三条　机关文件材料归档范围是：

（一）反映本机关主要职能活动和基本历史面貌的，对本机关工作、国家建设和历史研究具有利用价值的文件材料；

（二）机关工作活动中形成的在维护国家、集体和公民权益等方面具有凭证价值的文件材料；

（三）本机关需要贯彻执行的上级机关、同级机关的文件材料；下级机关报送的重要文件材料；

（四）其他对本机关工作具有查考价值的文件材料。

第四条　机关文件材料不归档范围是：

（一）上级机关的文件材料中，普发性不需本机关办理的文件材料，任免、奖惩非本机关工作人员的文件材料，供工作参考的抄件等；

（二）本机关文件材料中的重份文件，无查考利用价值的事务性、临时性文件，一般性文件的历次修改稿、各次校对稿，无特殊保存价值的信封，不需办理的一般性人民来信、电话记录，机关内部互相抄送的文件材料，本机关负责人兼任外单位职务形成的与本机关无关的文件材料，有关工作参考的文件材料；

（三）同级机关的文件材料中，不需贯彻执行的文件材料，不需办理的抄送文件材料；

（四）下级机关的文件材料中，供参阅的简报、情况反映，抄报或越级抄报的文件材料。

第五条 凡属机关归档范围的文件材料，必须按有关规定向本机关负责档案工作的部门移交，实行集中统一管理，任何个人不得据为己有或拒绝归档。

第六条 机关文书档案的保管期限定为永久、定期两种。定期一般分为30年、10年。

第七条 永久保管的文书档案主要包括：

（一）本机关制定的法规政策性文件材料；

（二）本机关召开重要会议、举办重大活动等形成的主要文件材料；

（三）本机关职能活动中形成的重要业务文件材料；

（四）本机关关于重要问题的请示与上级机关的批复、批示，重要的报告、总结、综合统计报表等；

（五）本机关机构演变、人事任免等文件材料；

（六）本机关房屋买卖、土地征用，重要的合同协议、资产登记等凭证性文件材料；

（七）上级机关制发的属于本机关主管业务的重要文件材料；

（八）同级机关、下级机关关于重要业务问题的来函、请示与本机关的复函、批复等文件材料。

第八条 定期保管的文书档案主要包括：

（一）本机关职能活动中形成的一般性业务文件材料；

（二）本机关召开会议、举办活动等形成的一般性文件材料；

（三）本机关人事管理工作形成的一般性文件材料；

（四）本机关一般性事务管理文件材料；

（五）本机关关于一般性问题的请示与上级机关的批复、批示，一般性工作报告、总结、统计报表等；

（六）上级机关制发的属于本机关主管业务的一般性文件材料；

（七）上级机关和同级机关制发的非本机关主管业务但要贯彻执行的文件材料；

（八）同级机关、下级机关关于一般性业务问题的来函、请示与本机关的复函、批复等文件材料；

（九）下级机关报送的年度或年度以上计划、总结、统计、重要专题报告等文件材料。

第九条 机关形成的人事、基建、会计及其他专门文件材料的归档范围和档案保管期限，按国家有关规定执行。

第十条 机关对应归档电子文件的元数据、背景信息等要进行相应归档。

机关应归档纸质文件材料中，有文件发文稿纸、文件处理单的，应与文件正本、定稿一并归档。

第十一条 机关联合召开会议、联合行文所形成的文件材料原件由主办机关归档，其他机关将相应的复制件或其他形式的副本归档。

第十二条 各机关应根据本规定，结合本机关职能和各部门工作实际，编制本机关的文件材料归档范围和文书档案保管期限表，经同级档案行政管理部门审查同意后执行。

有垂直领导关系的中央、国家机关应依据本规定，结合本系统工作实际，编制本系统的文件材料归档范围和文书档案保管期限表，并经国家档案局审查同意后执行。

第十三条 在编制本机关或本系统文件材料归档范围和文书档案保管期限表时，应全面分析和鉴别本机关或本系统文件材料的现实作用和历史作用，准确界定文件材料的归档范围和划分档案保管期限。

第十四条 本规定适用于各级党政机关和人民团体。军队系统、民主党派、企业事业单位可参照执行。

第十五条 本规定自颁布之日起施行，1987 年颁发的《国家档案局关于机关档案保管期限的规定》和《机关文件材料归档和不归档的范围》同时废止。

附4　文书档案保管期限表

1 本级党的代表大会、人民代表大会、政治协商会议，工会、共青团、妇联代表大会的文件材料

1.1　请示、批复、通知、名单、议程、报告、领导人讲话、选举结果、讨论通过的文件、决议、纪要、公报、主席团会议记录等文件材料　永久

1.2　大会发言，人大代表建议和意见、人大议案及答复，政协委员提案及办理结果，简报，快报　永久

1.3　重要的贺信、贺电，筹备工作、选举过程中形成的文件，小组会议记录、会议服务机构的计划、总结等文件材料　30年

1.4　讨论未通过的文件　10年

2 本级党委、人民代表大会、政治协商会议、纪律检查委员会、共青团、工会、妇联的常委会、执委会、主席团、全体委员会会议，政府常务会、办公会议的文件材料

2.1　公报、决议、决定、记录、纪要、议程、领导人讲话、讨论通过的文件、参加人员名册　永久

2.2　讨论未通过的文件　10年

3 本机关党组（或实行党委制的党委）会议和行政办公会的纪要、会议记录　永久

4 本机关召开工作会议、专题会议的文件材料

4.1　请示、批复、通知、名单、日程、报告、讲话、总结、决议、决定、纪要　永久

4.2　典型材料、代表发言材料、交流材料、简报　30年

5 机关联合召开会议的文件材料

5.1　本机关为主办的

5.1.1　请示、批复、通知、名单、日程、报告、讲话、总结、决议、决定、纪要　永久

5.1.2　典型材料、代表发言材料、交流材料、简报　30年

5.2　本机关为协办的

5.2.1　请示、批复、通知、名单、日程、报告、讲话、总结、决议、决定、纪要的复制件或副本　30年

5.2.2　典型材料、代表发言材料、交流材料、简报的复制件或副本　10年

6 本机关承办国际性会议、大型展览会、博览会的文件材料

6.1　请示、批复、申办和筹办组委会主要活动安排、议程、名单、主报告（原文及译文）、辅助报告（原文及译文），上级领导人贺辞、题词、讲话，会徽设计　永久

6.2　代表发言材料、交流材料、简报、新闻报道　30年

6.3　委员会、分会会议和学术会的讨论记录，会议代表登记表、接待安排　10年

7 上级机关、上级领导检查、视察本地区、本机关工作时形成的文件材料

7.1　重要的　永久

7.2　一般的　30年

7.3　本地区、本机关工作汇报材料　30年

8 本机关业务文件材料

8.1　本机关制定的方针政策性、法规性、普发性业务文件，中长期规划、纲要等文件材料　永久

8.2　本机关的请示与上级机关的批复、批示

8.2.1　重要业务问题的　永久

8.2.2　一般业务问题的　30年

8.3　同级机关、下级机关的来函、请示与本机关的复函、批复等文件材料

8.3.1　重要业务问题的　永久

8.3.2　一般业务问题的　30年

8.4　本机关代上级机关起草并被采用的重要法规性文件、专项业务文件的最后草稿　30年

8.5　机关联合行文的文件材料

8.5.1　本机关为主办的

8.5.1.1　重要业务问题的　永久

8.5.1.2　一般业务问题的　30年

8.5.2　本机关为协办的

8.5.2.1　重要业务问题的　30年

8.5.2.2　一般业务问题的　10年

8.6　本机关编辑、编写的文件材料

8.6.1　大事记、组织沿革等　永久

8.6.2　简报、情况反映、工作信息等　10年

8.7　行政管理、执法活动中形成的文件材料

8.7.1　行政管理工作制度、程序、规定等文件材料　永久

8.7.2　执法检查情况汇总、通报，整改通知等　永久

8.7.3　行政管理工作中形成的审批、审查、核准等文件材料

8.7.3.1　固定资产投资、科技计划等项目的审批（核准）、管理、验收（评估）等文件材料　永久

8.7.3.2　不动产、自然资源的所有权、使用权确认的文件材料　永久

8.7.3.3　20年（含）以上有效或未注明有效期的许可证、执照、资质证、资格证等的审批、管理文件材料　永久

8.7.3.4　20 年以下有效的许可证、执照、资质证、资格证等的审批、管理文件材料　30 年
8.7.4　行政管理工作中形成的备案文件材料　10 年
8.7.5　行政处罚、处分、复议、国家赔偿等工作中形成的文件材料
8.7.5.1　重要的　永久
8.7.5.2　一般的　30 年
8.8　计划、总结、统计、调研等方面的文件材料
8.8.1　年度和年度以上的计划、总结、统计材料　永久
8.8.2　年度以下的计划、总结、统计材料　10 年
8.8.3　重要职能活动的总结、重要专题的调研材料　永久
8.8.4　一般活动的总结、一般问题的调研材料　10 年
8.9　出国或出境访问考察、参加国际会议，接待来访等外事活动形成的文件材料
8.9.1　发表的公报，签订的协议、协定、备忘录，重要的会谈记录、纪要等　永久
8.9.2　出国审批手续、执行日程、考察报告、一般性会谈记录　30 年
9 本机关机构编制、干部人事、党、团、纪检、工会、保卫、信访工作文件材料
9.1　机构设置、机构撤并、名称更改、组织简则、人员编制、印信启用和作废等文件材料　永久
9.2　人事工作制度、规定、办法等文件　30 年
9.3　人事任免文件　永久
9.4　先进单位、劳动模范、先进工作者的文件材料
9.4.1　受县级（含）以上表彰、奖励的　永久
9.4.2　受县级以下表彰、奖励的　30 年
9.5　对本机关有关人员的处分材料
9.5.1　受到警告（不含）以上处分的　永久
9.5.2　受到警告处分的　30 年
9.6　职工录用、转正、聘任、调资、定级、停薪留职、辞职、离退休、死亡、抚恤等文件材料　永久
9.7　人事考核、职称评审工作文件材料　永久
9.8　职工调动工作的行政、工资、党团组织关系的介绍信及存根　永久
9.9　职工名册　永久
9.10　党、团、工会工作活动中形成的文件材料
9.10.1　工作报告、总结，换届选举结果　永久
9.10.2　重要专项活动的报告、总结等　永久
9.10.3　党团员、工会会员名册，批准加入党团、工会组织的文件材料　永久
9.10.4　情况反映、工作简报　10 年
9.11　纪检、监察工作中形成的综合性报告、调查材料

9.11.1 重要的 永久
9.11.2 一般的 30 年
9.12 保卫部门的安全检查、调查记录 10 年
9.13 本机关处理人民来信来访的文件材料
9.13.1 有领导重要批示和处理结果的 永久
9.13.2 其他有处理结果的 30 年
10 本机关事务管理文件材料
10.1 房产、土地所有权和使用权的文件材料 永久
10.2 与有关单位签订的合同、协定、协议、议定书等文件材料
10.2.1 重要的 永久
10.2.2 一般的 10 年
10.3 接待工作的计划、方案
10.3.1 重要的 30 年
10.3.2 一般的 10 年
10.4 机关财务预算 30 年
10.5 机关物资（办公设备及用品、机动车等）采购计划、审批手续、招标投标、购置等文件材料 ，机动车调拨、保险、事故、转让等文件材料 30 年
10.6 国有资产管理（登记、统计、核查清算、交接等）文件材料
10.6.1 重要的 永久
10.6.2 一般的 10 年
10.7 职工承租、购置本单位住房的合同、协议和有关手续 永久
10.8 职工住房分配、出售的规定、方案、细则，职工住房情况统计、调查表、职工住房申请 30 年
11 上级机关制发的文件材料
11.1 上级机关制发的属于本机关主管业务的文件材料
11.1.1 重要的 永久
11.1.2 一般的 10 年
11.2 上级机关制发的非本机关主管业务但要贯彻执行的文件材料 10 年
11.3 上级机关制发的关于本机关机构设置、领导人任免、人员编制等文件材料 永久
12 同级机关制发的非本机关主管业务但要贯彻执行的文件材料 10 年
13 下级机关报送的文件材料
13.1 重大问题的专题报告 30 年
13.2 年度和年度以上的计划、总结、统计材料 10 年

参 考 文 献

[1] 金常德．新编秘书实务．4版．大连：大连理工大学出版社，2017.
[2] 向国敏．会议学与会议管理．2版．北京：首都经济贸易大学出版社，2016.
[3] 陈鲁梅．会展策划与管理．2版．北京：化学工业出版社，2016.
[4] 钟筑．商务秘书实务．3版．重庆：重庆大学出版社，2016.
[5] 杨峰．会议管理．北京：中国人民大学出版社，2015.
[6] 向国敏．现代秘书实务．4版．北京：首都经济贸易大学出版社，2015.
[7] 黄良友．办公室工作与管理．3版．北京：首都经济贸易大学出版社，2015.
[8] 导向工作室．文秘办公自动化培训教程．北京：人民邮电出版社，2014.
[9] 张浩．新编办公室工作规范管理实务大全．北京：海潮出版社，2014.
[10] 朱欣文，杨剑宇．秘书实务．上海：华东师范大学出版社，2013.
[11] 谭一平，叶坤妮．职场工作礼仪．北京：清华大学出版社，2011.
[12] 林静．管理秘书实务：精讲与实训．北京：清华大学出版社，2010.
[13] 香港专业秘书学会．职业秘书实务．北京：研究出版社，2010.
[14] 谭一平，郑雅君，张骥飞．秘书礼仪实务．北京：外语教学与研究出版社，2010.
[15] 王晓彬，包镭．秘书实务训练教程．北京：北京大学出版社，2009.
[16] 王凌．新编商务秘书实务．北京：电子工业出版社，2009.
[17] 张再欣．秘书理论与实务．北京：清华大学出版社，2008.
[18] 张浩．最新秘书工作实务全书．北京：蓝天出版社，2007.
[19] 谭一平．秘书基础与实务．北京：清华大学出版社，2007.
[20] 蔡超，杨锋．现代秘书实务．广州：暨南大学出版社，2006.
[21] 董保军．中外礼仪大全．北京：民族出版社，2005.
[22] 陆瑜芳．秘书学概论．2版．上海：复旦大学出版社，2008.
[23] 李莉．实用礼仪教程．北京：中国人民大学出版社，2004.
[24] 张丽琍．商务秘书实务．北京：中国人民大学出版社，2004.
[25] 赵锁龙．管理秘书实务．北京：中国人民大学出版社，2004.
[26] 苏新宁，吴鹏，朱晓峰，等．电子政务技术．北京：国防工业出版社，2003.
[27] 陆瑜芳．办公室实务．上海：复旦大学出版社，2003.
[28] 胡小涓．商务礼仪．北京：中国建材工业出版社，2003.
[29] 程学兰．大学实习写作．武汉：武汉大学出版社，2003.
[30] 王育．秘书实务．北京：高等教育出版社，2003.
[31] 洪威雷，王颖．应用文写作学新论．武汉：武汉大学出版社，2001.
[32] 蒲丽田．涉外秘书实务．武汉：武汉大学出版社，2000.
[33] 裴显生．应用写作．3版．北京：高等教育出版社，2010.
[34] 饶士奇，曾诚．秘书学概论．武汉：湖北科学技术出版社，1996.